U0406163

薄荷实验
Think As The Natives

献给我的父母，
他们尽全力支持着我；
也献给我的儿子，
感谢他让我领略到儿童发展之奇妙。

培养好孩子

THE GOOD CHILD

道德与儿童发展

Moral Development in a Chinese Preschool

许　晶 —— 著
祝宇清 —— 译
许　晶 —— 审订

华东师范大学出版社
· 上海 ·

图书在版编目（CIP）数据

培养好孩子：道德与儿童发展/许晶著；祝宇清译．—上海：华东师范大学出版社，2020
 ISBN 978-7-5760-0015-3

Ⅰ.①培... Ⅱ.①许... ②祝... Ⅲ.①学前儿童—德育—教学研究—中国 Ⅳ.①G611

中国版本图书馆 CIP 数据核字（2020）第 036868 号

The Good Child: Moral Development in a Chinese Preschool, by Jing Xu, published in English by Stanford University Press.
Copyright © 2017 by the Board of Trustees of the Leland Stanford Junior University. All rights reserved. This translation is published by arrangement with Stanford University Press, www.sup.org.
上海市版权局著作权合同登记　图字：09-2019-026 号

培养好孩子：道德与儿童发展

著　　者	许　晶
译　　者	祝宇清
审　　订	许　晶
责任编辑	顾晓清
责任校对	林文君
封面设计	周伟伟
出版发行	华东师范大学出版社
社　　址	上海市中山北路 3663 号　邮编　200062
网　　址	www.ecnupress.com.cn
邮购电话	021‑62869887
网　　店	http://hdsdcbs.tmall.com/
印 刷 者	苏州工业园区美柯乐制版印务有限责任公司
开　　本	890×1240　32 开
印　　张	10
字　　数	210 千字
版　　次	2021 年 5 月第 1 版
印　　次	2021 年 5 月第 1 次
书　　号	ISBN 978-7-5760-0015-3
定　　价	65.00 元
出 版 人	王　焰

（如发现本版图书有印订质量问题，请寄回本社市场部调换或电话 021-62865537 联系）

目　录

致谢 001
序一 007
序二 011

导言：做个好孩子 001
"交通信号灯"的故事 003 / 道德与儿童发展：人类学与心理学的对话 006 / 中国道德发展：过去与现在 012 / 田野地点与方法论 018

第一章　道德培养：教育热望与焦虑 041
于幼儿时期树立道德基础 048 / 小环境：中国教育前沿的道德生态 058 / 在变迁的道德环境中培养道德 092

第二章　将心比心：同理心濒危之时 095
"与人为善"的困境 097 / 从孟子到同理心的再发现 099 / 社会中的基本人性：小悦悦事件 103 / 同理心的矛盾教育：通往利他主义的艰难道路 109 / 在发展情境下培养同理心 124

第三章 协商"财产"分配：所有权和公平原则的争议空间 127
财产分配与道德教化 129 / 认识财产归属：所有权意识的出现 135 / 学习资源分配：公平观念的出现 142 / 解决纠纷：协商与执行分配规则 147 / 财产、道德和"纯真"儿童 157

第四章 分享话语和实践：自私的孩子、慷慨与互惠 161
"魔童"的故事 163 / 培养平等主义分享 166 / 策略性分享的实践 175 / 揭示策略性动机：现场实验的探索 182 / 当发展的心智遇上演变的文化：合作动机与"关系" 196 / 分享、慷慨与自私的儿童 200

第五章 规训"小皇帝"：在多变立场中寻找出路 203
再论"管教"：中国式育儿 205 / 管教"小皇帝"的必要性与迫切性 212 / "不可取特质"的表现：访谈与观察中的证据 219 / 寻求"中庸之道"：管教中对不同观点的平衡 226 / 斗智斗勇：学校和家庭的管教动态 245 / 培养好孩子：在多变立场中寻找出路 256

结论：做个好人 259
智识追求与个人反思之旅 259 / 一个关于中国道德发展的故事 260 / 探索未来 264

注释 269

参考文献 275

致 谢

本书始于我在圣路易斯华盛顿大学的人类学博士论文研究，并在西雅图华盛顿大学的两年多时间里逐步成形。很多人在本书的创作过程中给予了我宝贵的帮助，对此我感激不尽。

帕斯卡·博耶（Pascal Boyer）把我引入了极具魅力的文化和认知跨学科领域。在美国，像帕斯卡那样兼任文化人类学和心理学教授的人非常罕见，有缘成为他的学生，我倍感荣幸。从2008年我博士入学开始，帕斯卡就把我当作有独立思想的学者而不是亦步亦趋的学生来看待，从选题到写作都尊重我自己的研究兴趣和观点，尊重我生长于中国的经验认同，也尊重我在中国研究领域的见解。他在超越学科界限，探索人类元问题上的独特智慧激发我走一条非同寻常的学术道路，帮助我在更广阔的知识网络中考察文化、认知与儿童道德发展的关系。

从2007年于清华园相识至今，詹姆斯·沃茨（James Wertsch）不仅是我学术上的良师，更像慈父一样关心我。2007年清华园，在一次会议上认识老师，改变了我的人生轨迹。当我在研究、写作、事业和生活方面需要建议时，他总是在我身边。博士刚毕业时，是他提醒我，我需要尽快把这本书写出来，提醒我不用追随风行一时之理论概念，而要相信坚实的经验证据对民族志写作之重要意义。在这本书成书期间，詹姆斯和他的妻子玛丽·沃茨（Mary Wertsch）给了我最温暖的鼓励与最有力的支持。我记得詹姆斯在我悲伤的时刻鼓励我"现在正可以投入写作"，在我婚礼上泛着泪光说"许晶是个有勇气的人"。我记得玛丽在我需要安慰的时候寄来的明信片，写着"小溪不碰到石头，怎能唱出美妙的歌"，在我拿到斯坦福大学出版社合同的时候发来邮件说"人生欢喜的时刻当要好好品味"。这一切实在让我感恩。拥有他们这两位"美国父母"，我真的很幸运。

还有很多老师以各种方式慷慨地给予我建议和支持。我非常感谢清华大学的张小军教授。张老师多年来一直关心和指导我，鼓励我转向文化与认知方向，追求自己真正的学术兴趣，且是纯粹而执着地追求。也特别感谢景军教授：十几年前，我还在清华念本科的时候，正是景老师精彩的课堂将我引向人类学这个充满奥秘的学科，是参与景老师组织的医学人类学项目让我初次领略到做研究的乐趣，也是景老师的推荐，让我得以保送进入社会学系读研究生。

感谢我在圣路易斯华盛顿大学的博士论文答辩委员会老师。杰夫·柴尔兹（Geoff Childs）是一位严谨认真的社会科学家，我对田野调查方法论的系统理解得益于他的指导。宋柏萱（Priscilla Song）为我的研究在中国人类学脉络中的定位提出了宝贵建议。洛里·马克森（Lori Markson）将我带入儿童认知发展领域。主流发展心理学家洛里的热情鼓励对我的跨学科研究探索意义重大。此外鲍勃·坎菲尔德（Bob Canfield）虽然不在我的答辩委员会，却时常耐心倾听我在研究和写作中遇到的许多挫折与困难，并亲切鼓励我，使我坚信这个项目具备独特价值。

博士毕业以后，我在论文修改成书期间也获得了多位同行的帮助。班比·查宾（Bambi Chapin）慷慨地和我分享了她的书稿大纲。斯蒂文·郝瑞（Stevan Harrell）将我介绍给华盛顿大学的人类学系和中国研究中心，此后几年内，郝瑞成为我在西雅图华大的良师益友，为此我深表谢意。在郝瑞组织的中国人类学研讨会上，我第一次介绍了自己的书稿全文，得到了很有帮助的反馈。郝瑞还完整地阅读了书稿的主要部分，并提出了精彩的建议和幽默的点评。不仅如此，郝瑞还为本书英文版写了热情洋溢的推荐语，我深感荣幸。华盛顿大学心理学系的杰西卡·萨莫尔维尔（Jessica Sommerville）是我博士后研究期间（2014—2016年）的导师，她就如何打磨我的论点提出了建议，这有助于将我的主要发现展现给人类学之外更广泛的读者群体。我也要感谢姜克维（William Jankowiak），他邀请我在内华达州拉斯维加斯大学宣讲我的书稿，并给出了极有洞察力的评论。我也感谢在美国人类学学会、亚洲研究协会和心理人类学学会的会议上，华如璧（Rubie Watson）、安德训（Ann Anagnost）等研讨人和观众们对本书部分章节提出的问题与评论。

很多同事和朋友为这段旅途注入了活力。我感谢海伦娜·所罗门-沃德奇洛斯（Helina Solomon-Woldekiros）、张朝雄、战洋、张霞、陈晨、剑歌、罗娟以及许多给我提供了宝贵的评论和建议的好朋友。从准备田野调查到成书的最后阶段，施丽虹（Lihong Shi）在各个阶段都给了我坚定的支持。她既是我的好朋友，也是优秀的榜样。特别感谢苏春艳，我们十几年前相识于清华园，情谊深长，人生许多时刻，包括本书中文版面世,都有她的帮助。

由华东师范大学出版社薄荷实验系列将本书翻译并介绍给中国读者,我深感荣幸。感谢编辑顾晓清,译者祝宇清,以及参与出版过程的其他工作人员。本书英文版经过三位美国人类学家匿名评审,于 2017 年在斯坦福大学出版社问世。英文版发表之后的两年内,我陆续了解到三位评审的身份,特此向他们致谢:阎云翔老师对我书稿的认可和推荐意义重大,在今后的学术道路上,我会将阎老师的鼓励珍藏在心。冯文老师肯定我对人类学和心理学理论方法论进行跨学科探索,她的支持格外宝贵。内奥米·奎因(Naomi Quinn)从心理认知人类学视角给我的书稿提供了严格精辟的修改建议,并在本书出版之后向友人热情推广,是一位睿智而风趣的忘年交。去年夏天,我旅行至意大利威尼斯,惊闻内奥米去世的噩耗,圣马可广场鸽子飞落,我泪流不已。记得最后一次见到她是在去年春天美国心理人类学年会上,新墨西哥州天宽地广,她淡然说道:"我这一生已经打完美好的仗,该你们年轻人接棒了。"回想起来,真是又心恸又温暖。学术的传承与发展,并非抽象,而是一个一个充满人情味的画面相连。

非常感谢 H 市碧玉(音译)幼儿园的家庭和老师,她们真诚地接纳了我,关照我的孩子并向我敞开心扉。作为新城市中的新家长,我带着不安与迷茫来到 H 市。正是与她们的联系,才使我的研究成为可能,也使我的田野调查经历具有意义。我也要特别感谢幼儿园可爱的孩子们。2011 至 2012 年,这些孩子们唤我"许老师",我每天和他们在一起,看着他们或端坐或嬉闹，或开怀大笑或忧伤哭泣，进入他们的小世界。我至今都记得每一个孩子的生动样貌，这一段时光已成为我人生独特的美好记忆。

　　最后感谢我亲爱的家人。作为家中独女，我享有了父母所有的爱和支持。我的母亲善良纯真，特别爱小孩子；在她的潜移默化之下，我从小就对儿童世界产生了强烈的好奇心。我可爱的儿子豌豆让我更加谦逊，抛却成人偏见，通过孩子的眼睛观察世界。他给我的生命带来全新的目标和力量，让我在最庸常的日子里也看到诗意。我先生洛伦佐（Lorenzo）温暖纯良的爱，让我体会到家庭生活之甘甜。我把本书献给他们。

序 一

帕斯卡·博耶（Pascal Boyer）[①]/文

　　这是一部既适时又重要的专著。适时在于本书针对人们高度关心的问题，即道德语境如何影响儿童教育；重要在于许晶对这个问题的详尽研究超越了新闻报道式的记述，也充分启示了我们应该如何理解儿童的道德习得（acquisition of morality）。

　　人类学家按理来说应该高度重视儿童发展。毕竟，童年是我们习得所在群体或国家特定社会规范与偏好的时期。但是，主流人类学家往往不太关注童年，这是因为他们持有错误的预设。他们往往认为，习得所在群体规范与偏好就是简单的吸收（absorption）而已，如同海绵吸水，或者更确切地说，像是把信息从一台电脑下载到另一台电脑上。如果你相信这种类比，那么研究儿童发展的确所得甚少。遵循这种类比，如果你

[①] 帕斯卡·博耶曾在巴黎大学和剑桥大学学习哲学与人类学，现为圣路易斯华盛顿大学人类学系和心理学系的亨利·卢斯教席教授（Henry Luce Professor）。他是许晶的博士导师（2008—2014）。博耶的研究主题是文化习得与传播的认知机制及其演化过程。他是"宗教认知科学"（cognitive science of religion）的开创者之一，通过人类学与心理学方法来解释反复出现的宗教表征内容以及这些内容的传播。他于2011年获得古根海姆奖。代表作包括《作为真理与交流的传统：传统话语的认知描述》（*Tradition as Truth and Communication: A Cognitive Description of Traditional Discourses*，1990）、《阐明宗教》（*Religion Explained*，2001）、《心灵造就社会》（*Minds Make Societies*，2018）等。

想了解的只是文件内容，那么你的电脑从另一台电脑"获得"（acquire）文件的特定方式就无关紧要。但正如很多人类学家和心理学家长期怀疑的那样，这种思路纯属误导，许晶也在本书力证了这点。

儿童并非通过"下载"来获得信息。他们的头脑充满许多具体期望、直觉和认知倾向，这让他们能够自发从所处环境的碎片化信息中搭建起对世界的整体理解。众所周知，儿童并不是通过被传授语法来习得母语，相反，他们倾听身边的种种对话，在头脑中构建语法。

这一原则也同样适用于道德，尽管我们可能会觉得讶异。我们往往认为道德规范是社会"强加"在孩子们的头脑里，认为这些规范主要经由奖惩而被"内化"。但事实并非如此。儿童其实对于伤害与关怀、合作、公正持有先验假设，这正是他们能够习得社会道德规范的原因；就好像人类因为有视神经系统才能感知视觉。中国传统隐喻在此非常贴切，培养孩子就像是培育一棵树苗。你能够通过给树苗施肥、修剪杂枝、清理杂草来帮助它——但是真正实现生长的是树苗本身，而不是你。道德是习得的，习得过程需要帮助，但道德并不是被教出来的。

因此，道德习得的过程复杂且值得研究——尤其是当外部世界的道德规范充满张力甚至冲突，当孩子身边的大人们对他们的道德标准感到困惑时。当代社会情况正是如此，很多家长认为，高度发展的经济所要求的竞争与效率，和基于公平与尊重的道德之间存在冲突。但宏观层面的张力和冲突如何影响儿童的日常世界？孩子们如何理解这些充满矛盾的外部道德规范？

为了回答这一问题,我们需要深入研究儿童、家长和学校之间的复杂互动,记录这些互动如何变化,理解儿童既多样又共通的道德能力。这似乎是一项艰巨的任务。

幸运的是,许晶完成了这项任务,而且在未来很长一段时间内,她这样的研究方式仍然会是社会科学审慎研究的一个榜样。她运用了人类学、心理学和其他社会科学的研究方法,以理解复杂多变的研究现象。她密切关注儿童如何通过日常互动理解家长和教育工作者的道德世界。她细致描绘外部世界如何影响儿童的行为和情感,以及儿童们如何处理外部世界的影响,从而形成他们自己的道德体系。她的记述相当生动,也始终保持学术严谨性。

本书已经获得学界赞许,为帮助读者理解当代社会及其对于道德的矛盾态度提供了前所未有的视角。它做到了人类学研究一直努力去做的,那就是去分析和解释我们习以为常的世界,去追问人类文化现象背后的"为什么",并告诉我们这世界并非不证自明。我们因之必须学习,我们也很幸运能有这样一位才华横溢的学者作为老师。

序 二
张小军[①]/文

许晶的《培养好孩子》中文版出版，让我们可以领略一番关于在中国做一个"好孩子"的"道德经"。特别是在今天，当年轻父母、儿女和幼儿园的老师们一起精心构建"好孩子"的梦想时，人们也在面对社会转型中出现的某些"道德贫困"。于是，"好孩子"的道德成长，或可以为如何"道德脱贫"提供有益的思考。

老子的《道德经》中有"道生之，德畜之，物形之，势成之。是以万物莫不尊道而贵德"。王弼注曰："道者物之所由也。德者物之所得也。"清华校训取自《易经》，其中有"厚德载物"，讲的是同一个道理："道者通物之名，德者得理之称。"由此，中文的道德包含了两重含义：生万物之"道"与育万物之"德"。其中包括了人类社会的生存之道，例如公平、共享、关爱、权威、同情、互惠、利他等等。这些道德的存在近乎天理，

[①] 张小军，清华大学社会学系教授，社科学院人类学与民族学研究中心主任，清华大学认知科学研究基地认知人类学学术带头人。他是许晶的硕士导师。于1991年出版《社会场论》，这是国内第一部系统运用复杂系统的自组织理论进行社会研究的著作，创造和运用社会场吸引子的理论概念，进行了自组织科学与社会科学概念体系连接的理论探讨，并对社会学理论中复杂系统自组织规律的探索提出了可能的理论框架。

与涂尔干在《职业伦理与公民道德》中将道德视为社会规范的道德论有所不同。前者的道德合法性来自"道生万物""道法自然"；后者的道德合法性多来自价值判断的社会规范。在道德人类学的研究中，一直存在道德生成的先天生物说和后天社会说之争，许晶对儿童道德形成机制的研究打通了两者，通过更加接近自然的孩子们的"初心"，来看他们如何获得带有价值的道德规范，即他们如何在幼年通过育德而得道。作者一方面关心"道"层面的公平（正义）、关爱是如何在孩子们的"立德"实践中健康形成的，另一方面也在思考在什么样的社会环境和情形下，这种道德习得会让孩子们的公平、关爱和互惠观念变得功利和扭曲。许晶所探讨的"好孩子"的道德路径，大约是一部分人（包括了家长、幼儿教育部门、教育管理部门）希望实践的"得道"、"厚德"方式，其中包括孩子们如何学会同情和利他主义、所有权和公平、慷慨和互惠、竞争和尊重，以及在"管教"下的道德成长。

在人类学的实践理论来看，道德是一种文化秩序和文化实践。基于"文化秩序"的道德理解，可以避免一些学者简单使用"权利"等带有价值判断的概念，以及"个体主义—集体主义"这样流行于西方心理学的标签来描述中国社会的道德体系。在国内，你可以随处看到人们非常"集体主义"，其自发和由衷的热情甚至超过了当年的集体化时期；与此同时，你也很容易看到自私的个体化，他们的利己主义令人们感到世风日下。例如《培养好孩子》里面写的，两岁的小朋友初进幼儿园，很快就有强烈的集体感，同时又有鲜明的个体意识。他们既会整整齐齐坐成一排异口同声跟着老师念标语,也会从一排看似无差别的椅子识别出"这是我的小椅子!"。他们既会惧怕"把你送到另外一个班级去!"这样的威胁,也会在和同班小朋友抢玩具的时候运用个体所有权规则据理力争:"这是我的玩具,我先拿的!"这些看似矛盾的道德混合体,是不能使用简单的价值判断或者伦理标签来理解的。"道"之义,大部分人其实都懂得,并且几乎没有人想去挑战,我们不缺"道";但是,德之理,是在人们的主体"实践"中获得的。他们作为社会道德建构的能动者(agent),不仅要践行社会之"道",还要承受种种社会困境,为身边的生活而操心。由此,一个社会的"缺德"从来不是人们的主动追求,它后面有着深刻的社会原因。儒家伦理之所以在中国社会历史中有些成功,原因之一或许是既有程朱理学的宣"道",又有王阳明心学的育"德"。从许晶的书中,可以看到那些天真的孩子们是如何育德得道的:他们如何从爸爸妈妈和老师的口中,慢慢知道了要当"好孩子",并且知道了如何通过"表现"来达到"好孩子"的途径。不过,他们可能不知道,在大人们编造和期待的"好孩子"的社会道德之外,还有一些基本的人性和自然道德存在。应该说,《培养好孩子》呈现出的中国儿童教育模式,并不能简单用"好/坏"来评价,我个人非常愿意看到国内有自己真正健康的"好孩子"的教育模式出现。

  本书关于儿童道德的研究,是一个跨越人类学和心理学的探索,在人类学中涉及道德人类学、儿童人类学、认知人类学、心理人类学、教育人类学等多个领域。许晶具有人类学博士和心理学博士后的双科训练,她的中国儿童研究,无论在理论深度和广度上,还是在研究方法上,都可以说开辟了一片新的天地。本书来自许晶的博士论文,在所谓的"学术规范"中,她必须完成近乎"残酷"的理论对话,所幸她不但以扎实的学术训练出色地完成了学术对话,还以其在博士期间的论文"成为有道德的孩子:一个幼儿园的分享话语与实践"(见本书第四章),获得2013年度美国心理人类学会颁发的全美研究生最佳论文奖,这对于一个中国学生来说是难得的荣誉。我十分愿意向读者推荐本书,并衷心祝愿许晶在未来的学术道路上不忘初心,取得佳绩,以对得起"人类学家"的称号。

导言

做个好孩子

"交通信号灯"的故事

一个晴朗的上午,在H市内一个人来人往的社区里,两位母亲坐在长椅上闲聊育儿经。璐璐(音译)是本地人,有一个聪明伶俐的四岁女儿,名叫苇兼(音译)。另一位母亲则是我,为了开展有关中国儿童道德发展的人类学田野研究,刚刚带着未满两岁的儿子从华盛顿返回。几个月前,我在碧玉幼儿园见过璐璐,这所幼儿园是我的田野地点,也是我儿子和她女儿所在的学校。和我见过的很多母亲一样,璐璐非常关心孩子应该如何在矛盾的社会中成长,她给我讲了"交通信号灯"的故事。

璐璐:有一天,我女儿和她爷爷说:"红灯亮着的时候,奶奶带我横穿马路了。"奶奶所做的跟她从幼儿园老师和我这里学到的完全相反。我觉得不行,太混乱了!你是从国外回来的,我听说他们人人都严格遵守交通规则,是不是?

许晶:就我所见,遵守交通规则对大家来说是自然而然的。我是中国人,刚回来的时候还是花了些时间来适应。

璐璐:他们父母给孩子树立起了良好的榜样,我们也应该这样做!即使外面环境复杂,我们也得让孩子学会正确的规则。我女儿在动画片《巧虎》里先学到了"红灯停,绿灯行"的交通规则。和她一起走路的时候,我有意避开了绿灯的路口,选了一个红灯的路口,来教她怎么耐心等待,怎么遵守交通规则。我和她讲,"如果现在红灯的时候我带你过道,后面的人也会跟着过道,这里就会混乱起来,交通规则也没法运行了。但如果我让你等待红灯,其他人也会跟着一起等。我们都要遵守交通规则,这样才好。"

在字面意义之下,"交通信号灯"的故事具有深刻的隐喻意义。在我们的谈话中,璐璐随后解释道,这个故事本身并不只是讲遵守交通规则;更确切地说,这个故事讲的是如何培养孩子们的道德规范和信念,这是当代中国迫切而充满挑战的一项使命。现代家庭和公众对独生子女道德发展感到焦虑。此外,道德观的培养愈发具有挑战性,因为"育儿者"(socializers)担心社会的教育环境鱼龙混杂,总有人不遵守规则。违反交通信号灯的场景只是当下社会和道德现实的一个缩影。

这些担忧建立在"儿童"相对"成人"、"中国社会"相对"国外社会"、"道德"相对"不道德"的假设、评估和想象之上。这些担忧更是明显两种相互关联的逻辑,这两种逻辑从古至今流行于中国文化,贯穿于儒学和理学的道德教育传统,将"修身"与"平天下"连接在一起(Ivanhoe, 2000)。一是教化儿童和改善社会之间的积极联系(Bakken, 2000):当孩子们发展出"正确"观念和行为表现时,我们的社会前途光明。二是社会堕落与儿童作为受害者之间的消极联系:社会道德缺失会危及儿童的道德教化。

这种关注表面上强调了儿童在社会中的重要性，实际上却忽视了儿童自身的主体性。璐璐的评论反映了一种流行的观点，这种观点强调了育儿者在儿童发展中的关键性：来自祖父母的"错误"信息会导致孩子犯错，而来自母亲的"正确"教导会把孩子拉回正确的轨道，并促使更多的人跟随。这些观点虽然显示了时有矛盾的社会中多重声音的作用，却掩盖了孩子们自己的声音。

然而，正如研究中国童年的历史学家乔恩·萨里（Jon L. Saari）指出的那样："我们不能把心灵想象成白纸，而必须把世界想象成白纸，并以一个成长中的孩子的视角和情感来看待它。"（Saari，1990：76）我的书旨在回答这个核心问题：中国儿童在独生子女政策下出生、常被视为以自我为中心的"小皇帝"，他们如何应对这个充满张力的社会并构建自己的道德体系？从2011年到2012年，我在H市一个中产幼儿园社区进行了田野调查。H市是改革开放以来经济社会转型最剧烈的城市之一。我把儿子送进这所幼儿园，我们就住在附近的一个小区。通过与孩子、老师、父母、祖父母等生活在社区中的人的日常交流，我得以融入这个社区，了解孩子、他们的交往对象以及其他人的生活经历，这也丰富了我作为一个研究者、一位母亲、一名中国女性的生活经历。本书收集了不同类型的资料，包括民族志田野观察、访谈、问卷调查、现场实验和媒体文本，揭示了在中国特定的文化和教育过程中，儿童的初期道德倾向如何被选择、表达或压抑以及调节。

道德与儿童发展：人类学与心理学的对话

本书更广阔的理论背景是跨学科探险，在儿童发展研究方面将人类学和心理学联结在一起。所有人类行为都由形形色色的心理力量驱使，一方面，这些心理力量产生于特定的历史和社会文化动力，另一方面，它们又被特定文化动力以多样而深刻的形式塑造。近年来，人类学家呼吁重新关注心理科学的潮流，强调人类学需要在全面理解人类行为上做出贡献（Astuti and Bloch, 2010, 2012; Bloch, 2005, 2012; Sahlins, 2011; Sperber, 1996）。总体而言，两个领域的学者都意识到深入对话的必要性，人类学家和心理学家都能在其中理解人类错综复杂的心理—社会本质（Bender, Hutchins and Medin, 2010; Luhrmann, 2006; Quinn, 2006）。在这场激动人心的潮流里，儿童发展是一个中心"试验场"。心理人类学的知名学者发现了基于普遍心理机制的跨文化育儿共同特征（Quinn, 2005）。人类学家和心理学家合作，将实验方法与民族志田野调查相结合，探讨概念认知发展（Astuti, Solomon and Carey, 2004）。此外，人类学家还批判性地参与并再评估了有影响力的心理学理论，如依恋理论（Bowlby, 1969, 1982; Ainsworth, 1979），使用来自多种社会文化情境的民族志证据（Quinn and Mageo, 2013）。这些对话极大地启发了我的研究。接下来，我将梳理人类学和心理学的相关文献，这些文献对我研究儿童早期道德发展有很大帮助。

首先，我的研究顺应了道德人类学这一新趋势，即道德作为实证分析和理论论证的明确焦点（Fassin，2012）。本书对道德采用一种综合式的理解，既包括日常身体实践层面，也包括公众的、制度性的话语层面（Zigon，2008）。我的中国报导人所谈论的"道德"实际包括这两个层面，而这两个层面相生相化彼此互补。

道德人类学的新领域正在努力解决的一个重要问题是"道德"与"伦理"之间的对立。例如，杰瑞特·齐贡（Jarett Zigon，2008：17-18）认为道德关乎"非反思性"，而伦理则关乎"反思性"。其他学者强调结构（道德）与能动性（伦理）的二分法（Lambek，2010；Stafford，2013a）。我的书选择使用"**道德**"而不是"**伦理**"，基于两个原因。首先，与理解文化价值（Robbins，2012）、道德情操（Throop，2012）、道德推理（Sykes，2012）等一致，本书关注道德的心理运作，而不是福柯传统下旨在剖析道德的政治（广义上）运作的"伦理人类学"（Faubion，2011；Laidlaw，2002）。其次，在汉语中，**道德**是一个更宽泛的范畴，它既可以指外在的道德规范（结构），也可以指内在的道德禀赋、情感、推理，以及内外相交的道德体验和行为（能动性），在官方话语和民间话语中都有使用，而**伦理**则是指伦理规则的狭义领域。我的报导人使用**道德**这个词比**伦理**要频繁得多，因为道德人格和道德社会的建立成了他们生活中的核心问题。

此外，有关道德领域的心理学文献启发我为这本书筹划了基本的分析主题。绘制"道德领域"的线索，源于超越西方中心主义对正义领域的痴迷，以适应和解释文化多样性，达到更全面的道德观。目前关于"道德领域"的主要理论框架包括道德（自主、共同体、神性）[autonomy, community, and divinity]的"三巨头"理论，也被称为"三大伦理"理论（Shweder 等，1997）；道德基础理论（MFT）提出了五个基本领域（像是五个味蕾）：伤害/关怀、公平/互惠、群体/忠诚、权威/尊重和纯洁/圣洁（Haidt，2012；Haidt and Graham，2007），如今又增加到六七个领域，甚至更多；关系模型理论（RMT）（Fiske，1991；Fiske，1992；Fiske and Haslam，2005；Rai and Fiske，2011）确定了所有社会协调和相应道德动机背后的四种基本关系结构：社区共享（道德动机是"合一"）；权威排名（道德动机是"等级"）；平等匹配（道德动机是"平衡互惠"）；还有市场定价（道德动机是"比例相称"原则）（Fiske，1991；Fiske，1992）。这些"道德领域"理论是心理学、人类学和演化科学交叉融汇的产物。最近还出现了一个运用演化生物学模型和演化心理学推理，结合民族志跨文化分析的新理论，名为"道德合作论"（Morality-as-Cooperation，简称 MAC，Carry et. al., 2019），对道德心理学主导理论（道德基础理论）做出批判和修正，时下备受关注。

总而言之，我对人类道德经验的兴趣，一方面是受到文化人类学新思潮的影响，将道德作为显在问题域；另一方面又是受到心理学的启发，理解各种道德领域和现象背后的思维情感和动机。然而，由于以下原因，本书并未机械地将任何一种道德理论模型直接套用到我的田野资料里。首先，不论是在一种"道德领域理论"内部还是比较各种"道德领域理论"，不同范畴之间存在着错综复杂的联系。例如，关爱他人的动机和实现或恢复公平的动机有时交织在儿童的道德判断和情感中。对公平的衡量也是不同因素的综合体，例如平等的动机和劳动与分配比例相称性的动机，而不是可以简化成单一的公式。"社区共享"这一关系模型之下的"团结合一"动机也是多方面的："团结"表现为对他人的关心和同情，或对群体的忠诚，这些可以交织在维克多·特纳所称的"共融"（communitas）之中（Turner，1995）。此外，这些理论忽略了儿童社交生活中的一些重要主题，例如所有权。对所有权的理解渗透在幼儿的游戏时间中，往往会引起冲突。在实际交往中儿童对所有权的理解与关于公平的理解密切相关。最后，这些道德范畴并不能准确、完全地囊括独特的中国文化观念。例如，中国特有的"管教"这一社会化观念融合了约束与关爱的双重含义，其中压迫与支持的维度是一枚硬币的正反两面。基于这种观念，在田野调查中，我的分析框架是在抽象道德范畴和"什么行为和态度对社会是重要的、经常重复的、被广泛理解的"（Briggs，1999：11）之间、在演绎和归纳的结合下形成的。因此，我的取向不是分析单一道德领域，而是研究在中国文化情境下，日常生活中不同道德领域／动机之间和内部的张力。本书的主题包括同情和利他主义、所有权和公平、慷慨和互惠，以及"管教"。对这些主题的分析建立在对道德领域理论的批判性拓展之上，本章末尾会对具体分析结构进行详细阐述。

此外，道德并非凭空而来。人类道德与合作的起源一直是人性的奥秘，是社会和行为科学界的谜题（Baumard, André and Sperber 2013；Bowles and aintis, 2011；Henrich, 2004；Tomasello, 2009 Tomasello 等, 2012）。近二十年来，认知人类学、生物—演化人类学、发展心理学、道德心理学、神经科学、理论生物学等多个领域协同发展，形成了探索"人类道德与合作起源"的新思潮。其中，婴幼儿期道德发展的心理学研究产生了革命意义的新发现。近期经验研究表明，人类不同领域的道德倾向，如同情和关怀、公平、正义和所有权等，都出现在六岁以前（Bloom, 2013），要早于皮亚杰（Piaget, 1932, 1997）和科尔伯格（Kohlberg, 1984）等人经典理论中的设想[1]。

学者们注意到，"关于文化如何与发展中的人类个体交互的发生学研究在人类学上更容易被接受，尽管这类研究大部分仍然是心理学家的领域"（Whitehead, 2012：50）。为了充分理解人类发展中的心理—文化过程，民族志研究相当必要（Weisner, 1997）。人类学家公认，儿童社会化和文化适应对人类道德的形成起着至关重要的作用。道德话语"弥散于家庭日常生活中"（Ochs and Kremer-Sad, 2007：9），道德评价力（moral evaluative force）渗透在育儿实践中（Quinn, 2005）。心理人类学家致力于记录和解释道德社会化过程的复杂性和多样性，比如不同的道德价值、对于特定道德价值是否"可社会化"的文化期待、所涉及的人员和机构以及道德社会化技术和策略（Fung and Smith, 2010：263）。

虽然心理学家已经开始关注不同文化中关于日常道德社会化的民族志作品，但是，人类学家还没有关注发展心理学最新的进展。这些进展为研究各种亲社会动机如何在婴幼儿时期出现提供了细致线索。我的研究旨在纠正人类学和心理学这一严重脱节，考察在特定文化情境中儿童的新社会行为和性情如何萌生。

我的研究还强调了记录在社会情境中理解儿童自身经历和能动性的价值。人类学家已经认识到，有必要对发展中的儿童自身在道德社会化中的主观体验和能动性进行密切考察（Stafford，2013a）。民族志研究为实现这个研究目标提供了理想的方法空间。在这个空间中，儿童被视为在塑造他们自身社会世界中发挥独特和积极作用的社会行动者（James，2007）。努力将儿童的"声音"情境化至关重要，这能够帮助我们探索如何基于儿童自身的视角来理解人类社会交往和伦理道德的基础问题。

综上所述，本书参考了人类学和心理学学科关于道德研究的文献，研究道德发展的一个关键阶段——幼儿时期。在这个阶段，儿童初始的道德倾向会产生各种合作行为。本书将民族志和现场实验方法有机结合起来。我把儿童置于分析的中心，揭示他们如何建构自己的道德世界，并将他们的道德实践和理解置于日常经验之中。

中国道德发展：过去与现在

中国为儿童道德发展提供了一个独特的试验场，因为在社会迅速变迁的今天，"道德"已经成为当下社会生活的一个重要话题，渗透到了家庭、教育和舆论之中。首先，人们普遍认为传统道德价值观面临缺失，自己不免有"道德危机"之虞。其次，公众把教育视为建设一个更好、更有道德的中国的关键因素。第三，在过去几十年的计划生育政策下成长起来的这一代独生子女具有独特的道德体验。综上所述，儿童道德发展已成为当下社会具有战略意义的一个领域。

儿童道德发展对于理解当下社会具有独特的意义，是洞察当代与历史之间复杂关联、促进人类学与汉学对话的前沿议题："儿童"在各样文化中被赋予丰富的道德含义，折射出成年人对自身、对社会、对世界的道德想象与愿景；中国则尤其突出，因为道德教化是中国思想的核心主题之一。中国教育传统把"做人"作为终极目标，即道德修养上的自我实现。如今，关于"做人"的讨论仍然在当下社会和道德生活民间和官方话语占据中心地位，探究这一思想的历史根源，有助于我们理解"做人"的深层文化背景。

对幼儿时期道德教化的重视，以及早期道德修养与社会整体状况的联系，可以追溯到孔子、孟子、荀子等早期儒家思想（Cline，2015）。在汉代（公元前206年—公元220年），随着儒家思想占据上风,早期道德教育就已经纳入中国哲学和历史的讨论中(Kinney,1995)。这些讨论突出道德发展的意义,强调教育对于将儿童塑造为理想道德人格的作用。时至今日,"教化"思想仍然是教育信念的重要组成部分。明代心学大师王阳明复兴了孟子人性本善的观念,提倡每个人,甚至包括"小人",生来就有"明德"禀赋(Ivanhoe,2009)。但据晚明思想家李贽所言,童心的纯洁一旦"被'虚假'的书本知识、自命清高的社会习俗、世俗的邪恶……所污染",就会被败坏(Hsiung,2005:225)。

一方面,"个人道德英雄对抗腐败社会政治背景"这一意象(Saari,1990:27)在近代社会危机时期反复出现,如20世纪初。另一方面,晚清以来,随着日益追求现代性,知识分子和教育家在社会改革和社会运动的激荡中也开始质疑新儒家思想体系。例如,"孝"这种品德被五四时期的文化改革者指责为扼杀儿童的活力和独立。这种反思、批判和创新,发生在中国知识分子接触西方外来思想的关键时期。这段历史为理解当代关于儿童道德发展的话语和经验提供了宝贵的参考框架。五四知识分子对压抑的家庭、麻木不仁的群体、冷漠无情的民族特征等各种社会弊病的控诉[2],又被今天的家长、教育工作者和观察者们翻出来讨论。

在迅疾且深远的社会转型中,人们正在"拼命快进"(Siu,2006:389),他们的生活充满高度不确定;此外,负面情绪,如不安全感、不信任感和不公正感也时有浮现(Wang and Yang,2013)。无论是在公共话语还是日常对话中,这些问题都具有典型的道德化特征，即个人道德品质和集体道德规范被视为重大问题的最终根源和解决方案。阎云翔分析了"不道德"行为，例如助人被讹的故事，热心人反而成为被帮助的人勒索的目标（Yan，2009）。他认为，这些看法实际上反映了高速社会变革中"道德景观的变迁"，即人们被迫陷入"艰难、有时自相矛盾的道德推论和自我分裂行为的境地"（Yan，2011：71-72）。

研究中国"道德景观的变迁"（Yan，2011）的兴趣与中国人类学家近期的视角转变有关，与以前聚焦于改革开放时期中国社会的结构转型相比，最近十几年人类学家开始关注中国社会个体心理体验的变迁（Kleinman等，2011；Zhang，2008）。人类学家对中国现代化进程中个体内在世界的变化提出了各种看法。例如，张鹂和王爱华（2008）认为，改革开放以来的中国个体，生活在企业家的新自由主义逻辑和国家社会主义元素的相互竞争之中。阎云翔（2009，2011）认为，当代人是集体主义社会的个体化产物，这些个人正在脱离以责任为中心的集体主义伦理，而转向以权利为中心的个人主义伦理。也有学者质疑和反对这种线性变化逻辑："我们认为现代性和个体性之间没有简单的线性关系，这种线性关系的预测是，随着社会变得越来越现代化，人们变得越来越个体化。"（Kipnis，2012a：7）任柯安（Kipnis，2012d）等则呼吁理解中国现代性与个体主体性之间错综复杂的关系，尤其是儒家治理传统等前现代机制的影响。

儿童早期道德发展是理解中国个体生活中道德转型的关键。在人们担忧"道德危机"的语境下，育儿者面临着幼儿道德教育的复杂挑战。人类学家刚刚开始研究教育过程中具体的道德协商与矛盾（Hansen，2013，2014）。然而，学者们还没有细致研究儿童早期的道德发展，在儿童早期这关键时刻，根深蒂固的历史传统遭遇到独特的新挑战。

除了将道德教化视为学习与教育的终极目标，还有一个文化预设贯穿于一波又一波历史运动之中，那就是道德教化与改进社会秩序之间的深刻联系，这种文化预设认为教育儿童有助于解决社会道德危机并塑造更好的未来，它源于"教育可以修身致善"的基本信念，根植于中国哲学和社会理论传统中（Tu，1985）。汉学家博格·巴肯（Borge Bakken）敏锐地观察到，中国社会可以被称为"模范型社会"（exemplary society），其中道德、教育、政治这三个领域融为一体：重在个人德行的道德论（而不是西方哲学传统中强调的抽象，甚至超验的道德准则），重在修身养性的教育论，以及重在约束个体的政治论。这种三元一体的道德治理术在中国文化中长盛不衰，远甚于其他文化（Bakken，2000）。巴肯的理论观点与中国教育和学习的实证研究相一致。教育学家李瑾（Li，2012：15）认为，中国教育文化的一个显著特征是"学习和认识不是面向外部世界，而是面向自身"，这是基于道德人伦意义上要求完善自我，"以天下为己任"的儒家文化。

早期教育被视作培养完善道德人格的关键，我们在当代教育政策、观念和实践中仍然可以看到这种传统理念的痕迹。在政策层面，道德教育被视为基础教育的最高目标，例如，道德品质被纳入教育成绩的标准化测量中（Cheng，2000）。在实践层面，根据跨文化比较研究，中国家长给孩子们讲个人经历故事时习惯加入道德教化的元素，进行说教性叙事（Miller 等，1999），将突出的概念与价值诸如"管"（Chao，1994；Wu，1996a）、"羞耻"（Fung，1999；Li，Wang and Fischer，2004）和"孝"（Wu，1996b）作为养育子女的目标。此外，比较教育学的文献表明，以道德发展和成长为学习和教学中心目标的文化观念在今天的中国仍然普遍存在（Chan and Rao，2009；Watkins and Biggs，2001），甚至在幼儿园早期就已经出现（Li，2010）。

然而，道德教育的实践，以及不同文化价值的意涵和优先顺序，不可避免地会受到当地历史变迁和社会结构转型的影响（详见 Fong and Kim，2011）。特别是在社会快速变革时期，德育政策中出现新的个人主义价值观，引起争议和冲突（Li，1993；Cheung and Pan，2006）。在育儿实践中，期望和价值内化方面的矛盾与分歧也已经浮出水面（Fong，2007a；Naftali，2010；Fong 等，2012）。比较教育学对中国、美国、日本幼儿园跨越二十年的长时段案例研究（Preschool in Three Cultures 系列）揭示出中国社会转型时期幼儿教育理念与实践的复杂性，特别是所谓集体主义和个人主义价值观的交织影响（Tobin，Wu and Davidson，1991；Tobin，Hsueh and Karasawa，2011）。

1979 年开始的独生子女政策对当代中国的儿童生活世界造成了深远影响。在中国现代化历史进程中，"儿童"一直是重要的文化意象，因为儿童教育与中华民族的未来发展息息相关，在计划生育时代更被赋予了独特的意义（Anagnost，1997；Fong，2004；Greenhalgh，2008）。中国独生子女，既被视为家国之"唯一希望"(Fong, 2004),又被谴责为"小皇帝",因其享受着来自整个家庭的资源和关注(Anagnost, 1997; Han, 1986)。随之而来的是,儿童道德发展已经成为社会面临的重要挑战,受到高度关注,也引发公众焦虑。焦虑主要集中在独生子女是否过于自我中心、难以适应社会。虽然有新近研究显示,独生子女政策显著降低了年轻人的信任感、可信度和责任心(Cameron等, 2013),但学界对这一问题尚未达成共识(详见 Settles 等, 2013)。近年来,在新出现的"4:2:1"(祖辈4人,父辈2人,子辈1人)家庭结构下,随着独生子女达到生育年龄,人们对"小皇帝"的担忧愈发明显(Wang and Fong, 2009)。在独生子女政策的大背景下,另一个衡量儿童道德发展对于国家重要程度的指标是始于20世纪90年代的素质教育运动。近二十年来,人类学家对素质教育运动及其影响开展了广泛而深入的研究,为厘清政府治理与育儿实践的关系提供了丰富的见解(Anagnost, 2004; Fong, 2007a; Kipnis, 2006, 2007; Kuan, 2008; Woronov, 2003, 2009; Zhu, 2008), 然而这些研究大多采用福柯式的理论框架视角,对儿童自身的道德经历和心理体验缺乏关注。

因此,我们有必要探究中国不断变化的道德景观如何改变人们对幼儿道德发展的态度和观点,以及儿童在道德危机时代如何应对多变的世界。

田野地点与方法论

碧玉幼儿园

本书的实证研究资料主要来源于我在 H 市碧玉幼儿园 12 个月（2011 年 8 月至 2012 年 7 月）的田野调查。H 市是中国现代化的前沿，改革开放四十年使它再度成为中国经济增长和全球化的先锋。人类学家曾经指出，在改革开放过程中，物质主义倾向"凸显为道德危机的源头之一"（Farrer，2002：17）。H 市也是位居中国基础教育前列的城市之一，以其在国际标准化考试中的出色成绩和教育资源投入而闻名（Dillon，2010）。到 2009 年，H 市学前教育入学率已经达到 98%，是全国最高水平，而全国平均水平则是 50.9%（Yu，2010）。

碧玉幼儿园位于 H 市的一个中产社区。大多数孩子住得离学校很近，一部分来自学校所在的社区，另一部分来自附近的社区，住在步行距离内，或仅有 15 分钟左右车程[3]。学校共 8 个班级，分为 4 个年级，共有 120 名儿童，年龄在 2–6 岁。这家幼儿园现在 20 名幼儿园教师都是二十几岁的年轻女性，没有一个本地人。除此之外，有一群教师助理叫"阿姨"，她们协助老师执行相对简单的任务，比如打扫教室、维持课堂秩序，并在用餐、睡觉、上厕所等时候帮助孩子们。这些阿姨大多是本地人，她们从劳动岗位上退休后，为了额外的收入到幼儿园工作。

碧玉幼儿园学生们的父母来自不同的地域。半数以上的家庭是"新本地人"，他们是来自其他地区的技术人才，成功在H市找到了稳定工作，并在这里定居。在"老本地人"家庭中，有的是受过良好教育的中上阶层，有的是受教育程度相对较低的家庭，他们受益于一项旨在发展浦东新区的政府住房补贴计划。大多数夫妻都是全职工作，和帮忙照看孩子的公婆住在一起。有的家庭雇保姆来协助祖父母们，有的家庭则只有保姆照顾孩子。还有一部分家庭，母亲辞掉工作，成为家庭主妇专门照顾孩子。通常来说，H市市民的地域自豪感广为人知（Nie and Wyman, 2005），这曾与社会经济地位挂钩（Pan, 2011）。

碧玉幼儿园将自己宣传定位为一所精英学校，并使用各种策略来吸引学生。优秀公立幼儿园的每个教室挤满了30个或更多的学生，而这所私立幼儿园则有较高的师生比：每个最低年级教室（1A班和1B班）中，都有两个老师、两个阿姨和16名学生；每个较高年级教室（2A班，2B班，3A班，3B班，4A班，4B班）中，都有两个老师、一个阿姨和20名学生。由于H市家长重视英语学习，碧玉幼儿园还聘请了一名外籍教师，每天为孩子们上英语课。此外，幼儿园还提供其他课外课程，如钢琴、舞蹈、中国画和蜡笔画等等。家长每月为孩子支付1600—2700元的学费，另外的课外课程则单独收费。

碧玉幼儿园包括一栋三层楼高的建筑，还有一个大操场。为了便于幼儿活动，两个托班都在一楼，其他班级在二楼和三楼。每个班级有四个房间，包括一个进行各种课堂教学活动的大活动室、一个洗手间、一个餐厅和一个供孩子们午睡的卧室。

二楼的多媒体教室则是英语课程的教室。

方法论思考

如果人类学家要到太平洋的一个异域进行研究，其田野调查工作无疑是困难的。然而，在自己国家进行田野调查也绝非易事。文化局内人的定位可能是一把双刃剑。虽然一个人从小接受的深层文化知识在获得对目标文化共同体与社会问题的深入理解上作用很大，但是，本土人类学家由于身处自己的文化舒适圈，可能会忽略很有意义的内容，反而是外来学者以跨文化的眼光更有可能发现它们。在开始田野调查之前，我非常担心这种尴尬的可能性，作为一个中国人，我可能会觉得一切都太熟悉太平常，就像是鱼在水里，难以通过人类学的视角捕捉到真正有意义且有趣的东西。

事实证明，我这种假设太天真了，以为国内的一切对我来说都是透明的。在众多令人瞠目结舌的现实中，让我印象深刻的是育儿者和公众对儿童道德教育的高度关注，以及大家因此对社会未来潜在影响的担忧。在我赴美学习人类学后，伴随我再度回到中国的不仅是多年在外的学术训练和生活经验，还有我的儿子，他还没有尝试过在一个新的城市开始一段充满挑战的旅程。我在中国中南部长大，在北京上大学。我们以前从未在位于中国东部的 H 市居住过。我焦急地问自己："在 H 市长大是什么样的？H 市的家长和老师们抱有什么样的期望，又面临什么样的挑战？"作为一个研究儿童发展的人类学家，同时也是一个担心儿子能否适应国内生活的母亲，我时刻沉浸在报导人带来的新视角当中，这些报导人包括儿童、教师、父母、祖父母和其他生活在这个社区和城市的人。遵循人类学民族志的惯例，为保护报导人的隐私，本书涉及的幼儿园人物都以假名处理。

我们家住在碧玉幼儿园附近，步行大约十分钟。在 H 市安顿下来，我 19 个月大的儿子豌豆成了碧玉幼儿园年纪最小的学生。每天早上八点半，我和豌豆一起去学校，把他送到托班，然后去其他教室。直到下午 4：30 放学，我会在教室观察一整天。我有时会去附近的农贸市场买新鲜的食品和百货，在那里经常遇到其他家长，大多数是祖母、外祖父母和母亲，和他们的对话自然而然就开始了。午餐时间是另一个建立人际关系和对老师进行非正式访谈的好机会，因为我们经常一起吃饭——从学校的食堂一起领饭，然后在教室或教师休息室边吃边聊。放学后，有些孩子会留在操场上玩，而家长们会和其他家长或者老师聊天。我通常会在操场上多待一会儿，与老师和其他家长聊天，看孩子们玩；我儿子豌豆巴不得一直待在操场上玩，从来不想回家。

除了每天在教室、操场、学校聚会、学校特殊活动等不同场合进行参与式观察和非正式访谈，我还将其他方法融入到田野调查之中。我对 40 位家长、教师、祖父母、保姆进行了深度访谈，内容涉及育儿和儿童德育的具体问题，以及关于中国社会和道德生活的更广泛话题。我对 92 个家庭（均为自愿参加的）进行了育儿问卷调查。问卷由三部分组成，共 20 个问题，其中部分问题包含子问题。这三个部分是：(1) 家庭社会经济地位信息；（2）生育情况和价值观；（3）儿童的社会道德发展。这本书还包括 80 名儿童参与的两个现场实验研究资料：第一个是社会投资实验，包括三个子研究，在孩子们决定与假想目标分享获得的奖励时，比较平等主义与互惠。另一个是公平实验，与平等原则相比，它考察儿童公平观念中的绩效原则（the principle of merit）。具体的实验方案和实验结果详见于对应章节。

自然主义民族志与控制性实验相结合，很适合用来研究儿童的主观体验和道德认知。首先，与我通过参与式观察收集到的儿童日常生活中自发的、轶事式的小插曲相比，不同阶段的现场实验让我在横跨一学年的田野调查期间有了一种结构感，也为我跟孩子们贴近关系提供了独特的机会。例如，2011 年 9 月，我进行了第一次社会投资现场实验研究。田野刚开始时，我花了一段时间去熟悉环境，很难从孩子们平凡的、有时相当随机的生活琐细中获得理论启发。在田野工作的早期进行一次现场实验，让我有机会借助结构化的实验程序与孩子们交谈，因为我的实验主要是系统地向孩子们提问。标准化实验也帮助我建立对儿童道德发展各个领域的理解，在此基础之上方便我在参与式观察和访谈中进一步提问。根据我的研究设计，其他实验项目分散在不同月份和阶段，也有助于我更清晰地规划田野工作，让我在有时毫无头绪的日常观察后重新振作起来。

其次，实验数据揭示出儿童道德动机和行为的规律和模式，这些规律和模式有时很难通过自然观察法获得。专门的实验情境可以激发孩子们的行为反应，用以补充他们在非正式和正式访谈中有限的语言应答。这些实验程序背后蕴涵着特定的理论思考和假设，因此实验结果的意义不仅在于实验本身。实验揭示的规律和模式也有助于我及时梳理和调整研究框架，进而在之后的观察和访谈中更集中关注某些理论议题。例如，我对儿童的分享行为很感兴趣，因此设计了一个实验，研究幼儿是平等地分享物品，还是基于社会距离或者互惠关系进行有策略、针对性的分享。我在田野调查最初几个月做了这个实验，发现这些幼儿园孩子在做出分享的决定时确实考虑到了互惠等因素。基于这一发现，我在幼儿园的参与式观察以及与老师和家长的访谈中更加关注孩子们对互惠的理解，在此过程中也发生了不少有趣的故事。

第三，通过观察和访谈，我对儿童及其照料者（caregivers）生活体验的理解，使我能够将实验概念与儿童自身的生活经历联系起来，并参照儿童日常生活的点点滴滴，对实验过程和结果进行解读和反思。作为一个民族志学者，和老师与孩子们在教室相处一年之久，我一直在反思实验过程的细节对孩子意味着什么。正是由于人类学训练，我能够将心理学实验细节重新融入到田野调查的自然流程中，不断地观察并调整这些细节，而不是只看到独立片段式的实验：实验设置、任务、材料，我将实验介绍为"好玩的游戏"，我已经和孩子们建立起来的联系，我和他们言语沟通或者其他形式的交流，我的"被试"如何看待我、他们话语的含义、他们行为的动机、他们某刻的情绪、他们在实验前后参与的活动，等等。这是一个持续不断的交互过程，由我和孩子们共同建构，主客观相互影响。

我既是研究者又是家长，这种双重身份也值得更深入的审视和反思。作为一名家长，我有独特的机会与其他家长、老师、孩子们建立关系、培养信任。在我的田野调查中，我与一些老师、工作人员和家长建立了深厚的友谊。在此过程中，幼儿园园长于女士和副园长苏女士对我非常慷慨。例如，她们允许我和老师一样在学校享用免费午餐、使用教师办公室、参加教师和家长的会议、观察、访谈、在所有的教室进行实验。我每天和其他老师一起吃午饭，在教室、操场和教师休息室聊天。放学后或是周末，我们有时一起吃晚饭，或者一同出去玩。老师们告诉了我很多关于他们自己和孩子在学校和家里生活的经历。

身为母亲，我的角色在很大程度上帮助我与其他家长建立起融洽的关系，我们可以彼此分享想法、担忧和经历。对我来说，这些家长不仅仅是典型的报导人，提供我需要的信息。他们更像是一个支持小组，我有幸成为其中一员：我们谈论我们自己的育儿问题，分享相关信息。虽然他们把我看作是儿童发展方面的"专家"，但大多数时候，我觉得我才是被帮助的人，而他们是施予帮助者。关于在H市如何培养孩子，他们比我更有经验，也更足智多谋。有时我会通过QQ与碧玉的家长和老师在线聊天，并加入他们的在线论坛。我与其中一些老师和家长的友谊从H市延伸到美国，并随着时代的发展从QQ转到微信联系。

幼儿园园长最初介绍我时，让孩子们叫我"许老师"。因为小孩子们非常尊敬和钦佩老师，他们从一开始就对我很有礼貌。他们可能不知道为什么我总在他们的教室里闲逛，却没有做任何真正的老师应该做的严肃事情，但这并没有阻止我与他们建立真诚的关系。他们对我感到好奇,正是因为我的身份模糊不清。另外,尽管我非常同情幼儿园老师,他们一天忙到晚,眼观六路耳听八方,需要对每一个小孩子负责任;正是因为我的特殊身份,我不用像正式老师那样去管教孩子们。相反,我有机会安慰那些因老师的管教而灰心丧气的孩子。所以我总是那个很友好、不严格的"许老师",这个角色十分讨巧,有助于我了解每一个孩子,与他们保持好关系。

我很感激在田野调查中所建立的这些关系。学校领导从一开始就热情接纳了我,把我介绍给其他人,并为我的研究提供各种便利。幼儿园老师们在日常的学校生活中给予了我很大支持,成了我的好朋友。家长们愿意和我分享他们的育儿经验和担忧,因为我是一名研究儿童发展的学者,也是一位母亲。孩子们信任"许老师",把我带进了他们自己的世界,这个世界激发了我的想象力,也丰富了我为人父母的敏锐感。这些关系滋养了我在 H 市原本孤独的生活,支撑着我在田野工作的起起落落中前行,也让我能够顺利完成这项研究。

进入田野/幼儿园:阈限阶段中的社会性和道德性

我作为母亲"进入田野"的经历和儿童开始新学校生活的经历交织在一起,是一段值得书写的日子。在这段时间里,我有机会深入探索社会道德发展的原初动力:以自我为中心的"小皇帝"如何成为服从教师命令、融入集体生活的好学生?道德教诲如何在学校日常活动中展开?这些孩子们学习了什么样的道德教诲？儿童自身如何接受和转换道德讯息、实践道德行为？本书旨在呈现主体间交往产生的一系列经历和反思，对儿童的社会和道德认知的涌现过程展开讨论：幼儿园入学是一个阈限性的时空，儿童进入崭新的社会世界。这些讨论为本书的主题和论点奠定了基调。

托班：勇敢新世界

2011年9月1日，开学第一天，是托班孩子们——碧玉幼儿园年纪最小的一群孩子——意义重大的一天，我19个月大的儿子豌豆也在其中。这也是我在幼儿园正式开始参与式观察的第一天。一开始，我非常兴奋，等待着一个又一个有力的理论观点在丰富多彩的民族志桥段的装点下自然涌现。然而，入园这一天充满戏剧性，彻底粉碎了我的美妙设想。我还没有准备好面对如下场景：无助的幼儿被迫离开妈妈，独自留在完全陌生的环境中。当然，这些蹒跚学步的孩子一个接一个地大哭起来。在阵阵哭声中，他们的恐惧、绝望和愤怒像细菌一样在教室里蔓延开来，老师和助手们灰心丧气，母亲们无不心碎。如此勇敢的新世界，既是这些小孩子的新世界，也是我——田野研究者/母亲——的新世界！

上幼儿园之前，这群小孩是家里幸福的"小皇帝"，由父母、祖父母或保姆伺候。他们大多数是独生子女，很少有独自和同龄人互动的经验。突然间，他们被扔进学校环境中，被期待表现得像个学生，每天与他们从未见过的大人和孩子互动。

就在这第一天，我简直无法想象，从一个戏剧性的、令人痛苦的时刻开始，这样一群哭哭啼啼的孩子、沮丧的老师、心碎的父母，将如何成为一个真正的共同体，将各自的情感意向联结在一起。

1A 班和 1B 班之所以被称为"托班"，是因为它们具有过渡性质：介于日托班和幼儿园之间，前者的目的仅仅是为婴儿提供基本照看，后者则是为幼儿提供有组织的教育活动。幼儿园的入学年龄是在 8 月 31 日前年满 3 周岁，托班是为低于这个年龄的孩子开设的，通常是两岁的孩子。在 H 市，为了吸引更多想让孩子提前为学校生活做准备的家庭，幼儿园开设托班是很普遍的。碧玉幼儿园托班的大多数家庭已经有祖父母或保姆在家里帮忙照顾孩子了，所以他们不一定需要机构来照顾孩子。

既然如此，为什么家长要把他们的小孩送到托班呢？大多数家长是出于教育欲望，他们希望孩子们学习、发展社交技能，体验他们所谓的"集体生活"。很多家长强调他们孩子的社会发展，认为学前生活是一个重要的方式，能够缓解作为独生子女的负面影响。独生子女这一意象常伴有微妙的负面含义：孤独、不守纪律、没有社交技能、自私。家长们希望，一年的托班能够教会他们一些知识和技能，这样当他们在 3 岁时进入幼儿园后，和没上过托班的孩子相比就更有优势。随着越来越多的家长想要提前为孩子在幼儿园找到一个位置，送孩子上托班已经成为一种流行趋势，在 H 市，幼儿园的招生竞争也越来越激烈（Xu, 2012）。

有人可能会问：这所 H 市私立中产幼儿园中孩子、家长、教师的经历能够反映当下社会的整体情况吗？事实上，教育方面的追求与期待普遍存在于中国社会，它既有深厚的文化历史根源，也是当代制度、政治和经济力量的产物（Kipnis，2011）。详细的民族志研究在中国许多地区发现了这种趋势（Kipnis，2011；Kuan，2015）。与育儿相关的竞争心态早在怀孕阶段就开始了，这从"赢在起跑线上"这样的口号中可见一斑（Zhu，2008）。照料者和教育工作者也用这个口号来支持他们的决定，把婴幼儿和学龄前儿童送到高质量的早教中心和幼儿园。碧玉幼儿园托班为我们理解教育竞争心态的方方面面提供了一个有趣的案例，这一话题广为人知，且在全国各地都有讨论。

从宝宝到学生：开启一段集体旅途

托班的前几周构成了完美的阈限阶段，来考察这些孩子如何在他们人生中第一次创造一个集体生活。一开始，情况十分混乱。幼儿绝望地叫着："我想要妈妈/我要回家。"但于事无补。母亲们忧心忡忡，偷偷溜到窗边只能听到一阵阵尖叫。但这些母亲，包括我自己在内，至少低估了一件事：孩子们适应并创造新的社会环境的神奇能力。在当时混乱的几天里，我目睹了他们生命中关键的协同（synergetic）"相变"（Haken，2004）。在教师的指导下，这些孩子几周之内建立了一个有序的集体世界，向着正式的学校生活进发。在这个新集体环境中，孩子们开始了从宝宝到学生的转变，而"学生"即意味着一系列复杂的责任和角色之组合。

表 I.1 概述了托班 1A 班的标准日程和日常活动。

表 I.1　托班 1A 的日程表和常规活动

时间	活动	地点
8：00–8：30 上午	打招呼 / 早晨体检 / 自由活动	学校正门 / 活动室
8：30–9：00	早餐	餐厅
9：00–9：20	英语课	多媒体教室
9：20–9：30	喝水 / 厕所时间	餐厅 / 洗手间
9：30–9：50	晨练	操场
9：50–10：00	喝水 / 厕所时间	餐厅 / 洗手间
10：00–10：20	户外活动 / 自由活动	操场 / 活动室
10：20–10：30	喝水 / 厕所时间	餐厅 / 洗手间
10：30–11：00	多彩思维课堂	活动室
11：00–11：30	午餐	餐厅
11：30–12：00 下午	看动画片 / 安静时间	
12：00–2：30	午休	卧室
2：30–3：00	水果 / 喝水 / 厕所时间	看动画片 / 安静时间
3：00–3：30	语言课 / 数学课 / 艺术课	活动室
3：30–4：00	下午零食 看动画片 / 准备放学	餐厅
4：30–5：00		学校正门 / 操场

托班教育的一大内容是训练孩子遵守课堂规则和老师的命

令，每个活动以小组形式开展。上课的时候，孩子们坐成一排，面对老师，认真听讲。离开教室去上英语课、户外活动或者放学时，全班必须排成一队，拉着"小火车"，走成一列。这种严格的集体原则贯彻到所有日常活动中，如洗手、吃饭、上厕所训练。教师运用一系列歌谣来帮助学生学习集体生活的各样要求。不同歌谣针对特定的过程，包括坐着、走路、洗手等等。这些歌谣对孩子们来说朗朗上口，也是有趣的练习，丰富了师生之间的互动。大多数孩子在开学几周内就能成功地背诵，很快习得了这种塑造集体精神的文化脚本。

以下面这个排队的场景为例，我们可以窥见这些年轻的孩子们可以守规矩、维护集体到什么程度，也可以看到老师们持之以恒执行这种教学法的效果。

2011年9月10日中午，1A班的班主任方琳对我说："我觉得我的学生们做得很好。他们现在意识到了他们属于同一个集体。但我觉得他们还能做得更好。例如，他们现在知道他们需要走成一列，但我觉得我可以训练他们走成一条直线。我相信他们有这个潜力。"午饭后，她让所有的孩子在班级门前排成一列："今天，我们在饭后散一会儿步。小朋友们需要走成一条直线，这样小火车才能在轨道上运行。如果我看到有人走乱了，我会要求你们再走一遍。"她打开门，带领全班同学走过长长的走廊。她仔细地看着孩子们走路，尤其是经过拐角的时候。几个孩子没有遵守规则，队伍没有排成直线。她批评了那些走得不好的孩子，让全班同学又走了一次。她对那几个走得不好的孩子说："现在，就是因为你们这几个人，全班都要接受惩罚。"

这种情况重复了几次，队伍越来越直。我观察着整个过程，然后方琳自豪地对我笑了笑："看到了吗？他们可以做到！"我问："你是怎么让他们做到的？"她回答："你需要理解他们的心理。他们不想在同学和老师面前丢脸。如果其中一个没遵守规则，他得为整个团体负责，其他的孩子也会监督他。我只是利用这个原则，让他们互相监督。是不是很容易？"我一方面觉得这对两三岁孩子来说可能有点残酷，另一方面又的确惊讶于他们在集体中约束自己的"潜力"。

一个新的集体秩序形成得如此之快，是师生之间有效互动的结果。首先，孩子正在经历类似于人类学家维克多·特纳（Victor Tutner，1995）理论中所说的"阈限"。他们身处一个陌生的环境，其中没有已经成型的结构。正是在这种情况下，新的可能性和结构能够顺利建立。其次，新的秩序和它的可预见性在这个环境中是可行的，比如有教师的指导。第三，具备与生俱来的心理倾向和能力，使得他们可以习得社交生活和集体行为的某些关键元素，还有，老师们的教育方式也有意无意反映了人类育儿策略的一些共性，这些共性恰好与儿童自身的心理需求和特征相适应（Quinn，2005），例如一以贯之地对孩子进行评价，如赞成（奖励）或反对（惩罚）。

自我和他者之间：成为一个有道德的人

开学之初的那些日子为我打开了一扇窗户，观察孩子们如何社交，观察道德教诲和讯息如何渗透在孩子社交互动的方方面面。显然，成功的集体性训练与如何发挥孩子的内在禀赋性情，特别是道德动机密切相关，而且在某种程度上取决于孩子们这些心理禀赋。幼儿园的教室不仅是孩子们开始探索社会世界的一个**社交**空间，也是一个**道德**空间，在这里，关于"好"和"坏"的训诲信息有意无意地被生产、传播、内化并转换。集体情境下，遵守教师要求和课堂纪律的孩子被看作是"好宝宝/乖宝宝[4]"。在中国文化里，利用模范和榜样是一种培养理想人格的根深蒂固的教育原则（Bakken，2000；Munro，2000），这一原则仍适用于今天的教育环境（Kuan，2012）。这是碧玉幼儿园道德教育的一个重要特征。教师采用不同方式奖励表现理想的孩子，然后把他们当作其他孩子应该学习的榜样。

用餐时间是观察道德训诲的好机会。奥克斯和修霍特认为，用餐时间是"产生社会性、道德性和对世界的在地化理解"（Ochs and Shohet，2006：35）的重要文化场所。在1A班，午餐情境标志着一个充满道德意义的特定社会空间。这些含意自上而下生成，嵌入在师生关系的等级结构中。

例如，一天上午11点，方琳老师让1A班的所有孩子在餐桌边坐好。15个孩子被分成三桌。他们坐下了，等着张阿姨把午饭从厨房拿过来。方琳老师宣布："现在，我们要用收音机听一个故事《东东和兰兰》。请坐好，认真听，然后我会提问。"这个故事讲了两个孩子之间的差别：东东认真吃饭不剩饭，而兰兰三心二意地吃，还浪费了很多饭菜。故事讲完了，方琳问："你们更希望自己像东东一样不剩饭，还是像兰兰一样浪费很多粮食？"孩子们大声回答："东东！"方琳评价道："很好！你们都是好宝宝。是这样的，我们不能浪费粮食。"没多久，食物已经准备好了，老师和助手给每个孩子的碗里和盘子里分食物，但是现在还不能开始吃。方琳老师告诉他们要等到所有人都安静地坐好。然后，方琳宣布："好了，现在开饭了，小朋友们。"作为回应，孩子们对身边同学说："请大家都开始吃饭。"只有这样才能开饭。老师鼓励孩子们自己吃饭不要帮助，并且要在20分钟内吃完。在吃饭时，他们不允许跟别人说话，因为在别人吃饭时说话是干扰对方，还会打破现在的安静状态。孩子们吃完饭后，他需要把椅子放回桌下，这样安全又方便。

方琳向我解释她为什么要坚持采用这种严格的流程："这些孩子被宠坏了。他们在家是家庭的中心，每个人都要伺候他们，所以他们对现实世界一无所知。事实上，他们衣来伸手、饭来张口。没人要求他们做家务，家务都是父母、祖父母来做，他们甚至不自己吃饭。这就是他们需要训练的原因。同样，他们有能力、有潜力搬自己的椅子、自行吃饭。在家里他们的需求太快得到满足，他们不需尊重他人。现在，我希望他们学会等待，学会尊敬他人。他们送到学校就是来学这个的，教会他们规矩和守规矩是我的职责。早学总比晚学好。"

在训练儿童方面，方琳老师技巧高超。她有意在用餐过程的每一个细节中传达道德信息。第一部分是学故事，她用这个叙事工具教孩子区分道德意义上的好坏。这个故事的训诲目标是节俭的美德[5]，中国道德教育的一个常见主题（Chan, 2006）。教育工作者出于对溺爱独生子女的担忧，格外强调节俭美德。第二部分是集体吃饭，这部分的核心道德训诲是提醒孩子们不要只顾自己，还要关心其他孩子。师生的协调和教室教育的细节都在传达这一点，灌输"什么是善的道德概念"（moral conceptions of the good）（Ochs and Kremer-Sadlik，2007），以期转变成身体实践。这说明，托班的集体教育通过具体文化形式创造了一个触发并培育儿童道德感知的空间。

社会性和道德性的萌芽

这段关键时期对托班孩子，对我来说都是阈限阶段。这些孩子初入校园的过程与我作为一名母亲/研究者进入田野的过程交织在一起。孩子们和我都置身于陌生的空间，在一个新的世界纠结挣扎，渴望安全感和归属感。和老师们一样，我期望被这些孩子们认识、接受和信任。对于父母来说，我就是其中一员，我们在与孩子因分离而焦虑的过程中和老师们建立信任，共同面对孩子生活中迎来的巨大转变，在某种程度上，这也是我们自己生活中的一次大转变。从人类学和存在论（existential）的角度来看，这一阈限过程中出现的道德和社会性的复杂性值得我们严肃对待。当时目睹的一切给我留下了深刻的印象：儿童世界中萌生的敏锐社会性，他们在人际交往中表现出的复杂的道德情感，以及他们创造、维持和改变社会生活秩序的强大能力。在这一重要的转变过程中，这些儿童的心理潜能与教育者充满文化内涵的引导和管理协同配合，产生了一种新的集体生活。

人类学家埃莉诺·奥克斯和奥尔加·所罗门将"**人类社会**

性"定义为"与他人进行社会协调的一系列可能性"（Ochs and Solomon，2010：71）。阈限阶段出现的社会调整——当这些孩子走出自我中心的生活然后迈向"集体生活"的新世界时——解释了人类社会性的力量与基本特性。在这个阈限阶段，孩子们以各种各样的方式构建他们的社交世界，我们可以看到道德性的迹象和力量如何引导着社会协调的过程。在阈限阶段的不同经历中，我们可以一瞥儿童迷人的道德世界，例如他们如何联为群体、如何追随权威、如何学会尊重他人。在本书的余下部分，我将详细阐述各式各样甚至充满张力的道德动机、判断和情感如何在他们心理发展经验中萌芽。

研究问题与章节概要

H 市是中国全球化和教育的前沿城市，本书根据在 H 市一家中产私立幼儿园长达 12 个月的田野调查写成。本书主要探讨如下问题：在快速转型的当下社会，这些独生子女政策下出生的中国儿童，如何在一系列日常实践中应对复杂充满张力的社会并构建他们自己的道德世界？在当下道德变迁的局面下，儿童和育儿者在道德发展和教育的过程中涉及哪些道德领域和规范？如何选择、如何协调、如何角力？在当代中国，家庭、教育和更广泛的文化动力如何塑造儿童的道德习性？

第一章探讨了"人心不古"的道德变迁和独生子女政策下，育儿者的教育期望与焦虑，并概览碧玉幼儿园儿童养育和道德教化的风貌。这一章通过细致考察教育工作者和照料者有关道德教育的观点和经验，将中国儿童的道德发展嵌入在特定历史、文化和教育背景下。人类学家近年开始研究中国道德变迁局面下道德人格的塑造与重塑（Kleinman 等，2011；Yan，2011），顺着这条脉络，本章关注激烈的教育竞争环境下，中国家长和教师在培养"好孩子"——"唯一的希望"——方面的梦想和努力。具体来说，本章考察道德教化的各种困境，这些困境既反映出中国社会正在变迁的伦理基础，又揭示了 H 市教育环境中凸显的道德生态。

第一章是对这个幼儿园社区的道德教育及其困境的概括性描述，接下来的三章则对儿童自身在三个道德领域的发展历程展开深入讨论，尤其是关注儿童在建构自己的道德世界过程中出现的各种矛盾。我将这三章排列如下：第二章考察同理心与爱心的教育与发展。同理心与爱心是人类道德的重要基础，中国古典思想与当代科学实证研究在这一点不谋而合。由于公众认为同理心在当下社会生活中备受损害，如何在幼儿中培养同理心成为巨大挑战。

第三章聚焦于所有权和公平观念的出现，即支配儿童物品分配、交换和纠纷的基本道德习性。与强调与生俱来的共情能力和对他人的真诚关爱类似，教育工作者强调儿童对于所有权和公平感的要求主张也是自然禀赋。然而，在教育工作者看来，这种自然禀赋在社会交往实践中却颇有争议，甚至颇为扭曲，因为社会环境会将各种各样甚至相互矛盾的要求和限制强加于人。这种在物品所有权分配和纠纷中的张力和动态构成了当下道德发展的另一个重要领域。

第四章与第三章互为对张：第三章刻画了育儿者对"童真"的幻想，对儿童"天然禀赋"有改造社会之潜力的幻想；第四章则描绘了育儿者对于"纯真儿童"之黑暗面的焦虑，即对自私的独生子女之担忧，育儿者在日常实践中向儿童灌输分享和慷慨的意识形态，儿童自身的实践和理念则与此形成鲜明对比。本章探讨儿童的分享世界，聚焦于平等主义与策略性合作态度之间的矛盾——这种矛盾不仅成为最近关于人类道德本质的理论热点，还反映了形塑当下社会交往的关键文化概念。

选择这三章的主题有以下几个原因。首先，儿童早期对于关爱他人、划定所有权、互惠分享、公平原则等方面的道德认知，最近在发展心理学和其他行为与社会科学都得到了高度重视。然而，文化人类学家尚未涉及这些问题，新兴的"道德伦理人类学"研究既没有重视儿童发展这一视角，也没有像心理学那样对"道德"这一广阔概念下的不同领域范畴作出系统理论化。因此，我们需要有深入的民族志研究，来更全面了解道德发展的心理—文化过程。其次，这些选题不仅受到了当前认知科学颇有影响力的"道德领域理论"的启发，是对"道德领域理论"有批判性的延展，考察实际生活中不同"道德领域"之间的关联和张力。第三，这些主题也蕴含着自下而上的考量，结合了我在田野调查中发现的"主位"视角，即中国儿童日常社交和道德生活的重要面向，反映了当代中国文化和社会中更广泛的问题和关注。在这三章中，我的理论目标是研究儿童心理倾向在当代中国文化过程中如何表达和调节的。

在深入考察各个道德领域的儿童发展经验后，第五章转向

"**管教**"这个包罗万象的综合性概念，并探寻父母、祖父母、教师如何抚育"小皇帝"的复杂观念与实践。在文化心理学、心理人类学文献中，管教是中国特有的关于育儿与社会化的文化概念。育儿者正在变动的道德价值中探索前行，面对培养独生子女的复杂育儿挑战。本章希望揭示"管教"观念和实践在这种情况中出现的层层张力，不仅是回应第一章对道德教育困境的概览，也是系统总结道德教育的社会化观念、策略和技术。正是这些复杂灵动的社会化观念、策略和技术贯穿于道德发展的各个具体领域，因而也支撑了儿童道德发展的总体过程。

综上所述，本书考察了中国儿童在深刻社会变革的时代成为"好孩子"的过程，其中大部分儿童是独生子女。我的研究揭示，在中国不断变化的道德环境中存在着相互冲突的两种动机：一种动机是培养有道德的好孩子，这源于中国悠久的道德教化传统，尽管该传统绝非一成不变，而是在日益复杂的社会现实中更新转化；另一种动机则是在道德变迁的社会、竞争日益激烈的教育环境里培养出成功的好孩子。这两种相互冲突的动机给照料者和教育工作者造成了两难困境，并影响了儿童在不同认知领域中原初心理倾向的发展。本书考察了道德发展的重点理论议题，例如共情意识、分配公平（包括平等原则和绩效原则）、互惠思想、等级权威观念、所有权意识等等，并通过梳理复杂且充满张力的"管教"互动，展现了幼儿园儿童丰富的创造力。

本研究通过考察儿童道德禀赋在文化动态中的表达和调节

方式，旨在探讨心理人类学、道德人类学、儿童与童年人类学乃至中国人类学领域的关键问题。第一，本书的研究发现切中心理认知人类学的核心问题：儿童接受的明确教导与他们实际认知之间的关系，例如育儿者关于平等分享的教导和孩子们特殊主义式的分享实践。第二，本书旨在回答人类道德研究的前沿问题：作为人类共性的道德关怀在儿童早期如何体现出具有文化特色的意义和发展轨迹，例如跨文化普遍存在的"互惠"逻辑与中国幼儿习得的"关系"意识。第三，本书意图加入更广阔的跨学科运动，考察根植于人类自然演化历史的多样道德—合作禀赋如何在童年早期相生相化：例如关爱他人的共情能力与区隔"他我"（in-group/out-group）、分而待之的精巧计算。第四，在方法论层面，本书将心理学实验融入人类学田野调查、提倡方法论多元主义对人类学未来发展的意义："人类学应该站在这种（方法论多元主义）研究实践的最前沿，而不是从边缘处批判。"（Weisner，2012：4）

最后，我们应该在认知科学、社会科学甚至自然科学交叉融汇的新视野中理解幼儿道德发展研究的意义。近二十年来，发展心理学、道德心理学甚至神经科学与认知人类学、演化人类学、理论生物学等多个领域协同发展形成了探索"人类道德与合作起源"的新思潮，儿童发展则是解开这一人性谜题的重要线索。作为立足于田野研究以深度理解社会见长的文化人类学家，我们的声音何在？主流文化人类学对于儿童认知领域革命性的新发现了解甚微（Hirschfeld，2002）；近期"伦理道德人类学"虽然兴起了对道德问题的关注，却忽略了儿童发展这一视角,忽略了与认知科学新思潮的对话。因此我在《美国人类学家》发文呼吁"关心道德伦理研究的人类学家将儿童发展作为中心视角,加入这场跨学科探索,展现人类自然历史、社会历史如何联结于道德发展"(Xu,2019:656);尤其强调人类道德发展的双重性质——普遍性和多元性,超越"先天"与"后天"二元对立,乃是"自然"与"文化"的交互共生(Xu,2019:657)。中国社会则以其深远的道德教化思想和独特的社会转型背景,为探索人类道德发展、反思和拓展人类学研究提供了独特窗口。变迁社会错综复杂的人伦关系与文化编码形塑着儿童道德认知与情感,儿童道德发展的心理机制也是这些动态的人伦关系与文化编码得以可能、得以延续的基础。尽管只是来自一所幼儿园的观察,本书期望通过多元方法论的运用、在跨学科思想领域中对理解中国社会、理解人类道德作出贡献。

第一章

道德培养：教育热望与焦虑

THE
GOOD
CHILD 1

"小皇帝"、教育和道德：
对家长来说，生死攸关的是什么？

父亲：他（天天）是独生子女。对我们来说，最不能承受的，就是对天天教育的失败。我们担忧的是他的前程。我们俩（爸爸妈妈）都有一种精英意识。可能八九成的父母都有这种精英意识。

母亲："社会"是什么意思？意思就是个人会以自己的方式生活下去。孩子还小的时候，就是我们唯一能影响他的机会。我们也不知道能不能成功。如果社会是"健全"的，人们前进的整体方向是好的，那不论我们怎么教育他，他都不会走错路。但是，最差的情况就是社会是坏的。那我们怎么教育他就很重要了，这个结果影响很大。

这两段引文反映出了父母对培养"小皇帝"过程中教育和道德相互作用的抱负和焦虑。天天是3A班的一个男孩子，和父母、外祖父母住在碧玉幼儿园所在的小区。他的父母都是H市本地人，从顶尖高校毕业，工作稳定，父亲在政府机关工作，母亲在国企工作。天天是家中独生子，在父母三十岁出头时出生。对于70后的夫妇来说，如今的父母和上一代父母之间最显著的区别就是,他们更关注孩子,更担忧孩子的教育问题。天天父母的言论切中这一章的主题和主要论点:当今中国育儿者陷入了深切的困境当中,他们既有对子女未来成就的远大抱负,也有对培育孩子的深重焦虑。

独生子女政策对此无疑有显著影响。和前几代相比,当父母们不得不同时照顾几个孩子时,他们没法面面俱到,而天天作为独生子女,是家里的"唯一",于是在当下的激烈竞争中,教育失败对他的父母将是无法承受之重。不只是他们在与这种焦虑作斗争。正如天天的父亲所说,这个情况不仅存在于接受精英教育的 H 市中产当中,当今大部分父母都有这样的精英意识。天天爸爸用的流行词"精英意识",指的是父母都意识到他们的精英教育社会背景或者父母对子女教育的高度期望。例如,天天爸爸常常把儿子带去 F 大学,这是 H 市最好的大学,也是他的母校。他期待儿子以后也能进入这所学校或者更好的高校,奔向光明的前途。没有精英教育背景的父母也抱有这种期望。例如,在冯文(Fong,2004)对中国独生子女的民族志研究中,她描述了不同社会经济、教育、职业背景下,家长与学生们共享的高学历期望值。她也提及,大连的独生子女们正在尝试在第三世界开辟出一条通往第一世界的道路,因为他们"担心千军万马过独木桥"(Fong,2004:182)。任柯安(Kipnis,2011)在《治理教育欲望:中国的文化、政治与学校教育》一书中,分析了为何山东省一个农村家庭出身学生占多数的县表现出了高度的教育抱负。他论证道,父母们如此强烈的志向和教育期望并不完全是独生子女政策的产物,反之,这深深植根于中国的历史传统,文化、政治和教育在其中交织,形成"帝国治理复合体"(the Imperial governing complex)(Kipnis,2011:90)。

天天妈妈强调了等式的另一端。一方面,父母对独生子女抱有极高的教育期望。另一方面,因为幼儿时期对孩子的道德教育至关重要,而且人们认为社会上的道德矛盾并不鲜见,所以道德教育面临压力。正如她所说的:"这是我们唯一能影响他的机会。"她认为,幼儿时期的培养对塑造孩子的性格、人格、思维和行为方式至关重要。然而,她也不确定自己或者别人的育儿方法能否成功,在"大环境"有碍儿童心理健康发展的**想象**中,这种不确定性被进一步放大。像她暗示的那样,良好的育儿方式对于如何在复杂的社会环境中塑造心理健康的儿童来说非常关键。

家长们认为,培育幼儿的道德不仅关系到孩子们自身的前途,也关系到社会和民族的未来。依照这种逻辑推导下去,则是"坏社会会危害到成员的道德教育",同时"坏教育又加剧了社会的道德危机"。这听起来是一个鸡生蛋还是蛋生鸡的问题,没人能回答是先有鸡还是先有蛋。在道德领域,个人能动性——即使是最年幼的个人——和社会力量在复杂的反馈链条中相互影响,教育则在两者之间起着调和作用。我的朋友建霞在幼儿园任教十年,后来成了一个全职妈妈和家庭教师,她对教育、道德和社会的关系有一段直抒胸臆的评论:

> 我认为,教育的目的是让孩子成长为自立的人,能享受自

己的生活，也能为他们自己和社会负责。为什么现在我们有这么多问题？为什么我们被毒奶粉和劣质食品包围？那是因为很多人缺乏道德感，特别是缺乏对他人的关怀与责任。很多人只关心自己，对别人的痛苦与死亡漠不关心。只要能赚钱，很多人就随便污染。能把自己的孩子送出去，所以他们就不在乎别人是不是呼吸着被污染的空气。

看看教育的现实。现在对家长来说，最重要的是给孩子灌输这些观念：你要拿到好成绩，你以后要赚大钱，要走上人生巅峰，要好好尽孝。你看，这多自私自利！这就是很多家长最关心的。然后（家长）去和别人竞争伤害别人。为了地位上升不择手段。为了让孩子们去更好的学校，很多人贿赂官员，这就是说同时把一个本应得到这个位置的孩子挤出去了。想想现在很多小孩是怎么长大的，从幼儿园——不是，甚至从更早开始，从妈妈们怀孕开始，竭尽全力找到更好的医生接生，或者在更好的产房找个床位，哪怕是通过不公平的手段。[1]

建霞描述的这种恶性循环和紧张关系具有多个面向：首先，教育的目标是培养既能关心自己也能关怀他人与整个社会的个体和公民。然而，由于从生育开始就充满了对资源的激烈竞争，育儿者变得自私，不再考虑他人的利益。其次，人们不能指望一种极度自私的教育能培养出"好"的孩子、"好"的社会成员。第三，如果人们认为教育的最终目标是培养好人，那么即使是那些看似合理的教育目标，例如赚钱和成功，本质上也是自私和不公平的。她的批评呼应了"市场的道德局限"（Sandel，

2010）这一经典哲学问题，即我们所珍视的某些领域，例如基本的生命权和受教育权，正在受到逐渐渗透、缺乏人性的市场逻辑的侵蚀。这种控诉在公共话语中普遍存在。

毫无疑问，教育和医疗系统中的腐败或者食品安全等问题不能完全被归结为个人和人际道德标准的下降。然而，我的报导人常常提到这些问题，并把它们和道德与教育联系在一起。这种将由个人品德、教育修养组成的道德和更广泛的社会秩序联系在一起的倾向，是一种根深蒂固的文化心态（Bakken，2000）。

我很想知道，对于这些父母和教育者而言，至关重要的是什么？"道德体验"（moral experience）这一人类学概念有助于我更深入地思考这个问题。这个概念指的是"此时此地什么才是至关重要的"〔"或庸常或非凡的超越个体的细节通过关系、工作和对特定地点的切近联结我们、定义我们，其中最重要的是，世界各地的男男女女们绝大多数都是实用主义取向"〕（Kleinman，1999：70）。人们基于特定时间和地点下，什么对他们是真正重要的来采取行动，这就是"矛盾的情感与矛盾的价值观深深混合在一起，其无条理的独特性定义了什么是个体存在的核心"（Kleinman，2006：10）。凯博文和他的同事（Kleinman等，2011）聚焦当代中国，探讨了深刻的社会转型中道德的塑造和再造。他们的中心论点是，飞速社会转型中出现的新的主体性是"分裂的自我"（Kleinman，2011：5），自我被不同的标准和目标所分割，这些标准和目标相互冲突，例如利己导向与伦理导向。然而，这幅社会图景中缺失了一个重要部分，那就是家长和育儿者的梦想和奋斗，而这才是他们生活中真正重要的事情：在这个竞争日益激烈的社会中，培养新一代"好孩子"——他们的"唯一希望"。正如教育人类学家已经注意到的一样，中国家长对孩子教育与事业成功的热忱期望被看作是一种道德工程，当代育儿的道德色彩与长期以来的历史心态——"家长将其生存意义寄托于孩子的成功中"——相互交织（Kipnis，2009：215）。循着这些线索，我会分析碧玉幼儿园家长们在 H 市的特殊环境中、在教育热望与教育焦虑之间所面临的道德困境。

于幼儿时期树立道德基础

幼儿道德教育是中国伦理、教育和学习传统中的重要主题。在当下，教育话语、政策和实践都在强调从小建立良好的道德基础。幼儿道德教育的重要性也是碧玉幼儿园教师和家长的共识。

幼儿与德育：历史传统和当代观念

自古以来，幼儿阶段的道德教育就被看作是培养健全成熟道德人格的关键点，正如当代新儒家学派哲学家杜维明所总结的："虽然儒家、道家、佛家对道德和精神自我发展的实际过程看法不同，但它们都有一个基本观念：人并非生来完美，但可以通过自我修养来完善自身。"（Tu，1985：25）

这种重视儿童早期道德教化的传统在当代教育政策（Cheng, 2000）和国家话语中依然存在。例如，自从政府在提高公民道德的官方计划中强调道德教育是一个重要战场以来，教育部宣布了"小公民"道德建设计划。这一官方声明旨在为三至十八岁的中国儿童和青少年的道德教育提供明确的指导方针（Ministry of Education of the People's Republic of China, 2002）。它将儒家传统与社会主义价值观相结合，强调孝顺、爱家、尊重、合作、利他、节俭、爱国、礼貌、诚实、守信、爱护集体财产、保护环境、勤奋、自立、创新等多种品质。

此外，幼儿道德教育也是家庭教育的重要目标（Wu, 1996）和学校教育的重要理念（Jin Li, 2012）。例如，比较教育学研究的一大主题是"华裔学习者"，他们学业表现优异，但在学习上相对顺从、被动（Watkins and Biggs, 2001；Chan and Rao, 2009）。近几十年来，随着中国历史、文化、教育情境的迅速变化，"华裔学习者"的特征也在不断演变。但是，学习目的的深层连续性仍然存在。对"华裔学习者"的研究表明，在当下中国，完善道德与社交修养仍然是广泛流行的基本学习目标，学习理念上的文化差异在幼儿阶段已经浮现——和美国同龄孩子相比，四岁的中国儿童更多谈论道德修养（成为好孩子）（Li, 2010：60）。

幼儿阶段与道德培养：民族志发现

"德育"是幼儿阶段的重要任务，既吸收历史传统，又继续塑造当代价值观，这也是碧玉幼儿园家长的共识。在田野调查初期阶段，我对碧玉幼儿园的 92 个家庭（占当时所有家庭总数的 77%）进行了育儿方面的问卷调查。问卷共有 20 个问题（其中部分包括附加问题），分成家庭社会经济信息、生育价值观、儿童社会道德发展三部分。儿童社会道德发展部分包括十个问题，探究看护者对儿童道德的总体评价和态度，父母、学校和其他人的角色，代际育儿价值观的异同，以及什么是孩子身上可取和不可取的道德品质。其中一个问题是："你认为学前教育最重要的任务是什么？"有七个备选项：

A. 教授基础知识
B. 激发学习兴趣
C. 培养道德品格
D. 教授社会生活规则
E. 培养人际交往能力
F. 锻炼日常习惯
G. 培养艺术素质 [2]

这是一道多选题，随后是一道询问"为什么"的问题，引导家长自由回答为什么他们觉得某个任务是重要的。85 个家庭回答了这一问题，其中，55 个（59%）家长选了 E（培养人际交往能力），39 个（46%）家长选了 C（培养道德品格），33 个（39%）家长选了 B（激发学习兴趣），29 个（34%）家长选了 F（锻炼日常习惯），26 个（31%）家长选了 A（教授基础知识），

23个（28%）家长选了D（教授社会生活规则），5个（6%）家长选了G（培养艺术素质）。总之，社会道德发展（培养人际交往能力，培养道德品格）是家长回答中最突出的主题。

在中国传统中，道德培养本质上是指"做人"（Tu，1985）。这是一个包罗万象的概念，指的是一个永无止境的**过程**，我们在这个过程中理解人之为人、学习应对不同社会关系和情境、在日常行为中体现蕴含文化意义的人性。其中大部分和日常伦理相关，既包括日常生活微观过程中的默会理解，也包括明确外显的伦理反思、判断与讨论（Stafford，2013a）。

部分家长也在问卷中写下了他们为何认为社会道德培养是学前教育最重要部分，以下是一些引文。

> 独生子女缺乏和同龄人互动的环境。
> 幼儿园是孩子集体生活的第一阶段，为他们提供了学习和同龄人相处的第一个平台。
> 群体意识（在幼儿园阶段）初步建立。
> 道德培养是要教孩子们"做人"，这是一辈子的事儿。
> 必须有良好的道德品格基础，孩子才有可能健康发展。

问卷中所用道德品质这一概念，通常指的是个体通过教育和经验发展得来、进而融入其人格中的一系列道德心理特质。这些特质包括诚实、谦逊、善良等等。然而，对家长来说，建立道德基础要比培养道德品质更为广泛、包容和灵活。这种广义的"道德"关乎人类存在的基本问题：一个人如何生活在由社会关系所构筑并定义的世界里？在强调道德与教育/学习之内在关联的中国框架中，这个基本问题并不是"从西方式、作为生物实体或拥有权力的个体角度出发"；反之，它的核心宗旨是"所有人在社会关系中生存、发展和繁荣"（Li，2012：45）。因此，学习和他人相处、培养社交"智力"成为家长心目中道德教育最该强调的核心部分也就不足为奇了，就像过半数据所显示的，学前教育目的是"培养人际交往能力"。

除了认为掌握如何与他人相处是道德的核心这种中国式观念之外，家长在回答问卷时强调培养社会交往技巧和能力，这反映出当下的两种趋势。一个是人们越来越担心独生子女政策下出生的孩子缺乏社交智慧，因为他们的世界以自我为中心。另一个原因是人们越来越意识到，对孩子未来成功至关重要的不仅是学习成绩，还有掌握社交世界和与他人相处的能力。当一个人离开学校、进入"现实世界"时，这一点愈发突出。人们还能看到，流行的"育儿经"原本更关注学业智力，近来愈发重视儿童的社会道德发展（Kuan，2015；Champagne，1992）。碧玉幼儿园很多家长和我说，他们读过中外作家写的关于儿童情感世界和同伴交往问题的书籍，因为这些都是他们日常必须处理的重要问题。

教师也很重视幼儿园的道德教育。与学习知识相比，教师认为更重要的是培养孩子的心灵，帮助孩子建立适当的道德标准和习惯。一位老师告诉我："如果我是家长，我不会担心我的孩子在幼儿园能学到多少知识，而是要看我孩子的老师是否善良、正直、有教养，因为老师自身的道德品质决定了他能教给孩子什么。"

唐老师是一个五岁男孩的母亲,她儿子在一个公立幼儿园上学,她认为,课上和家中的教育方法与理念是一致的:

比如说我儿子,他们学校布置了很多语文、数学等方面的家庭作业。我妈妈也督促他每天做作业。但我从没教过他这些课程,我只教他做人的原则。如果他做了坏事,比如对他姥姥说脏话,我会指出来,然后责备他:"你不尊重长辈,这是违背道德底线的。这就是我为什么罚你。你不能看动画片或者玩电子游戏了。你改正这个错误,我才会原谅你。"我不会因为他没有完成作业而惩罚他。我就是这样教育我儿子的。

另一位老师这样分享她的教育理念和目标:

随着孩子成长,他们会被社会同化。一些好的习惯和道德品质可能会逐渐丧失或被抛弃。所以你不会变得更好,只会变得更糟,被成年人的环境侵蚀。这就是为什么我想在一开始就给孩子们建立一个更坚固的道德基础。然后,即使他们被社会同化,他们所处的方向仍然会比那些没有良好道德基础的人要好。举个例子,如果有一天,你和你的孩子在等公共汽车,你的孩子来问你"妈妈,你为什么不排队?"这时你才会感到真正的尴尬——颜面扫地。

方琳老师认为,建立坚固的道德基础是幼儿教育的关键。她的批评还指出了影响道德发展的两种力量,一种力量是当下切近的社会环境,在孩子还小的时候更有影响,另一种力量则来自于更广阔的社会环境,在孩子逐渐长大时影响会增强。在她自己的案例中,她作为一名教师代表着积极的力量,而社会代表着消极的力量。但在现实生活中,考虑到谁在孩子小时候发挥影响,以及这些影响如何发生,这个情况就变得更加复杂了。

谁影响道德发展?如何影响?

除了探讨道德发展在育儿者眼中的重要性以外,我还研究了家长如何评估影响道德发展的力量。由于中国父母眼中"道德发展"的含义十分宽泛,我将问卷中两个独立问题的答案汇总在一起:"你认为对于幼儿人际交往发展最重要的是什么?"和"你认为对幼儿道德品质发展最重要的是什么?"这两个问题的可选项是一样的:

A. 家庭
B. 教师
C. 同龄人
D. 广泛的社会环境
E.(以上四个选项)一样重要

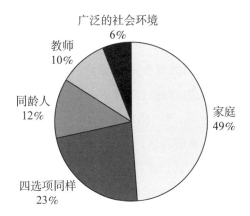

图 1.1　育儿问卷：影响幼儿道德发展的最重要因素

在这两个问题中，每个类别的百分比都非常相似，A 选项（家庭）的投票比例最高，E 选项（四个选项一样重要）紧随其后。总之，调查显示，在众多环境因素当中，49% 的家长认为家庭是培养孩子道德发展最重要的因素，23% 认为这四个选项同样重要，12% 认为同龄人是最重要的，10% 选择了教师，还有 6% 选择了广泛的环境。参见图 1.1。

这表明，父母养育被认为是道德早期发展的关键，比其他因素更重要，这与天天的母亲表述相呼应，"我们唯一能影响他的机会"。同时，对很多家长来说，很难决定哪一个因素在幼儿道德发展中更重要。这意味着许多人也能意识到其他因素的重要性，甚至像是"广泛的社会环境"这种含义模糊、超出家长干预能力的因素。

在当地人看来，家长/照料者和其他人员，包括"社会"这一总体性力量在内，是如何影响道德发展的？说到道德社会化，不能不提到中国教育和道德信仰的核心——学习榜样的观念。关于中国人如何通过榜样进行学习，已有很多理论研究。哲学家们观察到，"在儒家传统中，关于如何转变思维心智从而完善个人品格的理念，与关于人们如何学习的假设密切相关。这个假设认为模仿榜样是学习的最主要方式"（Munro，2000：135-36）。社会理论家甚至认为中国是一个"模范社会"（Bakken，2000），即从帝国时代至今，"模范教育/学习"一直是中国道德治理术的核心。人类学家任柯安考察了"学习"一词的语言维度，并从学习知识到培养道德上进行总结，"例如，'学'一词通常意味着在内化过程中模仿一个榜样——心理或身体记忆。正如我们'学'写字是通过临摹字帖一样，'学'做人也是通过模仿老师的行为和性情"（Kipnis，2012b：736）。关宜馨将这种心态的根源追溯到"一种学习理论，该理论认为，当人们模仿正面榜样、参考负面榜样时，他们的学习效果最好"（Kuan，2008：114）。

然而，这些学者都没有仔细研究过"学习榜样"的黑暗面，也就是说，负面榜样不只作为一定要避免的参照对象，它们也可以被模仿，尤其是对那些还没有建立一个坚实道德基础的幼儿来说。令人惊讶的是，在碧玉幼儿园教师的解释框架里，与"正面榜样"相比，这种"负面榜样"对儿童某些行为的影响更为显著。

南南和军军这两个三岁男孩，在幼儿园同一个班，也是同一栋楼的邻居（南南个子大，淘气；军军个子小，友善）。方琳老师给我讲的这个故事是很好的例子，描述了人们如何理解坏家长和孩子的坏行为之间的关系：

> 南南的父母经常在家里打南南，所以南南学会了打别人。有一天，和军军一家住在一起的奶奶刚从他们的公寓出来。南南突然举起一个石头状的硬物，砸在了她的腿上。南南妈妈就在那里，但是她什么也没说。这对军军奶奶来说真的很疼，但是因为南南不是她自己的孙子，所以她什么也没说。难以置信的是，南南妈妈一句话也没说——没有向军军奶奶道歉，也没有惩罚南南。还有一次，情况更糟！南南无缘无故地打了军军。南南妈妈出来了。她立刻抱住南南，问道："你还好吧？疼不疼？"她甚至没有看一眼被儿子无故伤害的军军。

这个故事提供了一个典型案例，说明教师如何评价孩子接受的坏教养，并解释孩子的坏行为是这种坏教养的直接结果。此外，教师也倾向于只从孩子自己的行为来推断不好的育儿方式，而不是直接观察亲子互动。被宠坏的萨伊就是这样一个例子。萨伊和她的父母和外祖父母住在一起，她的外婆照顾她最久。方琳老师说：

> 她是一个典型，人们可以从她身上看到教养不好的影子。例如，在自由活动期间，如果她要哪个玩具，她总是向别人要。如果她没要到，她就会抱怨："你怎么这么小气？"我想，这一定是她外婆遇到了同样的情况（打听别人的情况），对别人说了

一样的话。不然她是从哪儿学来的？还有，我也看到过她外婆和她在一起。一天早上，在我们的食堂，她外婆坐在她旁边看着她吃早餐。还有几个孩子在同一张桌子上吃饭。她不喜欢西红柿，所以外婆马上把西红柿拣出来扔到桌子中间。我大吃一惊。她怎么完全不在意当时在同一张桌子上吃饭的其他孩子？她为什么不直接把西红柿拿出来放在萨伊自己的碗旁边？从这个小细节上，我感觉到她外婆特别自私。

需要注意的是，教师经常使用素质这一话语来评价教养或者家长的好坏。许多研究考察了中国素质教育运动，特别是关于政府治理和教育实践的关系（Anagnost，2004；Fong，2007a；Kipnis，2006，2007；Kuan，2008；Woronov，2009）。碧玉幼儿园教师们用这个词来描述和评价家长，这种方式带着"素质"话语的烙印。举例来说，素质差一般指不文明的行为，比如不礼貌、随地吐痰、乱扔垃圾等。这种关于文明的评价一般都有道德意涵，涉及教育孩子时，"素质"有时和个人道德品质密切相连。在之前的例子里，南南的母亲和萨伊的外祖母都被看作素质差，但违反的是道德伦理常识，而不是文明规则。

小环境：中国教育前沿的道德生态

H市是中国迅速崛起的一个缩影。事实上，它确实是中国全球化和现代化的前沿，中国人的梦想和奋斗在这座城市中得

第一章 道德培养：教育热望与焦虑

以彰显，就业机会剧增，生活成本飙升。从理解中国道德的角度来看，H市无疑是一个值得研究的重要案例。我们可以在网络和民众的日常对话中找到很多关于物质主义的讨论，包括在H市崛起为全球经济中心过程中产生的丰富的物质诱惑和随之而来的问题。此外，对于中国人来说，"每个地区和城市都有自己的特点"（Osburg，2013：17）。H市的地域特征表现在人们思考和谈论自己的社会和家庭生活的方式、解释道德和教育上的某些行动和模式。我将讲述我自己和报导人在H市的道德体验，为理解道德教育的愿望和焦虑提供一个参考背景。

假设你在H市，刚刚坐上一辆出租车。除了目的地以外，你认为出租车司机会问你什么？在H市的这一年里，我有很多和出租车司机交谈的经历。令我印象深刻的是，几乎每个司机都会问这三个问题：第一，你的房子是借的（在方言里和"租"同义）还是买的？第二，你从哪里（哪个省市）来的？第三，你是嫁给了一个本地男人吗？作为一名来自内陆省份、在H市没有房产、也没有嫁给本地男人的女性，面对这些问题的经历并不愉快。

但是，作为一名人类学家，这样的对话为我推开了一扇窗，让我能够潜入H市小环境（milieu）下的当地道德生态，从当地人的角度更深入地了解"道德体验"（在当地何为至关重要）。住在那里和人们交谈时，我开始理解为什么这些问题如此突出，为什么这些问题对本地人来说如此自然。我不是唯一一个遇到这种本地情结的人。碧玉幼儿园的家长和老师们也经历了各种各样的本地情节。他们的总体印象是，在H市，人的基本评价标准是市场资本。这些关注表现在具体的分类形式上，比如住房条件（直接反映你的财富和地位）和地方出身（直接反映你是［H市］大都市的人还是来自［非H市］的"乡下人"，间接反映你的"文化资本"）（Bourdieu，2008）。

这种单一的评价标准，即所谓的"拜金主义"，在H市乃至全国一度流行。詹姆斯·法勒在十多年前对H市性文化研究中，已经注意到改革开放之后，人们追求财富的动机非常普遍（Farrer，2002：17）。这种"市场逻辑"一旦被释放出来，被各类人接受和应用，就会在公众中引起极大的恐慌和不满。法勒的研究主要关注年轻人和性文化，而我的研究则关注社会对教育和儿童的看法。在我的田野调查中，一个突出的主题是在他们自己和孩子的生活中，人们如何看待极端的竞争、攀比、物质主义以及对弱势群体的歧视，有可能会影响孩子的教育和发展。

H市是中国教育水平领先的城市之一，以世界范围内的出色成绩闻名：H市公立中学在PISA（国际学生能力评估计划）的世界榜单上高居榜首，这一计划测验了65个国家内15岁青少年们在数学、科学和阅读上如何学以致用，在2009年（Dillon，2010）和2012年（Hannon，2012）都曾进行过。最近，西方媒体也声称发现了H市教育成功的秘密，包括对教师培训的深层投入、家长参与、重视教育等等（Friedman，2013）。

与媒体对H市教育成就的关注相比，成就背后的代价很少被探究。这种代价以物质和非物质的形式表现出来，包括家长、老师和孩子之间的激烈竞争、攀比和压力，这从幼儿园甚至更早就开始了,"赢在起跑线上"的口号充分体现这一点。H市最近的一项人口统计研究显示,父母对孩子的期望越来越高,父母为孩子提供更好资源的压力越来越大,孩子之间的竞争异常激烈(Nie and Wyman,2005)。我将详细阐释碧玉幼儿园所在的当地社区是如何看待这种在教育起点上的竞争和压力的。我还会描述随之而来的物质主义和教育偏见所引起的巨大担忧。通过碧玉幼儿园家长和老师讲述的故事,我们可以窥见学前教育的道德生态。这种生态既有国内普遍性,又有鲜明的地方特色。

子女教育的物质投入

在育儿问卷中,我通过五个问题调查碧玉幼儿园家长的社会经济地位信息和教育投入。第一个问题是"你的家庭年收入在哪个范围内?",选项共有五个范围。由于公开收入信息的敏感性和隐私性,一些家长选择不回答这个问题。92位家长中有77位给出了估计,如下所示(表1.1)。

需要注意的是,虽然大部分家庭都有祖父母、外祖父母在他们的公寓或房子里照顾孩子,但家庭年收入仅指父母自己的收入。据官方统计,2012年H市人均年收入最高,为40188元(Li,2013)。假设样本中所有家庭,父母双方都有收入(这不是实际情况,因为很多家庭里都是全职母亲),这些家庭的经济地位仍然高于H市平均水平(40188元×2=80376元,位于A范围)。特别是,中间值范围(200000–400000元)所占比例最大,这已是双职工家庭平均年收入的2–5倍。考虑到这一问卷的非匿名本质和家长在公布收入信息时的保守倾向，我们有理由推测，碧玉幼儿园家庭的实际收入水平高于他们填写的水平。因此，从收入标准上看，我的样本是 H 市的中产阶层，甚至是中上阶层。

表 1.1　育儿问卷：碧玉幼儿园家长的家庭年度收入

家庭年收入（人民币）	家庭数目	所占百分比
A. 50,000–100,000	4	5%
B. 100,000–200,000	22	29%
C. 200,000–400,000	26	34%
D. 400,000–600,000	15	19%
E. 600,000 以上	10	13%

另一个问题是家长对教育投资与家庭收入的比率的认识，结果如下（表 1.2）。

表 1.2　育儿问卷：碧玉幼儿园家长每月教育支出

教育投入/家庭收入比率	家庭数目	所占百分比
A. 40% 以上	3	3.7%
B. 20%–40%	27	33.3%
C. 10%–20%	29	35.8%
D. 5%–10%	15	18.5%
E. 5% 以下	7	8.64%

此外，家长们需要将不同支出类型排序：

A. 食品
B. 服装
C. 医疗
D. 子女教育
E. 住房
F. 交通
G. 娱乐（休闲、旅游等）

子女教育排名很高。它在最高支出类型中占比仅次于住房（住房：47%，子女教育：33%），在次高支出类别中则是最大的（37%）。

我还请家长们估计每月的教育费用，这些费用可分为以下类别：幼儿园学费、教育材料（书籍、玩具等）和"兴趣班"费用。"兴趣班"指的是幼儿参加的各种课外课程，包括数学、英语、语文等学术课程，以及钢琴、绘画、书法、舞蹈等艺术课程。表1.3列出了每个子类别的平均值和总额。需要补充的是，这些家庭的年收入有不同范围（参见表1.1），他们估计的教育月支出也有不同：1500—3000元的幼儿园学费（不同年龄、年份、关系在碧玉幼儿园有不同收费标准），50—2000元的教育材料费用，0—2500元的兴趣班费用。我们能从中看到中产阶级群体内部的异质性。

表 1.3 育儿问卷：碧玉幼儿园家长的教育月支出

教育月支出	平均数（元）	中位数（元）	平均百分比
幼儿园学费	2,411	2,500	72%
教育材料	424	300	13%
兴趣班	709	500	21%
总额	3,347	3,200	N/A

虽然没有准确的方法来比较不同表格中的数据，我们仍然可以推测，家长对他们的家庭年收入、教育费用占年收入的比例和教育月支出的估计是否匹配。例如，年收入中位数范围（200,000 元到 400,000 元）除以 12 个月等于 16667 元到 33334 元人民币的范围，这就是月收入中位数范围。这个月收入中位数范围乘以教育投入/家庭收入中位数比例范围（10% 到 20%）等于 1667 元到 3333 元，这是计算出的教育月支出中位数范围。家长自己估计的教育月支出中位数（3200 元）属于计算出的中位数范围的高位（1667 元至 3333 元）。这表明父母对这些不同参数的估计大致吻合。调查的最后一个问题是："你认为当代中国社会的育儿成本是否过高？"在作答的 87 位家长中，有 78 位（90%）回答了"是"。由此可见，暂且不论家庭社会经济地位和教育投入策略的差异，碧玉幼儿园的家长确实感受到了幼儿教育物质投入的压力。

竞争、攀比和压力

2012 年 7 月 26 日，我在碧玉的观察接近尾声，这时我见证了 4A 班的 6 岁男生一晨在碧玉度过的最后时光：一个月之后，他会去 H 市的另一个区上小学。一晨看着窗外。操场正在翻修，孩子们最喜欢的大滑梯正在拆除。一晨平静但沮丧地抱怨道："把滑梯拆了！让我们一直学啊学！我们会愤怒至死！"在那一刻，我被这个小孩流露出的愤怒和悲伤震惊，他在小小年纪已经被学校的课业压得喘不过气来。

伴随着中产家庭教育投入的经济压力，家长、教师和孩子们都经历着激烈的竞争，承受着永无止境的教育成果攀比所带来的巨大心理压力。

和任柯安在山东省小学到高中教育中的发现一致，H 市面向幼儿的教育服务包括两大类（Kipnis，2012a）。一部分是针对核心考试科目的课外班，比如数学、语文、英语等，由个别家教或私立教育机构提供；另一部分包括音乐、舞蹈、艺术、书法和体育等课外课程，人类学家关宜馨称之为"特长教育"（Kuan，2008）。在 H 市，这两类被统一归为"兴趣班"。与农村地区形成鲜明对比的是，在 H 市，即使是最小的孩子（1 岁或更小）也可以享有这种教育服务，而且种类更多、质量更高。这些被称为"早教班"，像 H 市这样的大城市是早教的主要市场，吸引了诸多国际品牌（例如金宝贝），国产项目也随之越来越多。事实上，相当多的孩子在进入碧玉幼儿园或托班之前，就已经接触过早教。随着孩子们的成长，父母们愈发急迫地要把他们送到各种"兴趣班"里，他们互相交流，以便了解其他孩子在上什么课、在哪里上课。碧玉幼儿园在平时课余时间开设了钢琴、绘画、"小主持人班"[3]、舞蹈等课外私人辅导。家长们还会在晚上或周末找其他专业中心上课，比如在"某某教育"培训英语。

家长之间普遍存在攀比，不仅限于学业本身。家长们很想知道其他孩子上的是什么"兴趣班"，也很关心自家孩子在"兴趣班"上能不能比得过其他孩子，包括非学术科目在内。那些没有为"兴趣班"投入足够的人会对孩子的未来感到焦虑。比如说，在3B班，思雅是一个聪明又无忧无虑的女孩。她的父母不像其他父母那样强迫她参加课外学习，但她的母亲向我表达了担忧："我和我丈夫在教育上似乎真的'落后'了。不久前，她的很多同学被送去上钢琴课或其他'兴趣课'了，我当时就很担心。在为女儿的未来做打算上，可玉的母亲比我想得长远很多[4]。她已经知道可玉要上什么小学、初中、高中了。前阵子，她送可玉去学古筝（一种中国传统乐器）。每次我见到她，她就提醒我掌握这些额外特长有多重要。她告诉我应该选中国传统乐器，因为中国传统乐器特长在孩子的小升初考试里有加分。我真是哑口无言：我一点也不了解这个！我问我的丈夫：'我们也要把思雅送去学这些吗？不然的话，别人和我谈这个的时候，我很尴尬的。'"

家长和教师们认为，与中国其他地方相比，H市的教育竞争和期望格外高。2011年夏天，当时5岁的一晨和家人从南昌搬到 H 市。他爸爸在一家大公司工作，他妈妈是全职太太。他们在附近社区租了一间公寓。在采访一晨的妈妈时，她向我描述了南昌和 H 市的生活差异，既有对父母也有对孩子的差异，然后吐露了她内心深处的焦虑："说实话，我不喜欢住在这里。主要是因为这里的生活压力太大，人们很关注钱和房子。要是回到南昌，你能看到人们晚上出去散步，面容比较平静。它不像这里，生活很忙碌，每个人都苦着个脸。压力太大了！"她还专门抱怨了"兴趣班"："孩子们在这里所经历的一切真是难以置信。几乎每个幼儿园孩子都必须参加几个'兴趣班'，然后拿到常规学校教育以外的几张证书。搬到这里后，我立刻后悔了：我应该强迫我的儿子回南昌好好学英语！他已经学了几年英语——他在南昌上的幼儿园是一所双语学校，英语课很好。但是这里的标准要高得多！现在幼儿园大班的英语水平相当于官方要求的小学三年级水平。"其他几个有外地工作经验的家长和教师也提到了这种对比。举例来说，3B 班的一名教师，小玲，曾在深圳一家类似的幼儿园工作过。她告诉我："现在幼儿园气氛真的很要命，每个家长都在拿自己和别人比较，强迫孩子参加各种'兴趣班'。"方琳老师在 2010 年加入碧玉幼儿园之前，曾在沈阳的一家高端幼儿园工作。她也注意到，"兴趣班"在沈阳不像在 H 市那么受欢迎，尽管她在沈阳遇到的家长都是中上阶层。另一位老师，梅芳，曾在山东省沿海城市青岛的初中教声乐。一年前，她和丈夫、儿子刚搬到 H 市。她的儿子上的是附近一所公立幼儿园，没有为学业上如此繁重的负担做好准备。虽然她对儿子的教育负担感到震惊和不安，但她选择服从本地的规则。她给儿子报了 8 个课外班,包括数学、英语、语文和钢琴。这些老师来自中国其他主要城市,他们的回应不谋而合,透露出 H 市幼儿教育竞争多么激烈。

一晨的母亲将她目前的经历总结为"耻辱",因为她不得不面对现实,担心她唯一的儿子一晨的未来。当谈到小学入学经历时,一晨的母亲这样说——"一把辛酸泪"。公立和私立的好学校竞争非常激烈。一些精英小学的录取率不到百分之一。来到 H 市后,她和她的丈夫不得不想方设法让一晨进入一所好小学。这个家庭没有本地户口,所以一晨不能上公立学校。而一晨父母申请的一些私立学校则需要一系列细致流程,包括幼儿园教师推荐信等,才能将他列入候选名单。2012 年春天,也就是一晨在碧玉幼儿园的最后一个学期,他的父母带他去了很多小学的第一轮筛选。这种筛选包括教师与家长之间、教师与小孩之间非常正式的面试,孩子们被安排在一个大教室里,和从未见过的老师单独在一起。他必须回答老师提出的具有挑战性的问题,来从多种维度测试"智力"。这样的测试不仅需要"智力"知识和推理能力,或许更重要的是,还需要有面对这种严格"考试"的心理承受能力和良好的沟通技巧。这是一场孤注一掷的比赛,所以筹码很高。家长们都抱怨这种"面试",认为这对年幼的孩子来说是一种很不愉快的经历。

这种"幼小衔接"对父母来说是一个巨大的挑战。很多大班家长(4A 班和 4B 班)向我诉说他们对孩子在各种考试和小学入学面试中表现的担忧。一方面,他们更加注重孩子的学业情况,在碧玉的最后一个学期尽可能严格地安排孩子的课内和课余时间。另一方面，他们努力找关系来确保入学，而且，他们中的许多人确实通过自己的关系网达成了目的。例如，欣宝是4A班的一个男孩，学习表现低于平均水平，但他最终被这个片区第二名的小学录取。经过几个月的焦虑和担忧，他的母亲终于松了一口气，她把这个好消息告诉了我，说如果没有她朋友的帮助（找关系）这是不可能的。欣宝的故事道出了H市乃至全国教育现状的一个普遍真理：要想在竞争中获胜，你要么在很小的时候就已经表现出拔尖的天分和成绩，要么拥有强大的人脉关系，要么就二者兼备！

"功利"和"势利"：物质主义、实用主义和地位竞争

在激烈竞争和攀比的背景下，家长和教师纷纷抱怨在日益增长的物质主义、实用主义以及随之而来的在教育的多个维度（包括教育目标、教育实践以及教师、家长和孩子之间的关系）中出现的歧视。从教师的角度来看，家长在孩子的教育问题上往往被指责过于物质，过于功利。这种物质主义和实用主义的感受与教育市场化的成功是相辅相成的。在激烈的竞争中，教育服务市场化满足了父母对子女日益增长的投入需求。

中国教育市场化的成功，与由等级主导的社会体系通过标准化产生的差异和区隔密切相关，这也是研究中国教育与育儿的人类学家反复强调的主题（Kipnis，2012b，2012c；Kuan，2008）。任柯安在山东省进行了数十年的研究，他指出，标准化和规范化的过程构筑了这样一种文化想象，"社会世界是在单一标准下、以等级化的方式构成的"（Kipnis，2012c：189）。关宜馨在云南省昆明市的田野调查中也发现，除了与教育专家的流行指导建议产生共鸣之外，家长寻求儿童专业教育的动机，"还指向了一种在大众话语中很少讨论的文化政治。在为子女追求专业教育的过程中，家长们回应了可能会加剧社会分层的社会压力与需求"（Kuan，2008：46）。在她的研究中，家长们尤其认为这样的专业教育可以培养高雅的气质，提高孩子们的生活质量／乐趣。任柯安指出，"兴趣班"和文科理科的高考并不直接挂钩。营销者运用三种相互交织的逻辑，煽动着受众们：一是舞蹈、音乐等兴趣班活动奠定了孩子们未来教育成功的基础；二是这种活动也能拓展到促进其他核心教育科目的发展；三是能增进孩子们的潜能（Kipnis，2012c）。

在此基础之上，H 市在"兴趣班"的标准化和小学入学的联系方面，甚至在"特殊兴趣教育"上，都比山东或云南复杂，这往往令来自外地的家长们惊叹不已。举例来说，一晨的妈妈对我抱怨说："这太难以置信了！所有'兴趣班'的最终目标是让幼儿参加不同等级的标准化考试，不仅是英语，还有其他科目，比如绘画和书法。我从没想过会变成这样。"家长们很重视这些教育经历，因为这些证书可能会在入学考试中成为加分项目。另一个突出的例子是，据一位老师说，很多家长送孩子去学声乐，是因为他们想让孩子有备无患，以后在社交或应酬时能表现得更好。

根据家长和教师的说法，这种物质主义和实用主义的教育风气很明显。首先，幼儿园的很多年轻老师都来自其他省份，工资远低于幼儿园学生的家长们，他们抱怨本地家长没有他们以前所在地的家长那么尊重老师，而只有物质主义的、交易式的态度。尊师重教在中国传统文化中是很重要的道德维度。在中国古代，人们认为教师既是教育权威，也是发自内心关心学生的人。这种道德和情感上的亲近感至今仍能在某些地区看到："'老师'这个称呼，像是一种亲属称谓。一旦某人做过你的老师（你这么称呼他），你今后就会一直用'老师'来称呼他。"（Kipnis，2009：216）但是，在碧玉幼儿园年轻教师们印象中，家长们对教师的态度却和这幅美好图景背道而驰。

碧玉幼儿园的笑笑老师曾经在北京工作，她感叹："这里的家长没有我从前的家长那么尊重老师。我能从他们的语气里听出来。"梅芳曾在青岛中学任教，也表达了类似担忧："这里的家长把我们看作是提供服务的，他们则是消费者。我真的不太喜欢这样。他们怎么能不尊重老师呢？我们教育、照顾他们的小孩，而不是只提供经济服务！"当然，教师对势利家长的抱怨则不分本地外地。这些抱怨主要针对的是那些不仅社会地位高、而且觉得自己比社会地位低的家长优越的家长。老师们感觉难以忍受这种高高在上的态度。

有一天，我去了梅芳的教室，和可可的妈妈聊天。她是H市本地人，在欧洲获得硕士学位，嫁给了另一个本地人，后者现在是一家大型国有企业的高管。我礼貌地走近她，向她自我介绍，问她是否愿意在放学后接受我的访谈。她进一步询问了我的背景，然后同意了。她走后，我开始和梅芳老师聊天：

我：你和可可妈妈熟吗？她人怎么样？我明天要去访谈她，需要一些你的建议！

梅芳：嗯，她应该会对你很好。别担心。你是美国的博士生啊。

我：有意思。为什么这么说？

梅芳：你知道吗？她是那种势利的家长，看人下菜碟。我给你举个简单的例子。如果是我问她和你一样的问题，她很可能不会同意访谈。我不是博士，还没钱。

我：好的。还有别的吗？

梅芳：你还记得青青老师吗？她以前和我一起在这个教室工作，后来和她的丈夫和三岁的儿子离开了H市。她和她的丈夫从农村来，她丈夫的工作不太好，很难养活整个家庭。她知道可可的父亲是X公司的高管之后，就去找可可的母亲，问可可的父亲能不能给她丈夫安排一份工作。可可的妈妈一点也不尊重她，反而责备青青："你为什么嫁给这样一个没用的丈夫？"然后她把儿子的一些旧衣服收起来送给了青青。不是说从别人那里得到旧衣服不好，而是说，可可妈妈给她衣服的方式不太尊重，甚至是一种羞辱。

次日，我访谈了可可母亲，没有像青青老师那样遭到冷遇。然而，她的优越感仍然出现在我们的谈话中。这对夫妇准备移民加拿大，她是她所谓的"先进的"西方教育理念的忠实拥趸，比如强调儿童的创造力和独立性，同时淡化她儿子在碧玉接受学前教育的价值。谈话快结束时，她问我当时的丈夫是不是本地人、他是做什么的、挣多少钱。在她看来,尽管我对这三个问题的回答令人失望,但我仍然是一个受过良好教育的"西方"儿童研究专家,这在某种程度上有助于缓和谈话气氛。

根据老师的说法,家长对他人和孩子的态度确实影响了他们的孩子对他人的看法。昕文和她母亲的故事就是一个恰当的例子。梅芳老师说,昕文的母亲是国有企业的一名高级管理人员,为人自负,对待老师就像对待下属一样。她和梅芳说话的方式听起来像是在下命令。她还热衷于把自己的女儿与其他孩子作比较。她特别看不起邻居的孩子,和她女儿在同一个班的柯儿。下面是梅芳讲述的故事,讲的是这位母亲对柯儿的蔑视,以及母亲这种为人如何影响了她女儿的道德品质。

有一天,昕文的妈妈来找我,不停地吹嘘昕文有多么优秀。但是昕文没那么好,我觉得我有责任向她妈妈汇报,帮助她改进问题。在我礼貌地向她妈妈汇报了昕文在学校的表现后,她妈妈看起来很不高兴,甚至很生气。谈话快结束时,她问道:"无论如何,我女儿至少不比柯儿差,对吧?"我惊呆了!她怎么能这么说?她怎么能看不起自己邻居的孩子?柯儿不是最聪明的孩子,也不是最漂亮的孩子,但她心地善良,不像昕文那样傲慢那样不友好。毕竟每个孩子都是不同的。你不能在一个平面上比较他们。她骨子里觉得,柯儿和她的家人不配成为她社交圈的一部分,尽管昕文和柯儿放学后还在一起玩,周末还在同一个游泳班。即使是这个游泳课,每次她跟我提起来的时候,都只称赞女儿学得很快,瞧不起柯儿,抱怨柯儿笨。

我想，这就是为什么昕文在班上瞧不起柯儿吧。比如说，有一天我让昕文和柯儿一起帮我抬桌子。也许是因为柯儿不像昕文想的那么灵巧，她的手臂不小心碰到了昕文。我看到昕文脸上露出轻蔑和不耐烦的表情。她显然对柯儿不满意，开始抱怨柯儿笨手笨脚的。柯儿看着我，一点也不知道昕文怎么了。可怜的女孩！她太单纯了。当时我很心疼。

攀比和势利不只有这一种。首先，进入好学校不仅取决于孩子的学习成绩，也取决于孩子的家庭背景。好的公立学校为孩子们设立了入学门槛：首先，对于住在学区的人来说，家庭必须在三年前已经拥有这套房产。考虑到 H 市的高昂房价，这个标准把很多买不起房子的家庭拒之门外。此外，在这些家庭中，只有持有 H 市户口的孩子才符合条件。举例来说，就算一个人拥有房产，如果孩子的户口不在 H 市（例如父母都没有 H 市户口），那么他们的孩子就必须在学业上非常优秀，能通过竞争非常激烈的入学考试。即使是本应反映公平竞争的入学考试，实际上也不公平。伟建的母亲是本地人，她大专毕业后，在当地一个行政部门（电力局）工作，谈到了她对女儿入学考试的经历和印象。

我们听说私立小学的入学要求不仅要面试孩子，还要面试家长。比如，对家长的面试包括三道英语题和三道奥数[5]题。主任（面试官）"阅人无数"，所以他的评价只是基于父母的教育和社会经济背景。比如说，对于同样的问题，如果你答对了所有的三个英语问题,但没答出数学题,主任会把你列入下一轮,因为你有美国博士学位。相反,如果我所有的数学题都答对了,英语却没有通过,主任不会考虑我,因为我只有大专学历。

在碧玉完成"托班"后,我们还带着女儿参加了公立幼儿园的面试。那是我们社区有名的公立幼儿园。因为它是一个公立学校,它就和我工作单位很像:都是铁饭碗,所以也不需要迎合消费者(家长),反正被投诉也不会被开除。但有些门卫和老师是势利眼!如果你看着就是个有钱人,他们就笑脸相迎;但如果不是就会鄙视你。

其次,在孩子进入公立幼儿园后,父母仍然需要操心。一方面,有家长说那里的老师很难对每个孩子都给予足够的关心,因为他们要照顾的孩子比较多。另一方面,因为他们有一份稳定的工作——"铁饭碗"——他们不管父母高不高兴。来自1A班(年龄最小的班级)的一位家长对公立幼儿园持批评态度:"我从不考虑公立幼儿园。我不喜欢'公共服务'这个词。邮局、国有银行和其他公共机构的工作人员对客户都态度不好,好像你欠他们似的,或者你在乞求他们的帮助。"这位家长态度虽然偏于激烈,却也反映了人们在送孩子上幼儿园这件事情上需要进行复杂考量。

公立幼儿园,尤其是享有盛誉的幼儿园,其师生比要比私立幼儿园高得多,因此公立幼儿园的教师不能像私立学校的教师那样满足孩子们的个别需求。这是一个公开的秘密,父母不得不取悦老师,希望自己的孩子能得到更好的对待。因此,当然，一个人越希望老师关心他的孩子，取悦的代价就越高。家长之间的这种竞争就像是一场军备竞赛。

与这种对公立幼儿园的指责相比，私立的碧玉幼儿园似乎是一些家长的合理选择。首先，与公立幼儿园相比，碧玉幼儿园的送礼行为要少得多，虽然在某些形式上仍然可见[6]。师生比例（平均为1∶8）也比大多数公立幼儿园（1∶20或以上）好得多。此外，尽管老师和家长之间也有抱怨，但教师—家长关系并非完全是交易/功利性质。请注意，在幼儿园日复一日的交往中，教师和家长仍在构建一种自发的、真诚的关系，共同为孩子们营造一个温馨的小环境。这就是为什么有些家长选择把孩子送到私立幼儿园，尽管在通常情况下，公立幼儿园提供更多"有资质"的教育服务和工作人员——"有资质"的意思是更好的课程、设备和更多具备官方资格认证的教师。

除了在公立学校和私立学校之间做出选择之外，家长和教师还必须在当地教育环境的具体情况下，平衡众多的教育关怀、需求和习惯。根据教师和家长的经历和想象，激烈的竞争、巨大的压力、功利和势利的心态构成了当代教育文化的核心。这种教育文化正是育儿者在道德培育上所面临困境的背景。

迷茫：育儿者面临的德育困境

现在有很多育儿指导书，我女儿也买了很多这类书，希望能得到一些有用的育儿建议。有时她全盘接受西方规范。比如，当我外孙金奇摔倒在地上时，她不会把他从地上扶起来，只是让他自己起来。但有时她会忘记西方的方法,因为毕竟她也不是在西方环境中长大的,我的家庭也不是西式家庭。而且,即使你接受了西方的价值观,并在育儿方面有这种意识,如果其他人不信这个,你也很难实施。总而言之,复杂的环境对孩子们的成长是不利的。

金奇的外祖父是本地人,受过良好的教育。他这段话简洁指出了当代家长在道德培养上面临的困境。这种困境在多个层面上显现出来。

第一,育儿者迷失了方向,因为在道德教育中,很难在多种相互冲突的价值观之间做出选择。例如,金奇摔倒时,按照中国方法,特别是外祖父母,马上就想去保护孩子、马上把他扶起来,而按照年轻父母奉行的(想象中的)西方规范,他们不会做出干预,而是要培养孩子独立的性格。

第二,说和做之间有矛盾,因为父母的行为有时与他们的话语相冲突,道德教育思想往往与孩子在现实中的遭遇有所冲突。例如,金奇的外祖父母说,即使他母亲理念上更喜欢西方的规范,在现实生活中,她并不总是遵循这些规范。

第三,一些家长认为这是个不道德的世界,在儿童道德教化与未来成功生存之间很难实现平衡,因而无奈。一个人的社会化策略不可避免地与其他人的观点和选择纠缠在一起,或者更准确地说,取决于对他人行为的预测。正如金奇的外祖父所感叹的,当你的观念与大多数人的观念发生冲突时,你就身处困境。而且,在日常的教育活动中这些困境环环相扣。

"想象中的中国"与"想象中的西方"规范

不同社会价值观之间的冲突是我在田野调查中反复遇到的主题。我采用了冯文在其关于中国独生子女生活的著作中对价值观的定义:"价值观是简单的启发式术语(heuristic terms),人们常用来讨论文化模式中他们认为好的、重要的、值得效仿的方面。"(Fong,2007a:89)冯文关注的是垂直维度的社会化和文化传播、由亲子交流问题引发的父母和青少年道德之间的冲突(Fong,2007a),而我将强调水平维度,即在道德社会化中,育儿者**他们自己**面对冲突价值观如何进行选择的困境,特别是在"想象的中国"和"想象的西方"之间。

我个人觉得这对像我这样的母亲来说是一个巨大的困境:一方面,你中国式地养治;另一方面,你想要一些西方纪律管治。中国方法如何与西方接轨?哪一方面你都不想放弃,这是很矛盾的。举例来说,你想要给孩子足够的自由,但你也想保护她。我从书中读到:如果你希望孩子在某方面成长,那么你需要放松自己的干预。所以,如果你希望她勇敢,你最好让她"吃苦"。理论上我知道这个,但是现实生活中很难坚持。比如说,如果我想让她多吃点饭,那我应该让她不想吃饭时就饿着。但是我做不到。我会尽力把饭喂给她吃。

思雅的母亲在家做兼职,但她大部分时间都花在家庭上。

她不断地质疑自己的育儿理念和策略,因为她女儿很固执,她不知道该如何应对,所以她会把自己的育儿理念和策略与书中专家的说法或其他父母的建议进行比较。她担心女儿不听话,家里对她太宽容,但同时,她也不确定是否应该听从别人的建议,对她的女儿严厉起来。在育儿"战争"中,她最关心的一件事就是喂饭。在很多家庭中,学龄前儿童经常由父母或祖父母用勺喂饭。这成为一些碧玉父母焦虑的来源,这是他们的持久战。思雅的母亲就是一个极端的例子,她甚至因为处理女儿的饮食问题而抑郁。思雅身材瘦小,饭量很少。就像思雅的母亲所说,她不知道是否应该让她的女儿"吃点苦",如果她拒绝吃饭就饿一顿。尽管父母们知道孩子们不会挨饿,他们拒绝吃饭主要是因为不太饿,但家长又按捺不住想要孩子们多吃点东西、一次吃完饭、而不是断断续续地吃零食。正如思雅母亲所解释的,这不仅仅是一个身体健康的问题。从本质上讲,吃饭问题也关系到锻造独立和坚韧的道德品质。

思雅母亲的观点说明了城市年轻父母在道德社会化过程中典型的价值观冲突,主要体现在"传统中国"价值观和"新式西方"价值观之间。值得注意的是,在大众传媒和流行的育儿指导书籍中,所谓的西方价值观被推崇为"科学"和"现代"。很多家长读过各种各样的育儿指导书,其中很多书都以所谓的西方育儿方式为特色,并将其与中国育儿方式进行了比较——缺乏依赖性、创造性和对他人缺乏关爱等刻板印象。她使用的**"接轨"**一词,字面意思是将两条不同的轨道连接在一起,是一个生动的比喻,象征着中西社会价值观的融合。这种困扰她的冲突和金奇外祖父提到的相似：当中国方式，或者说"想象的中国"方式强调相互依存和保护孩子，特别是在整个大家族共同照顾一个孩子时，西方方式，或者说"想象的西方"方式强调独立和自主。讽刺的是，思雅母亲并没有把"不干涉"理解为"不管教"，而是将独立自主看作是家长严"管"的结果：通过减少父母介入和帮助来训练孩子学会独立。相比之下，在喂孩子吃饭和孩子摔倒的具体案例中，中国育儿的特点则是"养"，就是帮助与保护小孩，喂他们吃饭，扶他们起来。

我更倾向于使用**想象的中国**和**想象的西方**这两个术语，而不是中国和西方，因为这种二分法本身没有固定的意义或边界。它只存在于大众的想象中，这些想象本质上受制于不断变化的情境因素和个人经历。例如，冯文指出，自立/独立植根于儒家的修身传统，并在中国19世纪的民族主义和公民建设运动中获得了新地位，这些运动至今仍在进行；而大连市（冯文实地考察的城市）的家长也认同这一观点，认为孩子应该通过吃苦来培养独立，从而使他们能够承受未来的困难（Fong，2007a：93-94）。这个版本的"独立"实际上类似于思雅母亲所支持的可取的"纪律"，但有趣的是，思雅母亲所认为的纪律恰恰是"西式"的。

事实上，思雅母亲所说的过度保护的"喂饭"现象，最近才成为父母反思和教育谴责的对象，与现代西方以及不干涉进餐时间的科学教育方式形成鲜明对比，成为不良教育方式的一个例子。这种反思和批评随着独生子女一代的出生而产生，并随着改革开放后经济增长时期"4:2:1"家庭结构的出现而声浪渐高（Wang and Fong，2009）。在新中国成立初期成长起来的上一代人的经历，实际上与这种"养育"图景形成了鲜明对比：当父母必须在有限的时间和资源下养育多个孩子时，没有一个孩子会直到5岁还享受每顿饭都有人喂的奢侈。那时候，父母只给孩子们预先准备好食物，孩子们只能自己吃，没有人会被爷爷奶奶追来追去，一勺接一勺地喂。

由于"中国"和"西方"方法的对比是一种想象中的二分法，父母对中国或西方的道德社会化价值观有不同的、甚至是矛盾的解释。这种不协调的部分源于父母对自己教育方式的自我认同。例如，天天妈妈抱怨体罚，认为这是中国家长严厉专制的一个例子："据说在美国，打孩子是违法的，对吧？如果你那样做，警察会来的。虽然在中国我们没有这样的法律规定，但是我希望家长们能意识到体罚有多可怕。说实话，有时候打了儿子一巴掌，我真的很后悔，很伤心。此外，我还读到过'打孩子的父母是最没用、最无能的'。我感到很羞愧。"

思雅母亲认为自己对女儿太宽容了，而天天母亲却责怪自己对儿子太严厉了。思雅母亲认为她的女儿被过度溺爱，这与人们对中国"小皇帝"的刻板印象一致，但天天母亲则强调了一种对中国式育儿的不同刻板印象。纵容和强迫都是家长们认为的中式教育的糟粕。

喂饭和体罚是家长面临的典型问题，因为他们发现，在孩子的健康成长方面，很难调和两种想象中的喂养方式。天天母亲出生于20世纪70年代末，当时独生子女政策尚未实施。她把自己定义为"70后"，以区别于"80后"——像思雅母亲和我这样的第一代独生子女。思雅母亲那样的"80后"父母和天天母亲那样的"70后"父母都感到无所适从，因为他们不得不在"想象的中国"和"想象的西方"价值观之间做出选择——不管这些价值观指的是什么；老一辈的祖父母们也不知道该向他们的孙辈传递什么样的道德信息。

金奇是2A班一个4岁的男孩，主要由他的外祖父母抚养。他的父母都在H市出生长大，他的外公是一个成功且受人尊敬的商人。金奇从周一到周五都和外公外婆住在一起，只有周末才和父母住在一起。金奇的外公，J先生，和我分享了他自己的故事，他不怕麻烦地帮助别人，也包括陌生人在内。举个例子，在一次去澳大利亚的商务旅行中，他遇到了一个十几岁的男孩，男孩正要独自乘坐同一航班去澳大利亚上高中。在海关通关时，他被发现携带的现金超过了海关规定的最高限额。男孩吓坏了，不知道该怎么办。J先生看到了，就去和海关人员交涉，解释说这钱是男孩的父母准备的，他们不知道会违反海关规定。J先生花了半个多小时才解决这个问题，差点儿误了飞机。但最终，J先生和这个十几岁的男孩一起登机了。与J先生同行的同事们感到不解，无法理解为什么J先生会耐心帮助一个陌生人。他们告诉J先生："如今你应该小心才是。谁都不会帮助不认识的人的，这会给自己招来麻烦。现在只有傻子才会帮助陌生人。"在如今媒体的报道中，助人为乐反而被讹的案例比比皆是（Yan，2009），我将在下一章进行更深入的讨论。

尽管J先生为自己能坚持"旧"的道德准则而感到自豪，但他还是担忧他外孙的成长。

现在我们成年人总是强调如何教会孩子们在社会中保持警惕，警惕潜在的威胁和危险。比如说，我妻子经常问我："外公，我们应该安排我们认识的但是孩子不认识的人，看看用糖果能不能'引诱'他，来了解他是否足够小心谨慎，能不能警惕坏人。"你看，虽然我们的出发点是好的，但我们所做的，可能会对他的道德发展产生不良影响。一这么做，我们实际上让他接触到了"欺诈"的概念。如果他相信通过欺骗可以得到他想要的东西，那该怎么办？如果他误入歧途，后果会非常可怕。这都是因为现在道德环境复杂。在好的地方，你不需要教小孩子关于诈骗之类的东西，因为路不拾遗，夜不闭户。

金奇的外祖父正面临着这种价值观冲突的困境。在他自己看来，多亏了他的母亲，他从小就有了坚实的道德基础。在一个高速发展的社会里，道德标准似乎已经过时了，但他选择不妥协。一方面，他想把这种成功的道德教育传授给外孙，把他培养成一个正直的人。另一方面，他也认为有必要教育他的外孙提防一个可能存在危险的、不道德的社会。在他看来，这两种信念相互矛盾，因为后者可能造成意想不到的后果，即不相信他人甚至欺骗他人，这样可能破坏孩子的道德品质。这种矛盾使他感到困惑。值得一提的是，他还对"想象的中国"和"想象的西方"进行了对比："危险且不道德的"与"安全且道德的"。他在美国、欧洲和澳大利亚都有过很多海外旅行的经历，这就是为什么在我们的谈话中，他经常提到国内外的不同之处。

尽管说西方没有欺诈或犯罪是个夸张的说法，金奇外祖父也肯定知道，但是，这种想象中的对比在家长们谈起育儿环境时仍然很普遍。

理想和现实之间的失调

除了不同价值观之间的明确冲突，育儿者和孩子们还陷入了更难以言明的困境，我称之为"失调"，特别是育儿者自己言行不一，或者孩子们在现实生活中所见与家长教诲之间的失调。我使用"失调"（dissonance）一词，是因为这些不协调通常发生在不同的环境或场合中，也就是说，教育背景下的理想与非教育背景下的现实。前面一节讲的是内在价值观冲突，往往针对相同的情况或问题，尽管动机或理由不同。与价值观冲突相反，在失调情况下，育儿者实际上清楚什么是理想价值，而不是焦虑于在不相容的价值观之间进行选择。他们有意识或无意识地面临的困境，是在于如何使现实与理想相匹配，如下文案例所示。

例如，在我的田野调查中，教师对待孩子时应公平还是偏袒的矛盾反复出现。一方面，老师知道自己应该善待每一个孩子。另一方面，由于各种理性和感性的考量，很难对每个孩子完全公平。虽然我没有观察到这边家长所说的公立幼儿园的受贿行为，但在碧玉幼儿园，偶尔送礼的情况也确实发生过。老师们认为，总的来说，仅仅因为孩子家长的要求或从家长那里得到好处就偏袒某个孩子是不公平的。比如说，在五月底，碧玉举办了一年一度的儿童节晚会,每个班都要推选舞蹈、唱歌或其他形式的两三个节目。昕文母亲(也就是梅芳老师抱怨她自以为是地歧视其他孩子的那位家长)找到梅芳,让她把昕文加到一个舞蹈节目中。昕文之前因为舞蹈水平不够而没能入选。梅芳直接果断地拒绝了这位母亲的要求。

方琳老师最初也打算对学生坚持公平政策。她班级所有学生都参加了一个集体舞蹈,站成一个三角形。她最初根据个人表现来决定每个孩子的位置,也就是说,谁跳得好,谁就站在前面。然而,出现了两个例外。一个例外是,方琳决定把军军放在三角形的最前面,因为军军妈妈是她的好朋友,天真可爱的军军现在是她最喜欢的孩子。另一个例外是,乐乐的父母和祖父母不高兴看到乐乐被安排在后面的位置。乐乐妈妈给方琳送了在香港买的昂贵化妆品。方琳其实不太喜欢乐乐的家长,因为他们多事且自私,这可以从他们之前对待其他家长和孩子的方式中看出来。但是,她真的很喜欢这份礼物,所以没有拒绝。因此,她不得不在前排给乐乐安排一个新位置。

有时,育儿者完全能意识到,他们自己言行不一致。如前文所述,当代的教育总是被认为太过功利。2012 年 6 月的一个周末,经验丰富的幼教老师建霞邀请我去一个大广场,我们的孩子可以在那里一起玩耍。广场上有许多儿童商店和早教中心。我们看到了一个知名早教中心,名为"赢在起跑线"。因为这个中心的名字太功利了,显得很滑稽,我们俩一起笑了起来。同时,作为一个圈内人士,建霞知道这个中心的教育方式和它的功利名字很一致。它是一家大型早教公司,在 H 市有 13 家分店，宣称要为从出生到 6 岁的幼儿提供高竞争力的课程，其中包括一门名为"宝宝 MBA"的课程。然后，建霞给我讲了她朋友的朋友的故事，那人因为把自己的孩子送到这个早教中心而感到尴尬：

> 前几天，我和我的朋友 M 带着我们的孩子一起来到这个广场。M 遇到了大学同学 D，问她："你在这里做什么？" D 说："我带孩子去上早教课。" M 问："你去哪个早教中心？" D 犹豫地回答："我不太好意思说，因为这个中心的名字太功利了。"然后她迅速离开了，没有告诉我们中心的具体名字。但我和 M 都很清楚她的意思。一定是这个，"赢在起跑线"。我很困惑：如果她对这种功利为导向的教育方式感到这么尴尬，她为什么还要带孩子去那个中心呢？后来我和 D 谈了一次话，了解到她其实在为选择哪种教育方式而苦苦挣扎。作为一个受过良好教育的女性，她真的不认为当前的竞争和功利的教育方法是理想的，但她还是决定把这种功利教育强加给自己的孩子，就像她被迫接受这个一样："我自己就是在这个系统里接受教育的，所以我的孩子不得不在这个环境中经历同样的事情。没办法。"

这一事件说明了教师和家长如何在不同的环境中处理具体问题，从而有意无意地在理想和功利之间做出妥协。

有时，家长和老师日常教导中学到的"对"和在现实生活中见到的"错"互相冲突，孩子们自己也会因此感到迷惑。梅芳老师五岁大的儿子的故事表明，儿童作为有意向性的社会行动者，给理想和现实之间的失调增添了复杂性。

　　为了考驾照，我丈夫当时在一个驾校上课。有一天，我们一家三口一起出门，我丈夫想买两条香烟作为礼物送给他在驾校的老师。儿子马上问："吸烟有害健康不是吗？"他以为香烟是爸爸要抽的，所以他对爸爸说："你不能抽烟！我的老师说：'吸烟有害健康！'"父亲试图解释："不，这些香烟不是给我抽的。这是给别人的礼物。"儿子更生气了："你怎么能把烟给别人呢？这不是在害别人吗？"他的逻辑很清楚，让他父亲哑口无言。由于送礼这件事太复杂了，我无法向儿子解释明白[7]，他父亲停顿了一下，解释说："我不是要伤害他。他其实很喜欢抽烟。"我儿子很生气，坚持自己的逻辑："就算他喜欢，你也不能给他香烟！你应该告诉他吸烟有害健康！"我坐在他旁边，拍了拍他的肩膀，暗示他别再说了。

　　我们以为一切都结束了，我儿子不会再提这个话题了。但是两天后，一件非常尴尬的事情发生了。在学校，我儿子的老师正在和全班同学讨论有关健康的问题。她问孩子们见没见过不利于健康的事情。儿子站起来说："老师，我爸爸之前做了一件坏事。虽然他知道吸烟有害健康，但他还是买了两条香烟作为礼物送给别人。这是错的，因为它对其他人的健康有害。"

　　他给老师讲了整个故事，那天我去学校接他的时候他也告诉我了。我问他："你老师说什么了？"他说："老师说：你回家后应该批评你爸爸。他做得不对，应该受到批评！"

　　这件小事让我思考了很多，关于怎么教育孩子。其中一个问题是成年人送礼的潮流。另一个是吸烟有害健康的观念。当这两个问题结合在一起时,他感到很困惑。向他解释这些问题真的很难,因为他太小了,理解不了问题的复杂性。我觉得,解决这个问题的正确方法,不是解释这些。而是,当我儿子第一次提出吸烟有害健康的观点时,我丈夫的回答应该简单点:"好吧。爸爸再也不抽烟了。"他不应该说:"这些香烟不是给我的,是要送给别人的。"这太复杂了,我儿子太小了还不懂。

当梅芳老师和我谈论这个趣事时,我们都笑了起来。涉及教师、家长和孩子的多重讽刺使这个故事成了一个有趣的案例。故事揭示了梅芳所说的成人世界的"送礼潮流"。在学校,梅芳老师强调,她努力公平对待所有的学生,并拒绝了一些家长想让她偏袒自己孩子的要求(比如昕文母亲希望她把昕文加进舞蹈节目)。然而,正如她所说,在现实生活中,人们面临着诸多情况,"人情"既必要又微妙。比如说,他们从青岛刚刚搬来时,没有本地户口,所以他们儿子没有资格上公立幼儿园。后来,她告诉我,她的丈夫有点关系,去送了红包——当时,还只是个起价。因此,这个故事中,她丈夫想给驾校老师买两条香烟,这一点也不奇怪。"人情"是一个公开的秘密,或者,用一个流行的词语,**潜规则**。一个人必须时不时地给驾校老师送礼或塞钱,不然他就得不到有用的指导,也没法通过考试。讽刺的是,如果送礼不是必须,那没人喜欢这么做,但一旦送礼成了必须,那就谁也躲不掉。

在"吸烟有害健康"的观念和"香烟是好礼品"这一现实之

间,也存在着一种讽刺的矛盾。小孩子对香烟的唯一理解就是"吸烟有害健康",所以他不明白为什么父亲一开始想买香烟。

这些轶事说明了成年人的目标和知识与他们自己的生活经验相一致,而儿童的目标和知识则是基于他们自己有限的经验。在这个具体案例中,梅芳和她的丈夫无法合理地向儿子解释为什么他们需要给驾校老师送礼[8]。因此,她儿子仍然很困惑,为什么父亲要送"坏礼物"(香烟),这可能对别人不好。在这个故事中,成年人眼中的为日后恩惠而送礼,在孩子的眼里却变成了伤害他人的行为之一。当成年人的言行不一进入孩子眼中时,孩子们有时也会迷失方向。这就需要成年人努力在长幼之间、在"世故"与"天真"之间作出协调。

在"不道德"的世界培养"有道德"的人?

价值观冲突导致的迷茫和理想与现实之间的失调,都源于一个最根本的矛盾,那就是,成为一个有道德的人,还是成为一个成功的人?什么才是"好孩子"?在任何社会中,成为一个有道德的人并不一定与取得成功相矛盾,两者也不一定是一致的。然而,对于生活在当代的育儿者来说,这种忧虑日益增加。有道德的人无法适应一个残酷的社会,会被不道德的群体利用,会沦为失败者——这对孩子和家庭来说代价太高了。很多家长陷入"囚徒困境",对德育的价值甚至德育的可能性产生怀疑。

2011年10月,在碧玉的一次家长会结束后的一天,我遇到了格武的父亲。格武是一个6岁男孩,所有人都认为他不正常,因为他很迟才会说话,与其他大多数孩子相比,他的心理发育迟缓,过于情绪化。但经过几天的观察,我发现这个孩子其实很可爱,因为他心地善良,很有爱心。我和格武的父亲打招呼,对他说:"你儿子是个好孩子。他很善良。"但是他父亲叹了口气,沮丧地说:"但是一个善良的人在当今社会是无法生存的!"我讶异于他的反应。但事实证明,对许多家长来说,培养一个有道德的人(比如一个善良的人)似乎与社会上的优胜劣汰格格不入。因此,道德教育本身即便不是徒劳之举,也不是一种完全理性的策略。

家长发现很难调和两种观点:"道德品质的培养"和"在危险社会中的适者生存"。在与家长、教师的交谈中,"天真"、"单纯"的孩童性格和"算计"、"心机"的成人性格之间的矛盾经常显现出来。老师家长都认为孩子应该是简单、纯洁、诚实而天真的,因为孩子们本性里的善还未被鱼龙混杂的社会侵蚀,应该像天使一样美好。在和孩子的日常交流中,他们常常对看起来天真单纯的孩子表现出格外的喜爱。另一方面,他们担心这种孩子长大后无法适应鱼龙混杂的社会。毋庸置疑,所有家长都希望孩子以后有出息[9]。一些小孩比较早熟——已经显露出算计和心机的迹象。吊诡的是,大部分家长和教师会预测,这样的孩子更有可能在这个危险的社会生存下来、成为赢家。

这种困境在道德教育多个领域都很常见,有些家长对当前教育形势表现得非常担忧。他们担心,看似道德的行为可能会被解读为居心叵测或产生不良后果,因此道德教育注定是"不可能完成的任务"。毛毛的父亲就是一个典型的例子。

毛毛出生时，我们没有多少钱。我的岳父母不想让我娶他们的女儿，仅仅是因为我没有当地户口。事实上，我的姻亲也不是本地人。他们在我妻子出生前才搬到 H 市。所以我妻子是一个"新本地人"。我的岳父岳母瞧不起我，直到现在还不承认我是他们的女婿，也不把毛毛当作外孙。除了岳父岳母和我之间的紧张关系之外，我妻子在怀孕期间和我母亲也相处得不好。我妻子患上了产后抑郁症。所以这对我来说很艰难，我试着去改善妻子和母亲之间的关系。为了我的家庭，我不得不在某种程度上牺牲我的事业。我不得不花更多的时间待在家里，照顾孩子、母亲、妻子，还要做家务（我妈妈年纪大，我不想让她做太多家务）。在过去的三年里，我一直焦虑不安，睡不好觉。

毛毛爸爸对社会道德和道德教育前景也持悲观态度：

我们提倡孩子们应该学习和背诵《三字经》。但是你看，这个社会太现实了。真讽刺！这种对比的结果就是，每个家庭，无论贫富，现在都生活在一个奇怪的环境中，许多人的心灵都是扭曲的。好多家长都忙着赚钱，他们不幸福。他们也不能让自己的孩子幸福。只有当孩子和父母都幸福的时候，才能培养道德意识。但当每个人都处在赚钱的压力下的时候，几乎没有人会关心道德。即使是最自然最亲密的关系也会被破坏。父母只关心督促孩子不断学习，要"鲤鱼跳龙门"。在这种情况下，德育是注定要失败的！

毛毛爸爸并不是唯一一个意识到这种矛盾的人。但是，当大多数家长选择通过反讽策略来调和理想与现实时，就像石汉（Hans Steinmüller）所说，比如说一件事却暗示别的事，或是改变自己的理念，或是嘴上说的是理想但做事却讲求实效（Steinmüller，2013），这位父亲选择了一种更激进的方式。据我所知，他是碧玉幼儿园唯一一位成为一名全职父亲的家长，在家辅导毛毛自学，这在中国城市家庭中非常罕见。尽管他经历了很多困难，因为他挣不到像别人那么多的钱，他仍然选择了辞职，没有遵守占据主流的功利社会规范。尽管在教育体系和更广泛的社会中，道德的健全发展面临种种困难，但他仍然希望通过在家自学的方式，让儿子尽可能地幸福和善良。也许在他的内心深处，希望是能够从绝望中萌生的。

在变迁的道德环境中培养道德

道德教化是中国思想的一个基本主题，然而社会的快速转型给道德教化、修身养性带来了巨大的不确定性和代价。这一章描述了中国新兴中产阶层日益增长的教育热望，也探究了当今家长、教育工作者和孩子们所经历的困惑、挣扎和应对策略。阎云翔呼吁探究中国道德景观的变迁（2011），提出了**奋斗的个体（the striving individual）**这一概念，来描述今天"被对成功的渴求驱使、或被对失败的恐惧驱使、或被二者共同驱使"的中国人，奋斗的个体又会陷入到"不同价值体系的纠缠"当中（Yan, 2013: 282）。在不断变化的道德景观中，我们在当代中国社会生活的各个领域中都可以看到奋斗的个体。育儿/教育无疑是一个需要考察的重要领域，因为儿童的成功和幸福是父母最重要的奋斗目标。

关宜馨对昆明市家长的研究表明："在养育子女的过程中，有一个核心问题是：我的孩子以后能在社会上有一席之地吗？"（Kuan, 2008: 2）这一发现也适用于我的研究。本章记录了在不时令人担忧的道德生态下，家长和教师的种种梦想和挣扎，对"小皇帝"进行道德教化的困境。家长和教师们认为德育在幼儿时期是一项重要任务，他们陷入了是道德教化还是适者生存的根本困境，不得不采取各种策略来应对这个难题。石汉通过对中国农村地区的田野调查发现，那些面对"预期与实际、绝对与偶然、官话与俗话"之间紧张关系的人，往往会采取"反讽策略"（ironic strategies）（Steinmüller, 2013: 134）。他还区分了愤世嫉俗和反讽，因为前者"更加激进和排外（因此容易遭到拒绝），而后者则更加温和和包容"（Steinmüller, 2011: 29）。H市育儿者如何应对道德教育困境，也可以被解释为一种具有反讽意味的策略，这种策略内容庞杂，从更具包容性的手段（比如说一套做一套）到更具排他性的愤世嫉俗都有体现。

本章概述了道德教育的文化背景、成人理念和道德教育的困境与发展。接下来的几章将会进入儿童的世界，探索儿童的社会生活，并考察道德教育中的冲突与张力如何影响儿童自身的道德体验。

第二章

THE
GOOD
CHILD

2

将心比心：同理心濒危之时

"与人为善"的困境

2012年5月31日，为了庆祝六一儿童节，碧玉幼儿园举行了一场联欢会。每个班级都有两到三个简短的集体表演（每个节目三到五分钟），教师、学生和家长全都坐在场下观看。轮到1A班的男孩们上台表演舞蹈的时候，意外情况发生了。本该负责领舞的涵涵突然哭了起来。这可能是因为他在观众面前过于紧张、觉得不安，也可能是因为他看到了就在一旁的母亲和祖母，想要和她们待在一起。观众们哄堂大笑，于是涵涵就哭得更厉害了。他停在舞台边上，没有走向他应该在舞台中央的位置。老师正忙着引导其他孩子找到舞台上的定位，其他孩子也都忙着自己的事情，紧张地走上舞台，急切地在观众席里寻找自己的父母。只有军军过来安慰涵涵。一发现涵涵在哭，军军就马上过去握住他的手和他说话。站在舞台边缘跳舞的整个过程中，涵涵都一直在哭，军军则在他前面跳舞，时不时同情地回头看看他。

这个小插曲激起了老师和家长的线上讨论。一位父亲发布博客，强调了军军乐于助人的行为："军军握住涵涵的手，这个简单的举动真让我惊讶又感动。军军真是个好孩子！他很优秀！小小年纪，他就已经懂得如何帮助鼓励别的孩子了，他的心里有'大爱'。"与此同时，他反省道："回想今天发生的事，我突然意识到自己的失职,并觉得自责:我的教育方式多么糟糕!我怎么没有教会我儿子毛毛像军军一样去帮助同学呢?"

方琳老师回复道:"的确,孩子们的行为时常引发我对自己生活、工作甚至是人生的反思。军军总是那么纯洁、天真、可爱,但是他的善意从没有得到过回报。有时我很担心他。像军军这样的孩子很纯洁,不会想着伤害别人。他长大后会面对什么?我担心他可能会被别人利用。"方琳的评论反映出,家长和教育工作者对一个善良热心的孩子在充满危险、威胁和不公的社会中可能会遭遇什么而感到深切焦虑。为了让孩子能在复杂的社会中成长,他们努力制定可行的方案,却发现自己陷入了几乎自相矛盾的境地:一方面,大多数老师和家长认为同理心和同情心等品质弥足珍贵。例如,军军是方琳老师心爱的学生,用方琳自己的话来说,正是因为他"纯洁"、"天真"、"善良"。在当今中国,人们都认为这些品质很稀缺,特别是共情(empathy),又译作同理心——感受他人情绪的能力,用中文来讲是"将心比心"。另一方面,家长们也意识到,正是这些孩子,他们长大后将面对巨大的不确定性和复杂性。

军军的例子和成年人们的评论,促使我思考人类基本道德品质的发展,比如"将心比心"的能力。共情和关爱(care)在中国道德观的中心地位可以追溯到古代儒家思想(Slote, 2010),在这个问题上当代认知科学的发现与早期儒家思想不谋而合(Wong, 2015)。近期研究表明,道德关怀(the morality of care)是人类基本的道德"味蕾"之一(Haidt, 2012),从人类演化的角度上看来源于亲子依恋,并延伸到更广泛的社会关系当中，而同理心/同情心是关爱伦理的特征情感（Mageo，2011）。本章将古代儒家的同理心思想和当代西方最新学术研究结合起来，以这两大学术传统的理论洞见为基础，分析碧玉幼儿园的同理心教育，并将之置于社会"道德危机"的宏观背景中进行延展讨论。这一章具体探讨以下问题：当下发生了什么？为什么家长和老师都在哀叹当代社会生活中爱的缺失和危险的增加？同理心教育中出现了哪些冲突和矛盾？它们在教育学实践中又是如何体现的？在与父母、老师和同龄人的不断互动中，孩子们如何处理这些冲突和矛盾？

从孟子到同理心的再发现

"孺子将入于井"

> 人皆有不忍人之心。先王有不忍人之心，斯有不忍人之政矣。以不忍人之心，行不忍人之政，治天下可运之掌上。所以谓人皆有不忍人之心者，今人乍见孺子将入于井，皆有怵惕恻隐之心——非所以内交于孺子之父母也，非所以要誉于乡党朋友也，非恶其声而然也。
>
> ——孟子·公孙丑上

这个"孺子将入于井"的故事是体现孟子"性善论"观念的著名例子[1]（Allinson, 1992: 298）。孟子认为"恻隐之心"是

"仁之端"。"仁"是儒家思想的关键概念,既特指仁慈、爱、同情,又泛指广义上的人性。王阳明在《大学问》中阐释了这个故事:"是故见孺子之入井,而必有怵惕恻隐之心焉,是其仁之与孺子而为一体也。"(Ivanhoe,2009:161)王阳明的理论强调了孟子作品中隐含的"与他人合为一体",即与他人形而上的合一,这就是我们现在西方学术话语所说的"同理心"(Slote,2010:304)。在这段话中,王阳明强调,面对困境时,与他人"一体"的能力是普遍的人性。"大人"和"小人"都具备这种能力,二者之间的差异并不在于基本能力的有无,而在于他们看待事物的方式(Ivanhoe,2009:161)[2]。与此同时,民间俗语"将心比心"表达的是中国对同理心的一种诠释,关注对他人处境的理解,强调感受对方的情绪状态,意即"共情"。

这种中国传统的同理心观念,特别是孟子所说的"孺子将入于井",巧妙地浓缩了当代科学界同理心研究的关键问题。当代西方学者刚刚开始超越哲学沉思(philosophical ruminations),将同理心作为心理学(Batson,2009)、神经科学(Singer and Lamm,2009)、进化生物学和生物人类学(de Waal,2008;Hrdy,2011)的实证课题,近期在文化人类学(Hollan and Throop,2008)也多有涉及。

孟子所说的"怵惕"准确说明,情感反应是同理心的一个重要特征。神经科学家强调了同理心的情感本质:"对直接感受到的、想象的或推断出的他人情绪状态的情感反应。"(Singer and Lamm,2009:82)"人皆有不忍人之心"表明了同理心自然而普遍的基础,进化研究则表明,人类在生理上也有与同伴进行情感联系的基础。

然而，同理心不仅仅是一种自动的情感反应：它更蕴涵着主体间性，是发生于不同主体之间的复杂、灵活的过程。人们的"不忍人之心"在孟子的观点中指向了同理心这一维度，社会神经科学的发现也证实了这一点，同理心反应受到多种社会因素影响（详见 Singer and Lamm, 2009）。

此外，同理心的情感和动机力量使它能够解释人们为何会对他人施以援手（有指向性的利他主义）(de Waal, 2008)。孟子的思想仍然与此相关：人们"皆有怵惕恻隐之心——非所以内交于孺子之父母也，非所以要誉于乡党朋友也，非恶其声而然也"。同理心意味着真诚地关心他人，而不是减轻自己的痛苦，也不是沽名钓誉的手段。然而，以诚待人只是一种心理倾向，而这种倾向不一定转化为实际的行为。以研究灵长类情感认知闻名的弗朗西斯·德·瓦尔（Francis de Waal, 2008）认为，同理心不会自动引发无条件的利他主义，而是包含对社会距离/关系、合作历史、声誉等方面的理性评估。

另外，同理心受到具体文化情境的形塑和调节（Engelen and Röttger-Rössler, 2012; Hollan and Throop, 2011），它从来都不是价值中立的，而是运作于特定的道德秩序之下（Hollan and Throop, 2008）。在中国文化传统中，品德是可以完善的，同理心的发端需要通过教育来培养，同理心这一美德与社会秩序有直接联系。例如，在"孺子将入于井"的开篇，孟子认为，慈悲之心是顺利且有效政治治理的关键："凡有四端于我者[3]，知皆扩而充之矣，若火之始然，泉之始达。苟能充之，足以保四海；苟不充之，不足以事父母。"

近期同理心研究中的这些重要洞见，例如情感与认知之间、共情感受与利他行为之间、基本道德取向与社会文化秩序之间的张力，不仅与古代中国思想遥相呼应，也提供了理论透镜，来理解当代中国在同理心教育上面对的困境。

发展起源与路线

心理学和神经科学方面的近期研究强调同理心的早期个体发育，儿童发展是考察同理心方方面面的重要视角。首先，近期研究显示，婴儿已经具备了初级形式的同理心（Saby, Meltzoff and Marshall, 2013; Meltzoff, 2002），共情反应在整个婴儿阶段都在增加（详见 Davidov 等，2013）。其次，同理心的情感方面在个体发生学上发育较早，而控制与反应抑制等认知要素则发育较晚，在儿童成长中不断发展（Decety and Howard, 2013）。第三，即使是幼儿也并不是自动地产生同理心，他们依据不同的场景线索来理解正在发生的事情，然后再做出决定（Hepach 等，2013b; Vaish 等，2009）。

此外，同理心是从幼年起通过特定文化教育实践培养出来的，儿童的成长经历对同理心与道德之间错综复杂的关系有着显著的影响。例如，跨文化心理学研究发现，亲社会行为有着"文化特异性发展路径"：在强调自主性和自我—他人差异性的文化中，幼儿的帮助行为更多是由共情要素激发的；在强调相互依赖和服从的文化中，类似的帮助行为更可能是受共同的意向性关系（intentional relations）所驱动的（Kärtner，Keller and Chaudhary，2010；Kärtner and Keller，2012）。

与心理学文献相比，文化人类学家才刚刚开始关注儿童的同理心发展（其他研究参见，Mageo，2011；Hayashi, Karasawa and Tobin，2009）。本章旨在利用心理学文献提供的主要理论工具，如同理心和利他主义，以及情感（感性）和认知（理智），来分析中国幼儿同理心教育的民族志内容，尝试弥补这一学科差距。

社会中的基本人性：小悦悦事件

在我开始田野调查几个月后，一件令人心碎的事情发生了。小女孩悦悦的遭遇震惊了全国，和孟子所述"孺子将入于井"的故事形成了鲜明对比，全国人民都在痛惜，连基本人性都遭到了破坏。悦悦是一个两岁的小女孩，她父母在广东省佛山市的一个五金城开了一家小店。2011年10月13日，雨天下午，小悦悦在五金城里一条狭窄街道上玩耍，在路中间被一辆飞驰的面包车撞倒，而肇事司机逃逸。整个事故的全程被事发地点附近一家商店的监控摄像头记录下来，随后在广东南方电视台播出。摄像头显示，悦悦是在当地时间17点25分被面包车撞倒的。数位路人经过，看到了小女孩在挣扎，但什么也没做就离开了。被面包车撞倒40秒后，悦悦被另一辆小卡车再次撞击。之后，更多人经过附近，都对这个奄奄一息的女孩视而不见。在摄像机记录中，共有18位路人见到了悦悦，但无人施以援手。最后，在17点31分，一位老妇人发现了悦悦，把她移到路边，焦急地向周边求救。半分钟之后，悦悦的妈妈赶到，哭着把孩子送去医院。七天后，小悦悦死亡。

十月中旬，"小悦悦"事件是多家报纸的头条，是网络热议的焦点，甚至被国外主流媒体报道。这一事件激起全国范围内的灵魂拷问（Soul-searching in China）（Wines，2011a），人们不禁扪心自问："难道社会已经变成如此冷漠无情了吗？为什么会这样？"我的目的不是回答这个尖锐的道德问题，也不是对这起事故的前因后果进行全面的、多层次的分析；而是希望通过分析人们对这一事件的反应，提供一个例子来说明，为什么碧玉幼儿园的家长和老师们会认为当下社会是危险的，是一个在现实生活中否定了同理心和利他主义价值的地方。

这一事件的重要性体现在公众和社交媒体方面的突出报导，也体现于它在民众中引发的广泛反应。我们都知道，小悦悦事件这类案例很反常、很罕见。正如阎云翔（2011）对助人为乐反被讹诈这类事件的讨论："即使这种情况并不频繁，但在今天这种信息社会里，得到大量媒体关注这件事本身就表明了其重要性，因而能对人们的心理和行为都造成巨大影响。"（11页）实际上，在小悦悦事件几天之后，某媒体就报道了一起完全相反的事件：江西省南昌市的一个小女孩被困在卡车下，但很快被路人救了出来。然而，这起积极的新闻并没有改变公众对国人道德下滑的认知。它得到的关注度远远低于小悦悦事件，而且得到的唯一反应是批评该媒体没有报道人人关心的小悦悦事件。[4]就此而言，小悦悦事件是很典型的案例，能够让我们更好地理解国人对所谓道德危机的看法和情绪，进而认识到"变迁中的道德景观"（changing moral landscape）的复杂性（Yan，2009，2011）。

值得注意的是，公众对这一事件的强烈抗议集中在路人对垂死的小女孩的冷漠态度上（Ye and Shen，2011）。在事件发生后的一周内，成千上万的人在微博发表评论，凤凰网线上调查显示，"主动参与投票的170000名受访者认为，小悦悦事件证明，在现代社会的诸多压力下，人们的道德和信任感都在下滑"（Wines，2011b）。旁观者的冷漠成为舆论针对的靶子，公众对作出道德化的阐释，认为这种冷漠其实是更广泛、更根本的社会弊病的症状。我们需要对这个舆论焦点，对这种道德化的阐释进行更深入的分析。

监控视频中记录下的这些路人成为了记者和民众搜索的目标。根据部分记者的调查（Huang等，2011），有的路人尽力回避采访，有的路人声称他们当时并没有注意到悦悦。在这18个人当中，只有一个人讲出了她看到悦悦时的想法，她当时在带着自己五岁女儿回家的路上："我看到一个小女孩躺在地上哭。所以我就走到旁边一家商店里，问里面的年轻人这是不是他女儿，但他说不是。他自己也不敢去动这个小女孩儿，我怎么敢呢？"在被确认身份后，这些人遭到了微博用户的攻击和指责。

随后，人们试图挖掘真相，对这一事件进行更全面的解读，也反思对路人施加的道德审判，讨论这种道德审判可能造成的危险和偏见。因此，各色心理学、社会学、法学和历史学的观点浮现出来,把思考引向更广泛的社会问题。举例来说,有人用著名的基蒂·吉诺维斯案例(Gansberg,1964)来说明现代都市生活中可能发生的旁观者效应,呼吁关注有普遍性的心理机制,防止缺乏深思的道德化判断。[5] 有人呼吁反思人性的阴暗面:在同样的场景中,谁都有成为冷漠旁观者的可能。还有人质疑父母疏忽了女儿的安全问题,指出儿童保护法体系当中存在漏洞。与阎云翔对助人反遭敲诈的案例分析类似(Yan,2009),评论者指出了不同影响因素,例如媒体报道可能夸大了消极面、传播了不信任,保护助人为乐者的法律体系存在问题,社会变革带来的某些不公平剥夺了人性并滋生了怨恨,以及从传统社会转向陌生人社会的结构性问题。

一方面,这些网络上的分析不无道理,这些分析本身恰恰反映出社会公众对正在道德抉择情境中那些人的共情与同理心。另一方面,人们必须认识到,网络上的怒气并不仅仅指向小悦悦事件中的 18 个路人,还指向(想象中)现代社会令人失望担忧的基本境况,而每个人都是其中一分子。负面的道德说教,即认为这一事件是不道德意图的结果(例如认为陌生人都不能信任,路人们会有意忽略他人的求救),并且把个别事件与广泛社会问题联系在一起,这似乎已经成为舆论的一种共识、默认心理图示或者"文化模型"(Strauss and Quinn,1997)。

在诸如食品安全危机(Yan,2012)、好心人反遭勒索(Yan,2009)等调动人们的情感与判断、汇成"道德滑坡"这一话语的所有知名事件中,小悦悦事件格外引人关注。在很多人看来,这一事件揭示出基本人性的崩溃,是社会生活中自然道德倾向被污染、被抑制的实例。有的人为路人的不作为寻找理由,例如转移到讨论制度性和结构性问题。面对这些借口,微博知名博主染香这样评论:"当我们见到一个两岁的小女孩躺在血泊里时,我们需要政府来告诉我们应该怎么办吗?"[6]这句话的意思是,不论用什么借口,在这种凄惨场景中无所作为都有悖于基本人性。但是,这个评论并不在于批评他人的道德标准,反而掀起了自省的潮流。《南方周末》的一篇文章(Ye and Shen, 2011)这样总结:"'小悦悦之死'也为公众上了残酷的一课。人们开始思考这样的问题:假如我是其中一个路人我会怎么做?假如倒在地上的是我的孩子我又是什么感受?而假如我是小悦悦,我又会承受怎样的痛苦和绝望?"

小悦悦事件的独特之处在于,18个冷漠的路人与1个毫不犹豫援救悦悦的善良女士形成了鲜明对比。陈贤妹是个58岁的拾荒者,也是这一事件中的第19位路人。她很快就成了世风日下的社会中人性之光的象征。这位英雄般的老妇人被《南方周末》评选为"年度关注人物"之一,一篇特稿(Ye and Shen, 2011)讲述了她背后的故事。被群众奉为英雄时,她略带腼腆地说:"我只是做了一个人该做的事情。"面对无数遍"为什么救人"的追问,她说:"我当时只想帮一下,没有想太多,没什么好讲的。"10月21日,悦悦去世。当晚陈贤妹失眠了,闭上眼睛就看到悦悦躺在血泊中的画面。她回忆当时的场景:"我当时拼命喊,拼命叫,却没有一个人理我,还有人劝我不要多管闲事。"她不懂为什么会这样:"我不明白,这么可怜的小女孩,他们怎么都不帮一下呢?难道真的有这么忙吗?"陈贤妹的熟人说,她在原来的村子里也是以友善热心闻名的。陈贤妹年轻时曾跳进河里去救两个小孩。她总是助人为乐。彭宇案(这个好心人反倒被他帮助的老人讹诈)的电视新闻让她不安,丈夫只好和她解释:"这是城里的事儿,不是在乡下。"之后她搬到城里,又开始做在这个时代有些不"寻常"的事:2007年,她看到有个老人在街头摔得满腿是血,二话没说就把他搀回家,而不像是典型的、谨慎的人那样为了避免可能的风险而不去帮助他人。

在一篇名为《小悦悦之死让孟子无语》的文章中(Zhang, 2011),北京大学法学院教授评论道:"她(陈贤妹)因为做了这么一件在孟子看来凡是人都该做的事情而几乎成了当代道德楷模。我不知道这18名路人究竟是因为害怕遭讹等顾虑而打消了救人念头,还是压根就没动过这念头;总之,他们用自己的不作为否定了孟子以为不证自明的真理。"这位教授认为,人们的冷嘲热讽有过之而无不及;甚至有论调称陈贤妹之所以敢救人,也正是因为穷,没有什么可失去的,也没有被敲诈的风险。这18个路人的无所作为是因为缺乏同情心吗?还是像这位教授所质问的那样,是理性算计战胜了情感本能?我们能辨别出陈贤妹在救小女孩之前是否做过风险—收益分析吗?各种版本的故事能够解释为什么18个路人没有救人而陈贤妹伸出援手,没人知道哪个是真实情况。但是围绕这一事件的各种争议,正是它引起全国热议的原因。

公众对小悦悦事件的关注集中在路人的冷漠不作为与陈贤妹的本能行动的对比之上,而非粗心的父母、不负责任的司机等其他因素上。这一现实反映了人们对基本道德缺失——如同理心和同情心——的深切不满、焦虑与恐惧。同时，在社会和道德快速变迁、个体利益和同情心理相冲突的情境下，人际信任已然濒危。

同理心的矛盾教育：通往利他主义的艰难道路

对于小悦悦事件等新闻热点展开的公共讨论放大了冷漠的社会图景，这是现今中国同理心教育的文化背景。同理心教育的话题再次转回孟子身上，不仅是因为他强调"孺子将入于井"，更重要的是，他认为道德是可以完善的，同理心之端需要用教育来"培养"，而这一美德与社会秩序直接连接在一起。在"孺子将入于井"故事的开头，孟子提出，慈悲之心是顺利且有效治理的关键。孟子认为，每个人都有四种基本道德感：**恻隐之心**、**羞恶之心**、**辞让之心**、**是非之心**。此外，他认为道德教育至关重要，是建设理想社会的关键途径："凡有四端于我者，知皆扩而充之矣，若火之始然，泉之始达。苟能充之，足以保四海；苟不充之，不足以事父母。"（《孟子·公孙丑上》）

这种中国古典哲学思想与我田野调查报导人的看法遥相呼应，但这些育儿者们也面临着巨大挑战。一方面，幼儿园的两岁小孩也要背诵《三字经》，背诵"人之初，性本善"。另一方面，碧玉幼儿园的家长和老师们被小悦悦事件震惊，和我分享了他们的担忧与反思。

一个年轻教师流露出她的悲观情绪："我曾经相信儒家学

说,人之初性本善。但是之后越来越多的'小悦悦'一类事件爆发,我开始对它产生怀疑。我不会去责怪那些路人。说实话,谁知道自己在那种情况下会怎么做呢。现在我越来越相信,人天生是坏的。"尽管她的态度看似极端,在现实生活中她仍然努力培养学生的善良品德,但这种评论反映出了她的迷茫感与失落感。

这些观念反映出照料者与教育工作者面对的关键挑战:在一个被看作是自私且冷漠的世界当中,人们应该教育自己的子女对他人友善、关爱、共情吗?对独生子女政策的担忧更是加重了人们对冷漠社会的忧虑,因为独生子女很容易自我中心,不关心他人。上述因素让同理心教育的尝试显得模棱两可、甚至自相矛盾:在碧玉幼儿园,教师和家长把同理心看作是助人为乐、尊重他人等美德的基础。对独生子女来说,同理心的培养迫在眉睫。因此,教育工作者试图把课堂变成培养同理心的良好环境,运用各种教学方法向孩子们灌输一种对同学、对老师、对家长的纯粹的爱心。但是,在课堂之外,一旦考虑到被利用的风险,对他人的同理心与关怀就时常被看作是没那么重要的了。

初生的同理心:交织理智与情感

在我的育儿问卷当中,"儿童的社会道德发展"一节的第一个问题是关于中国传统的性善论:"你是否同意'人之初性本善'的观点?"五个选项分别如下:

A. 完全同意

B. 部分同意

C. 中立

D. 不同意

E. 完全不同意

调查对象总计 87 位家长，A 选项（完全同意）是选择最多的一项，占 40%。总的来说，64% 的家长同意性善论，他们选择了 A 选项（完全同意）或 B 选项（部分同意）。

"人之初，性本善"是《三字经》首句。《三字经》是启蒙读本，碧玉幼儿园也在托班中使用了这一针对幼儿的教材，并教孩子们每天背诵句段。不但大部分家长相信孩子们性本善，老师们也相信孩子们有与生俱来的道德能力，同理心就是其中之一。在这一章节，我会展示在碧玉幼儿园中"基本同理心"和"复杂同理心"如何被理解，也会分析在儿童发展过程中，情感（情绪敏锐度）和理智（senses）（认知取向）是如何相互交织的。

表 2.1 育儿问卷：碧玉幼儿园家长对性善论的看法

选项	选择人数	百分比
A. 完全同意	34	40%
B. 部分同意	21	24%
C. 中立	20	23%

续表

选项	选择人数	百分比
D. 不同意	11	13%
E. 完全不同意	1	6%

中国语境下的"基本同理心"[7]：默会透明度（Tacit Transparency）、情感敏锐度（Emotional Sensitivity）和脆弱性

一位老师用"通"这个字来描述幼儿发现、感受和理解他人情绪状态的基本能力。这个词的字面意思是"相互连接"，例如两个房间相通，人就能从一个房间自由进入另一房间。被用来描述心理现象时，它的意思是两颗心／心灵对彼此非常透明，以至于其中一方不需要明确解释就能感受并融入到另一方的心理和情感状态之中。我称之为"默会透明度"。这就突出了同理心的概念，它是人类语言之下一种基本存在意义上的自动反应。很多中文词语都表达了这种不言而喻的透明感，如"心灵相通"和"心有灵犀"。

然而，在家长和老师眼中，幼儿们初生且珍贵的同理心是脆弱的，因为独生子女政策下出生的孩子往往会变得自恋。在一次私人谈话中，30岁的唐老师（3B班）把当前这代人的高离婚率和婚姻危机的一部分原因归结于独生子女政策。

有一次，我和丈夫吵了一架，吵得特别凶，差点就要离婚

了。然后一位同事过来安慰我。她比我大一点，有一个弟弟。她说："你为什么就不能向你丈夫服软呢？他是独生子女。"我立刻抗议道："凭什么？！我也是独生子女！我自己就是家庭的中心，谁都得听我的，凭什么要让我服软？"看，就那样，我们总是针尖对麦芒。作为一个"独生子女"长大，我觉得我们这代人不懂怎么感受和关心他人的情绪。有兄弟姐妹的那些人就不一样，至少我认识的是这样。他们比我们好多了。他们知道怎么服软，怎么忍耐。我们就不能让步，这也是为什么有这么多婚姻问题。

乍一看，将婚姻冲突与独生子女一代人缺乏同理心——不知道"怎么感受和关心他人的情绪"——联系起来，这似乎有些牵强。然而，这种观点并不罕见。唐老师认为，独生子女长大后不太容易与他人产生共情。唐老师的同事也是这么认为的，她自己并不是独生子女。这就是为什么她建议唐老师向她的独生子女丈夫让步。人们普遍认为，独生子女一代的成长是以自我为中心的，在大多数亲密社会关系和人际交往中都存在问题。

在普遍关注独生子女自我中心问题的背景下，同理心被认为是一种脆弱的东西，因此也被看作是一种可贵的品质，值得在教育方面努力培养。事实上，教师们采用了各种各样的教学方法，目的就是培养同理心和孩子们对他人的关心。例如，2012年1月，茉茉到碧玉幼儿园担任2A班的助理教师。我在2012年7月采访了她，当时她已经教过了整个春季学期的课程，并成功与班上所有孩子熟络了起来。当我问她，她的班级

（年龄在 4–4.5 岁之间）在那学期取得了何种进步时，她立刻说："爱心，让他们对自己和他人的感情更加敏感，更能注意到别人的需求然后做出回应。"

根据茉茉的说法，这种进步源于积极的反馈过程，因为同理心是内在的主体间性，通过相互的情感和利他主义交往来培养能取得最优效果：首先，她用真诚的爱对待这些孩子，鼓励他们彼此关爱。然后，她说，这种爱和关心通过亲社会的互动得到了回馈和增强。她反思过如何引导这些孩子与他人产生共情，并最终做到关心他人，包括关心老师自己和同学：

我认为爱是最重要的指导。一点一点地，他们可以感受到你的爱，然后把爱传递给别人。我觉得，我的学生们这学期取得的最显著的进步是，他们中的一些人从冷漠，变得有同情心、变得心地善良。有一次我问他们："茉茉老师爱你们。你们爱茉茉老师吗？"他们就会说："爱。"有一天，我生病了，喉咙发炎，声音沙哑。上课的时候，他们特别吵，班里很乱，这让我心里很难过，都快要哭了。我对他们说："如果你们继续这样，我就要哭了。"我的身体难受，心情也很糟糕。但令我惊讶的是，之后他们整个下午都表现得很好，没有发出任何声音。我想他们能意识到我不舒服，能感觉到我的痛苦。

在这件事中，茉茉认为孩子们不仅能察觉到她的情绪状态和目的，还能间接地**感受**到她的情绪。在她的日常工作中，她强调道德教育的情感方面。这是由她的信念驱动的，她相信同理心有助于对他人产生真正的关心并转化为行动，比如安慰和帮助他人。换句话说，她相信"将心比心"有助于"为他人着想"，最终导向利他行为。这就是为什么她对班里几个曾经"冷漠"的孩子变得"有同情心、心地善良"感到非常自豪。

除了强调同理心的情感因素外，她还认为，即使对年幼的孩子来说，同理心也可能强大到足以引发牺牲行为，为了满足他人的需求，自己付出一些代价。同理心通常意味着对他人的真正关心或关怀，它囊括了幼儿与生俱来的美德的基本要素。她举了几个例子，说明孩子们是多么富有同情心，愿意为了帮助他人而做出牺牲或妥协。

比如说，班级里经常会在玩具上产生矛盾。没有人愿意把自己喜欢的玩具送给别人，尤其是小孩之间，这很正常。但是当一个孩子因为没有得到玩具而哭泣时，另一个得到玩具的孩子就会把它让给那个哭泣的小孩。正是因为他发现哭泣的孩子是这么难过，这种难过激发了他的同情心。

另一个例子是图书捐赠活动。

有一次，我们幼儿园组织了一次"捐书"活动，把书送给偏远少数民族省份新疆的贫困儿童。我告诉我的学生："新疆有些孩子真的很不幸，他们真的需要你们的帮助。你们明天可以从家里带些书来捐给他们吗？"第二天早上，大多数孩子都带着很多书来到教室，包括他们自己最喜欢的书。我深受感动。以前,他们从来不会和同学们分享这些书,比如《乐智小天地》丛书(巧虎是一个很受欢迎的儿童系列作品)。但这次不同。当他们听说别的孩子很不幸时,他们同情这些孩子,同情心驱使他们分享自己最喜欢的书。

这个故事令人惊异,因为同样的捐书活动,1A 班的反应和 2A 班完全不同[8]。2A 班的孩子愿意把自己喜欢的书送给那些需要帮助的孩子,而 1A 班的有些孩子坚决拒绝,除非受到指责和他人排斥的威胁。一定程度上,这种差异可以如此解释:首先,2A 班的孩子通常比 1A 班的大一岁,因此在认知和情感方面都更为成熟。对大一点的孩子来说,把书捐给远方的陌生孩子或许更有意义。其次,为了提升孩子们的情感敏锐度和对他人的关心程度,在这个情况下,茉茉老师强调了新疆孩子们的需要,而另一边,1A 班的方琳老师没有向她的学生详细解释这一点,可能是因为担心学生太小,无法理解这件事情。

同理心和对他人的真正关心

除了加强培养幼儿的情感敏锐度来促进利他行为以外,老师们还强调了什么样的关爱才是真正的关爱。在碧玉幼儿园,五岁半的 4A 班女孩柯儿被同学们视为榜样。因为她心地善良、"单纯",仿佛她与生俱来的纯洁心灵从来没有被环境污染过。4A 班班主任梅芳对柯儿评价很高:

有的时候,孩子们都在玩耍,而我在准备上课,大多数孩子都会完全沉浸在他们自己的世界里。但是柯儿会注意到我在忙,会尽力来帮我。她并不是特意去这样做的,这只是她善良本质的自然流露。

我清楚地记得去年国庆节前夕发生的一件事。一般情况下,如果家长没有明确要求孩子这样做,他们就不会想到和我们老师道一声节日问候。但是那天下午,当我向全班宣布放假的时候,柯儿出人意料地走到黄阿姨(4A班的教师助理)面前,给了她一个大大的、长长的拥抱:"阿姨,你辛苦了!节日快乐!"这些饱含深情的话语和行动都是她自然流露出来的,没有任何感情上的做作。辛苦工作了好几天的黄阿姨泪流满面,非常感动。

年幼的孩子在表达对他人的关心时,有时会表现得很浮夸。老师们不喜欢这种行为,因为这不是出于对他人纯粹和真诚的关心。举例来说,彤彤是4A班一个漂亮聪颖的女孩,就像碧玉幼儿园的一个小明星。虽然她经常因为优异的学习成绩被当作其他孩子的榜样,但老师们也批评她,说她早熟且"成人化",还有一点做作。她的老师悠悠介绍,彤彤是一个"小人精",意思是她非常老练,善于社交。比如说,当她和同学们一起在台上跳舞时,你能看出来,她脸上的笑容是虚伪的,表演性很明显,而其他孩子都是发自内心地快乐。彤彤特别热心于帮助别人,特别是老师。她抓住一切机会来表达对老师的关心,总会问:"你累不累?要不要休息一下?"但是她的老师悠悠告诉我,她的关怀行为并非(至少一定程度上不完全是)出于单纯的同理心，而是一种策略性考虑，是要取悦于权威。

虽然在很多中国人的社会互动当中，"辛苦了"一类的简单表述都只是表达礼貌和友好的平常形式，但老师们相信，当柯儿说出这句话并附上笑容与拥抱时，这意味着真正的关心。这和他们对彤彤的印象形成了相当富有戏剧性的对比。这种对比反映出一个事实，老师的印象并不只建立在单一的事件上，而是通过与孩子们的多次互动积累而成的。这也表明，老师们看重的是潜在意图，而非表面行为。

换位思考：做个懂事的小孩

除了基本同理心，即与对他人之纯真关爱联系在一起的情感反应，家长和老师还强调如何将这种"基本同理心"扩展到需要更多有意的理解与想象的情况中。他们经常把这种基本的情感能力与"换位思考"联系起来——一个整合情感与认知要素、以他人为中心的过程。在他们看来，"换位思考"是培养利他主义道德教育的重要基础。它也被视为促进社会协调和遵守规则的有效方法，因此家长和老师需要不断提醒孩子换位思考。学会换位思考是做个**懂事**的小孩的必经之路，思雅的故事正表明了这一点。

我们三个（爸爸、妈妈和思雅）经常一起打牌。有时候思雅输了，她就会变得很沮丧，哭着说："我再也不想和你玩了！"我问她："如果你爸爸输了比赛怎么办？他会像你一样哭吗？"

她就不说话了。

后来她学会了换位思考。有一次,她和其他几个孩子打牌。她没有抽到最好的牌,就变得很沮丧。我问她说:"思雅,我知道你现在很难过,因为你没有抽到想要的牌。但是想一想:如果哥哥(另一个孩子)没有抽到,他也会像你一样难过吗?"思雅说:"是的,他一定会很难过!"我接着说:"没错。所以你想想,如果你们轮流来,每个人都有机会拿到最好的牌,那不是更好吗?"她说:"好的,我试试。"所以之后一轮她似乎就高兴多了。我就和我丈夫说:"看,咱们家女儿今天终于懂事了!"

在这个故事中,成为一个"懂事"的孩子是一个渐进的过程,需要照料者投入付出。思雅妈妈说,思雅是一个任性的孩子,总是自我中心,但是在这些小事上,她妈妈提醒她要考虑别人的看法和感受。她逐渐开始理解别人的想法和感受,并在集体行为中能够更好地与他人合作。

同样,家长们发现,教导孩子"换位思考"是纠正他们错误行为、培养相互尊重和理解的有效方法,有时甚至比单纯的惩罚更有效。毛毛的父亲过去经常阅读各种育儿指导类书籍,但他发现很难把书中的一些理论应用到自己儿子身上。例如,毛毛过去经常尖叫,有时会很暴力。根据书本上的知识,毛毛肯定应该被制止,然后立即纠正。父亲发现这种方法对毛毛不起作用,只会让他更加歇斯底里。相反,更有效的方法是一个长时间的温暖拥抱,同时让他考虑一下当时的情况,想想如果爸爸或妈妈不停地尖叫甚至打他,他会有什么感觉。

毛毛是一个典型的"缺乏安全感"的孩子。我妻子怀孕时，由于我和她父母之间的家庭冲突，她非常抑郁。我觉得这对胎儿确实有负面影响。他出生后不久，我们把他送到我老家新疆，直到两岁了才把他接回来。我发现他内向、胆小，而且爱发脾气。我又伤心又自责。有时他被激怒了，就冲着我妻子大喊大叫，往她身上扔东西，甚至打她。我很生气。我让他停下来，还动手打他，试了一切能想到的方法来纠正他。但他变得更暴力了。后来，我反思了自己的行为，决定改变我的策略。我没有马上骂他也没有打他，而是去拥抱他，跟他说话。我问："如果你妈妈对你大喊大叫，朝你扔东西，打你，你会有什么感觉？你愿意被那样对待吗？"他摇了摇头。在之后，他的行为发生了很大变化。现在我经常使用这种"换位思考"策略，效果非常好。

毛毛的例子说明了同理心和"换位思考"的相互作用，这要求照料者有意识地检查自己的行为，尊重孩子。越来越多的照料者开始接受亲子之间相互理解和尊重的观念，这是关爱的重要组成部分。

遭遇现实世界：帮助街头的乞丐

在学校里，老师和家长珍惜初生的同理心，而且努力通过孩子和同伴或照料者之间的情感互动来培养这种同理心，目的就是培养利他主义——一种对他人的真正关心。那么学校外被看作是危险冷漠的世界又是怎样的？在现实世界中，教育工作者关于同理心和利他主义的理念是什么？他们在应对真实的或想象的风险时如何与孩子沟通？茉茉老师转述了金莹（2A班，4.5岁）和她妈妈的案例，这表明了在危险的外部世界当中同理心和利他主义复杂甚至矛盾的本质。

我记得在《家园联系册》里[9]，金莹的妈妈记录了这件事。有一天，妈妈和金莹在小区附近的街上散步。她妈妈正在逛附近商店的时候，金莹看见了一个老乞丐。金莹就跑过去和妈妈说："妈妈，那儿有一个老爷爷在路边乞讨，好可怜！你能不能给他点钱？"妈妈就警告说："现在到处都有骗子，这个老人可能也是骗子，别信他。"但是金莹还是觉得老人太可怜了，所以她想和母亲商量一下。她指着乞丐面前的空饭碗说："妈妈，这个老爷爷好可怜，你看，他都没有东西吃。咱们回家给他拿点饭吧，毕竟咱们还有很多剩饭，不给他也是浪费了。"金莹恳求她帮助这位老人，最后她妥协了，就给了老乞丐一点钱。她妈妈觉得教会孩子"做好事"仍然是很有必要的，比如说帮助别人。我为金莹感到骄傲，因为她把我在课堂上教的东西应用到现实生活中，帮助有需要的人。一些孩子在面对同样的情况时，可能意识不到这一点，因为他们不知道要如何活用他们在课堂上学到的知识。

茉茉老师提到这个事例，是为了强调金莹是多么有同情心、多么无私，以此作为她道德教育努力成果的一个例子。茉茉老师特别强调,金莹不仅将帮助他人的原则内在化,还能将这一原则灵活地运用到实际生活中。然而,这个故事有不同层次的含义。一方面,促使金莹帮助这个老乞丐的原因可能不仅仅是她在课堂上学到的抽象原则,还有她亲眼所见的他人苦难所激发的强烈同理心。正如茉茉自己所提到的,这些孩子的情感敏锐度与上学期相比有所提高,同理心是他们关注他人的驱动力。此外,在现实生活中,金莹在课堂上学到的"应该帮助有需要的人"和她母亲传达的"在现实生活中,那些明显需要帮助的人很可能是骗子"之间也出现了矛盾。值得注意的是,金莹和她母亲之间的协商展现了幼儿的创造力和能动性,尽管在善待他人和警惕风险之间存在着矛盾。

这个案例说明了照料者在日常生活中所面临的一个典型困境,因为在街上帮助乞丐的故事已经在报纸、电视和社交媒体上得到了广泛报道。关于假乞丐各种骗术的报道和讨论比比皆是。例如,一个健康的乞丐会伪装成严重残疾的人来获得同情和金钱,然后案件会被在互联网上曝光。据新闻报道,职业乞丐赚了很多钱,过着中产的生活,这就是为什么很多人从事这个职业。正如新闻报道标题所示,《假乞丐让正能量寒心》(Zhang,2013)。**正能量**是近年来中国的流行语,指的是社会生活中的积极态度和行为。在大多数情况下,要发现一个乞丐的背后经历和真实意图并不容易,因此帮助乞丐会遭遇利他主义的风险。所谓风险有时就会成为人们冷漠行为的方便借口。

然而,与小悦悦或彭宇案不同,帮助乞丐最多只涉及轻微的金钱损失风险。与以往占主导地位的话语形成鲜明对比的是,公众讨论中出现了批评反思的新趋势。虽然之前的话语集中在谴责职业乞丐的欺骗行为，主要是因为他们有害于社会信任，但新出现的批评强调了人们对他人苦难的不作为，警醒大家这种不作为意味着什么的缺失。例如，最近有两则新闻引起了公众的注意。第一则新闻讲的是一个外国青年（在中国大学读书）对老乞丐展现出的善意，他和对方聊天，给她买薯片吃、买水喝。据报道，有中国朋友建议过这个年轻人，劝他不要帮助可能是骗子的乞丐，但他仍然觉得关爱他人会比较好（Wang and Jiang, 2012）。另一篇报道则涉及某市政府近期禁止城市乞讨的决定，专家们批评了这一政策（Yu, 2013）："即使 80% 的乞丐是骗子，也不要忘记还有 20% 的乞丐不是'职业乞丐'，乞讨是他们最后的希望。我们需要让那些真正需要帮助的人感受到社会的同情。"

在日常社会交往中培养同情心和爱心的必要性，使得道德教育成为一个重要话题，因为孩子是未来的希望。金莹天真地同情街上的乞丐，她妈妈并不是唯一一个面对这种挑战的人。据新闻报道（Fang Li, 2012），武汉的刘先生看到了这样一幕：一个小孩正要给乞丐五元钱，却被他妈妈狠狠骂了一顿："傻瓜！乞丐都是骗子！"刘先生在微博上发表了所见所闻，并评论道："是不是社会上太多的欺骗让我们麻木了？接受这种教育的小孩会怎么看待这个世界？"刘先生告诉记者，即使这个乞丐是骗子，家长们也应该赞扬孩子们的善举，不然为了防止孩子被骗反而会扼杀孩子善良的天性。刘先生的评论也收到了很多回复，网友意见不一。

把这个故事和金莹的经历联系起来，我们不得不思考：母亲们在向孩子们传达怎样的道德信息？孩子们会怎么理解这些信息？做出怎样的反应？这对我们社会的未来意味着什么？人们可能认为，金莹的母亲最终折中处理，是为了传达给金莹"正能量"，而不是像另一个母亲一样管孩子叫"傻瓜"。然而，金莹妈妈起初的反感和后来的犹豫反应，无疑向金莹暗示了"真实世界"乃至人性到底是什么样的。

发展神经科学家发现，随着孩子的成长，他们在面对他人痛苦时，情感反应越来越不容易被直接唤起，因为儿童逐渐转向了一个更偏向认知的评估过程（Decety and Howard, 2013）。随之而来的实际情况是：在金莹和其他孩子成长的过程中，警惕的厌恶感也有可能会成为默认的直觉反应，就像是金莹妈妈和其他成年人表现的那样。到那时，面对棘手的情况，同理心和同情心仍然会是默认的直觉吗？照料者、教育工作者和学者们需要关注同理心的本质及其对中国社会化和道德转型的影响。

在发展情境下培养同理心

同理心是人类道德的核心基础；然而，人们对现实生活中幼儿如何发展这种能力知之甚少。我的研究为人类学新兴研究补充了儿童发展和教育的视角，研究文化情境如何形塑和调节同理心。此外，本章还为最近同理心研究（心理学）的重要理论概念提供了民族志描述，例如基本情感与复杂思考、利他动机与实际行为、普遍倾向与特定文化和道德秩序，分析这些矛盾关系如何在 H 市的道德教育中表现出来。具体而言，正如开头的小故事所示，本章通过幼儿园同理心教育的实践，探讨在遭遇冷漠无情的情况下，"与人为善"这一道德发展的基本困境。

社会交往中普遍存在的对缺乏爱与同理心的担忧，组成了所谓"道德危机"的感知。我以小悦悦事件为例阐述了这种普遍的看法，这一事件恰好发生在我田野调查期间，引发了国内对于道德的广泛争论。具体而言，小悦悦事件引发的公众讨论特别强调这种矛盾：在危急情况下，发乎天然的共情与关怀如何溃败于（或者战胜）对风险的理性计算。

我在碧玉幼儿园的教育实践中发现了一种矛盾，这反映出公众对同理心及其在现实生活中的风险极为关心。一方面，同理心作为一种基本人性，在学校中得到了广泛认可与推广，在对独生子女"自我中心"充满忧虑的时代，同理心也被视为通往利他主义美德的途径。我的研究表明，碧玉幼儿园的孩子们正在养成同理心和对他人的关怀，教师们有意培养孩子们对他人需求与困境的情感敏锐度。另一方面，他们又不想让孩子往这个方向走得太远，特别是在面对陌生情境和陌生人时。他们担心，同理心和利他主义，尽管本身是有价值的美德，但可能会不利于孩子们日后的生存与成功。育儿者们因此会向孩子们传达自相矛盾的道德信息，这也可能会深刻影响孩子们同理心的发展。从"道德领域理论"视角来看，同理心作为核心道德基础，在现实生活中不可避免与其他道德领域相关联、甚至会相矛盾，例如，熟悉情境/内群体（in-group）与陌生情境/外群体（out-group）之间的差别恰恰对应着另一个重要道德领域，关涉到团体忠诚、群体关系和结盟心理学（coalitional psychology）。

这种矛盾反映了本书的中心主题，即在一个所谓"不道德的社会"培养一个"有道德的孩子"的基本悖论，正如第一章所综述。本章探讨同理心教育中的这种悖论，因为同理心是道德发展的基础之一。下一章将会探讨儿童道德体验的另一个重要领域中的矛盾，这个领域对当下的社会道德秩序有着更广泛的影响——通过物品分配和纠纷学习所有权与公平。

第三章

THE
GOOD
CHILD

协商『财产』分配：所有权和公平原则的争议空间

财产分配与道德教化

层层叙事:"孔融让梨"的当代解读

金奇的外祖父是 H 市的知名商人,教育背景良好,有丰富的出国旅游经历,他很愿意和我讨论中西方教育的异同。他向我介绍了"孔融让梨"这一古典道德模范在今天的争议,并对中国道德教育状况做出了有趣评论。

孔融(公元 153—208 年)生活在东汉末年,是孔丘的第二十代传人。"孔融让梨"的故事在《三字经》中被概括为:"融四岁,能让梨。弟于长,宜先知。"具体文本是在向幼儿教导"悌"这一儒家核心伦理,即尊重兄长。原始故事是这样的:孔融有几位兄长和一个弟弟。有一天,他父亲拿来一盘梨子,让孔融分给大家。孔融把梨按照年龄分配,年长的哥哥们拿到更大的梨,他自己却只拿了最小的那个。他父亲很惊讶,问他:"为什么你要把大梨分给别人、小梨留给自己?"孔融礼貌地回答:"我应该尊重兄长,爱护弟弟。"

金奇外公告诉我:

许老师，你听说过最近报纸上的这件事吗？在一所小学的一年级语文考试中，"孔融让梨"这篇文章后面有一个问题："如果你是孔融，你会怎么做？"一个学生回答说："我不会把大梨让给别人。"老师给这个回答批了错。回到家后，这个学生的父亲对此很生气，并在他的微博上发布了考卷的照片。这条微博很快就获得热转，几千人都在讨论它。

他接着评价：

很多人认为老师批这个答案错很荒谬。这是一个诚实的回答。在今天，为什么一个7岁的孩子会想要放弃更好的东西让给他的哥哥呢？更不用说他们根本就没有兄弟。但在我们现在的教育体系中，这种诚实是不被认可的。只有标准化、符合"正确"意识形态的答案才会被接受。是的，孔融是儒家谦让原则的榜样。但现在人们认为这很虚伪。你告诉你妈妈，你宁愿把大的让给别人，妈妈就会因为你谦让而表扬你，最终用更大的梨来奖励你。这就是当下正在发生的事情。中国孩子很早就学会了隐藏自己的真实情感和喜好，只说取悦大人的话，这是一种获得他们想要的东西的策略。儿童的天性就被压抑和扭曲了。真令人遗憾。

你在美国接受的教育，那你一定听说过美国故事"约翰争苹果"。这是一个挺类似的故事。约翰有一个哥哥和一个弟弟。一天，约翰的妈妈带来了几个苹果，让他们公平竞争决定谁能得到最好的一个。约翰在竞赛中做得最好，而且自豪地得到了大苹果。你看,这就是文化差异!为什么我们变成了伪君子?为什么我们不能用公平原则呢?比如说,谁做得最好,谁就得到最好的。这才是公平的。这样才有公平社会。

我对这个事件和事件引发的评论很感兴趣。金奇外公的整个叙述实际上有多层解读方式。第一层是"孔融让梨"的原始故事,记载在古籍中,经过一代又一代的保存和诠释而流传下来。我记得在课堂上和儿童读物上都读到过"孔融让梨"的故事,这是传统国学的一部分。这个故事诠释了谦让的价值,或者是"辞让之心"的儒家哲学理念。作为孟子理论中的四种基本道德源泉("四端")之一,"辞让之心"是"礼"的基础,"礼"是儒家核心概念,指的是在等级社会秩序的不同类型关系中行为得宜。

第二层意义在于,孔融的故事出现在一所小学的语文课上,一个7岁的孩子给出了一个"错误"的答案。运用经典文本和故事来传播道德教诲是中国教育的常见做法。孔融的原始故事在语文考试中被用作儒家传统美德"谦让"的典例,正确答案是"我会把这个梨让给别人"。所以老师把"我不会把大梨让给别人"的答案判错了。

第三层意义是孩子自己的推断,这也是他回答问题的基础。有趣的是,"如果你是孔融,你会怎么做"这一问题之前还有一个问题,"孔融身上值得学习的美德是什么?"答案分别是"(1)谦恭敬让"和"(2)勤劳"。这个孩子选择了"(1)谦恭敬让",老师也判了对号。显然,这个7岁的男孩理解试卷上故事的寓意，因为他选对了答案。据他父亲说，对于另一个问题——"如果你是孔融，你会怎么做？"——他的儿子写道，"我不会把大梨让给别人"，这出于谨慎的推理，而不是出于淘气。父亲后来问儿子，为什么他知道这个经典故事的寓意，却说自己不会像孔融那样做。小男孩说："因为我觉得4岁的孔融年龄太小了，不会把大梨让给别人。"他也不想因为老师的判断就修改自己的答案。

第四层意义是这位父亲的反应：他很生气，这是因为在该语境中，尽管他知道为什么在标准中国道德教育的框架之下，这道题的标准答案应该是"我会把这个梨让给别人"，但是他认为老师不应该把他儿子的答案标错。他认为儿子有权利表达自己的真实想法，而不是服从权威。他还提到，儿子在家里是一个毫不自私的好孩子。他认为，在当今社会，一个孩子决定不把大梨让给别人也是可以的。这位父亲拍了儿子考卷的照片，把它发到微博上，讽刺地评论道："这就是我们现在的教育吗？"[1]

第五层意义是金奇的外公对此事的反应。他的评论表现出对总体教育和道德教育的两种批评：一种批评是，尽管"孔融让梨"本身是传统社会中谦让的典范，但当下教育不鼓励诚实和真实，却鼓励虚伪。另一种批评是，与道德教育中诚信的缺乏和虚伪的蔓延密切相关的是，当下财富分配不公平的程度日益加深。他引用"约翰争苹果"的故事，从教育与社会公平角度进行他心目中的中西比较——崇尚公平原则（通过个人努力获得财产），与普遍奉行潜规则，任人唯亲。

从谦让到虚伪：纯真的孩子与公平的社会

这条微博发布当天就被转发了数千次，收到了大量评论。接下来的几天里，各大主流媒体和新闻网站都发表了关于这一事件的报道。根据光明网的分析，大多数社交媒体用户支持父亲的观点，批评如今教育将刻板的正确答案强加于孩子真实想法和自由选择之上，扼杀了孩子的纯真。该报道还指出，孩子们在学校不得不学习"谦让"这一意识形态，顺从于学校权威，但是在家里却是世界中心，完全不需要践行"谦让"，因此正处在两难境地。日积月累之下，为了处理这种困境，他们就学会了撒谎（Duan, 2012）。

有趣的是，这个7岁的孩子确实理解这个经典故事的道德寓意，但他对"如果你是孔融，你会怎么做"的回答，是基于他对合乎年龄发展的知识或者想象，即对4岁幼儿（孔融的年龄）来说，什么才是真实、自然的回答。事件发生后，新浪微博发起了一项民意调查，询问人们"如果你是小学生，你会选择'是'（我会把大梨让给别人）还是'否'（我不会把大梨让给别人）？"在所有受访者中，有2858人选择"否"（56.1%），1067人选择"是"（20.9%），1169人选择"我不知道"（22.9%）。[2] 这个7岁男孩对幼儿自然反应的理解或想象，和公众在社交媒体上所呈现的趋于一致。

由于道德教育长期以来与社会秩序和治理紧密相连（Bakken, 2000），对压抑儿童真实想法/感受和诱发虚伪行为的反思引发了对宏观社会现象的讨论。³当人们选择把"约翰争苹果"的故事与"孔融让梨"的故事进行比较时，社会公正、财产权和政治文化等问题都出现在公众的讨论中。这种讨论总是以文化比较为框架，与童年教育经历相联系。例如，一位经济学家将这两个故事进行了比较，认为"孔融让梨"这类表现谦让压倒一切的道德教育，有侵犯个人自由的风险。他认为，鼓励人们放弃自己的财产，并将其塑造为一种美德，这违背了现代社会尊重个人财产权的市场经济的基本原则（Jun Li, 2012）。

我找不到在中国广泛传播的"约翰争苹果"这一美国故事的西方信源。不论这个故事真实与否，它在国内媒体上得到了广泛传播，反映了对西方世界的普遍想象：一个法治的、由公平制度来管理的社会和一个人治的、由个人关系来维系的社会的差别。不管这种想象是否是对现实的准确描述，这些评论的存在与普遍性都能向我们展示一种社会心态：人们对公平/公正的普遍担忧，既是民间讨论（Wang and Yang, 2013），也是官方话语（Beng, 2013）。这个事件还涉及一个反复出现的主题，即中国人如何将儿童的道德发展与更广义的社会秩序联系起来。

顺着这一事件的复杂讨论，本书提出以下问题：当讨论财产和分配时，人们认为儿童的自然本色是怎样的？儿童如何在日常生活交往中协商财产权归属？他们会采用什么深层规则和思维模板，或显或隐，来指导财产分配、解决财产纠纷？如果遵循"约翰争苹果"案例中的绩效标准（the merit principle）等公平原则，他们会变得谦逊、虚伪还是公平？

本章主要关注碧玉幼儿园孩子们的"财产"分配与交换情

况。物品分配与纠纷的戏剧性场面是幼儿园日常生活中的一个突出主题，所以有必要探讨孩子们生活互动中微妙的动机、策略和财产所有权及公平观念。首先，我会详细叙述他们如何开始区分物品所有权，然后逐渐发展出更复杂的理解。进而，我会阐释他们对资源分配公平如何理解的实验数据与民族志材料，特别是在平等（equality）与绩效（merit）的原则上。由于所有权规则与公平理念关联紧密乃至相互依存，我将分析孩子们怎样运用这些规则来指导财产分配、解决财产纠纷，以及教师们如何参与此类实践。教师不干涉儿童自然发展的情况与教师干涉并培养某种道德特质的情况形成对比，受这种对比启发，我在幼儿园以"孔融让梨"为蓝本做了一个小测验，来考察当地道德情境下谦让与虚伪如何发展，如何演绎。

认识财产归属：所有权意识的出现

"孔融让梨"的故事启发了中国家长，他们反思儿童对财产归属的"自然"或"真实"的理解应该是什么样子，这也说明理解所有权意识发展的重要性。所有权本质上是社会性的，因为它不是关于人和物之间的关系，而是通过物品反映出人和人之间的关系。成熟的财产概念包括三条规则：所有者可以拥有并使用该物品，所有者可以拒绝他人拥有或使用该物品，所有者可以选择将该物品的相关权利转让给他人（Snare，1972）。尽管这些概念和规则对成人来说不言自明，学者们才刚刚开始探索与儿童相关的复杂问题：对所有权的理解从何而来？幼儿如何学习理解个人所有权？

学者们提出，儿童有一种天生的占有倾向，这种倾向是培养所有权的道德感基础，最终会发展成特定文化中的规则感（Rochat，2011）。[4] 心理学实验研究考察了儿童对所有权理解的发展，研究对象主要是美国儿童。近期发现显示，18个月大的儿童能够正确分辨他们所熟悉的物品的主人是谁（Fasig，2000）；2岁儿童怀有一种对先占者的偏见（first-possessor bias），他们相信第一个拿到物品的人就是它的主人（Friedman and Neary，2008；Friedman，2008）。随后，儿童学会克服先占者偏见，使用其他线索来确定所有权，理解所有权的转移，形成对所有权的成熟认识。[5] 3岁儿童能够超越先占者偏见，根据谁控制物品的使用权来判断所有权（Neary Friedman and Burnstein，2009）。

一方面，这些发现为我分析民族志材料提供了有用的概念工具。另一方面，尽管心理学实验文献不断增加，但到目前为止，关于这一主题的跨文化研究还很少，也没有足够的民族志证据表明所有权规则是如何在儿童的日常社会交往中出现的。因此，重要的人类学问题仍然悬而未决：幼儿在什么样的文化和社会情境下形成了对所有权的理解？他们学会了哪些区分所有权归属的规则和线索？以及所有权知识如何被他们传播、利用，甚至转化？中国为研究这些问题提供了一个独特的案例，因为中国社会流行着对独生子女的刻板印象，即独生子女往往认为一切都属于自己。学习心理学文献是为了回答这些人类学问题，在田野调查中，我研究了儿童在不同年龄和不同社会情境下的所有权理解，本章将报告三个主要发现：第一个发现是2岁儿童学习将物品与人一一对应的过程，这标志着碧玉幼儿园儿童集体生活中所有权理解的萌生；第二个发现是3岁儿童在教室场景中形成的先占者偏见；第三个发现是具体案例，描述一个小女孩在家庭内部的社会互动中，逐渐掌握并更新所有权规则。

在集体环境中学习物品—人的对应

在开始田野调查的时候，我惊讶地发现，在一个新的集体环境中，孩子们很快就学会了把物品和他们的名字联系起来，区分不同的物品，并相应作个人所有权宣称。从入学开始，孩子们就进入一个要求他们对某些物品所有权作出区分的环境，例如他们自己的照片标签、椅子、杯子等等。进入教室后，孩子们需要做的第一件事，也就是从上学的第一天起就被训练的事，在标记有他们自己照片的小口袋里放一个"健康"标签；装着所有孩子照片和"健康"标签的口袋都一起放在壁柜。老师们说，照片标签有利于孩子们辨别自己的同学。此外，照片也用于区分每个孩子的个人财产。开学第一天，照片就贴在了每个椅子上，这样每个孩子就知道应该坐在哪里。这可能也产生了一种未预结局，给椅子贴标签在教室里引发了大量纠纷——例如有的小孩会去坐在有其他同学标签的椅子上，特别是在年纪偏小（2-4岁）的班级时有发生。即使随着时间推移，有的照片逐渐脱落下来，孩子们也能通过细微的、几乎不可见的记号来辨别出不同椅子，捍卫自己的所有权。2A 班（年龄为 3.5–4.5 岁）的米桃老师告诉我：

> 对我来说，每把椅子看起来都一样。有一次，我拿了两把不同颜色的椅子给孩子们，问他们："这两把椅子有什么不同？"他们说："一个是绿色的，一个是黄色的。"然后我拿出两把绿色的椅子，又问了他们同一个问题。令我惊讶的是，他们仍然发现了椅子一角形状的不同之处。当他们在托班上课时，我们第一次把照片贴在每张椅子上。然后每天都有椅子纠纷。现在，即使没有照片，他们也知道如何辨别哪把椅子是谁的。

在这一案例中，教师通过特定的识别工具（照片），有意识地培养学生的所有权意识，并在日常课堂活动中强化这种意识，使学生自己能够自发且轻松地辨别出谁拥有什么，并为自己的主张辩护。

教室环境下的先占者偏见

除了物品和人之间这种明确的一一对应关系外，先占者偏见——第一个占有物品的人就是物品的拥有者——代表了儿童在模糊情况下区分及主张所有权的另一种主要机制，这与心理学实验研究的发现相一致。学者们发现这是一种很顽固的偏见，即使当孩子们看到代表其他所有权规则的明显迹象时，这种偏见仍然存在，尽管可以通过演练社会剧本（social scripts）来减弱或消除（Noles and Keil，2011）。在碧玉幼儿园，先占者偏见之所以突出，一个重要原因是，教室里的财产大多是学校所有的，而不是孩子们从家里带来的。下文记录了1A班两名3岁孩子之间的典型纠纷场景，以及我作为一名旁观者如何介入其中，来探察他们的所有权直觉。

有一天，在1A班的自由活动课上，玥玥和天天都在安静地玩玩具，而我则静静地看着他们。突然，天天走了过来，想抢走玥玥的玩具。玥玥尖叫道："不！我不给你！这是我的！"我马上问玥玥："这个玩具是你的吗？"玥玥自信地点点头："是的。是我的。"我进一步追问，假装问了一个无辜的问题："这是你从家里带来的吗？"玥玥回答说："不是。"我继续问："那么，玩具是从哪里来的呢？"玥玥困惑地回答："我不知道……"我被整个事件逗乐了：最开始，玥玥利用先占者原则凭借直觉宣称玩具的所有权。但当我告诉她，谁带玩具来学校，谁就是它的主人时，她的信心很快就受到了挑战。这个例子揭示了通过先占者偏见而定义的临时占有行为是如何有争议、被辩护并最终重新定义的。

在家庭环境中学习所有权：瑶瑶的故事

父母在谈论子女的所有权理解和物品分配行为时，往往会提到这些孩子大多是家里的独生子女。对于独生子女来说，他们世界里的一切都是他们的，而且通常没有人会质疑他们宣称的所有权。瑶瑶（1A班）的故事提供一个生动的例子，叙述

"小皇帝"如何开始认为所有的东西都是他们的,然后通过与非独生子女的互动学习**先占者偏见**这个新规则。瑶瑶学的这个新规则战胜了另一个家庭的所有权规则。

瑶瑶妈妈说,瑶瑶是一个典型的被宠坏了的孩子,也是家里真正的老大。瑶瑶之所以变得如此固执,是因为这对夫妇生女儿的年龄比较晚(按照中国标准,35岁以上被看作是生育年龄偏大),他们就一直给予她尽可能多的爱和宽容。用她母亲的话来说,沐浴在关爱之中的结果之一,就是瑶瑶变得非常自我为中心,比如理所当然认为什么都是她的。"我的,我的!"这可能是她一岁左右能说话以来最常说的话。当时,她对所有权规则并没有**明确**的理解。

不过,她和邻居然然一起玩耍时,情况开始发生变化。然然不是家里唯一的孩子,她有一个姐姐,她妈妈的教育方式比瑶瑶妈妈严厉得多,因为然然的妈妈要同时照顾两个孩子,没有精力像瑶瑶妈妈对待瑶瑶那样对待她们。在瑶瑶妈妈的眼里,然然远没有瑶瑶固执。当瑶瑶去然然家玩的时候,她遇到了她人生中第一个明确的"所有权"规则:谁先拿到玩具,谁就可以玩,这是然然妈妈定下的规则。瑶瑶欣然接受了这个规则,从那时起,先占者偏见就成了她自己的经验法则。

瑶瑶妈妈说:"她以前没有任何规矩,所以她学到的第一条规则在她的脑海中深深扎根了。"于是,她开始习惯在"这是我的!"之前先说"我先拿到的!"这条规则在瑶瑶的生活中日益普遍,以至于她把这规则推广到各种情境中。她妈妈给我举了一个幽默的例子:有一次,瑶瑶的爸爸要去洗手间。瑶瑶突然过去拦住他,大喊:"我要去洗手间!我先想要小便的!这是**我的**!"然后她就打开门先进去了,成功地占据了洗手间。

瑶瑶后来把这种先占者偏见发挥到了极致,也越来越固执。有一次,瑶瑶的父母带她去一家大玩具店,她对一架玩具飞机产生了兴趣。她正要拿玩具时,另一个比她高得多的男孩走过来说:"我一直在玩!"他径直朝她走来,指着玩具说:"我先拿到的!"瑶瑶根本不愿意让步,大声说:"不,我先拿到的。"她认为自己有权利玩这个玩具,因为当她看到它的时候,男孩并没有在玩这个。她的父母为了不干预这个过程躲在了旁边。事情正如她母亲所预料的那样:一场战斗开始了。瑶瑶手里紧紧地抱着这个玩具,脸都涨红了。但男孩比她强壮得多,他终于把玩具抢了回来,用力地拉开瑶瑶的手,把她的手指一个接一个地掰开。但他想了一会儿,沮丧地说:"算了!毕竟你是小妹妹嘛。"瑶瑶并没有觉得感激,大声宣布:"我先拿到的!我就**该**得到它!"就这样,固执的小公主瑶瑶赢了,她得到了她认为应该属于自己的东西。

对瑶瑶来说,这种先占者偏见的显著性,还表现在这规矩很难改变。除了和然然一起玩以外,瑶瑶还经常和另一户邻居一起玩,这一家有个 5 岁的女儿,叫作桐桐,还有一个小男孩。对于谁能玩哪个玩具,这家规则不大一样:这个玩具的所有者可以决定让谁来玩。可能是因为桐桐年龄足够大,能清楚理解哪个玩具是谁的,她很坚定地执行这个规则。她努力解释规则,想要说服瑶瑶,但瑶瑶心里只有一个念头:"不,我先拿到的!"总而言之,瑶瑶从无需理由的"什么都是我的"开始,在 2 岁左右学会了先占者规则,之后就一直贯彻到底,即使她在 3 岁时就知道了其他规则。

尽管瑶瑶的故事只是幼儿通过日常协商理解所有权的一个例子,这个故事足以启发我从更广泛的角度思考,在家庭、教育和文化过程中,新兴的心理认知倾向是如何在错综复杂的社会互动中形成的。一方面,根据发展心理学文献中的实验证据,先占者偏见确实在童年早期就出现了,并且在发展过程中相对稳定。另一方面,孩子们的日常生活中充满微妙的事例与时刻,都在争议、加强或重新定义这一"经验法则"。此外,有趣的是,瑶瑶母亲将瑶瑶在宣告所有权上的固执行为归因于她被宠坏了,因为她是家里宝贵的独生女。这种解释在现在的父母中很常见,因此我们可以看到,把独生子女政策和道德修养关联捆绑在一起的看法从很早开始就渗透到孩子生活的方方面面。

学习资源分配:公平观念的出现

除了明确或隐含的所有权概念外,公平观念也为幼儿的资源分配实践提供了重要的基础。公平是人类合作和道德的关键机制,尤其是涉及如何在不同利益主体之间分配资源时(Rawls,1971)。从小型狩猎采集文化到西方现代社会,公平观念既普遍存在(Boehm,2008;Gurven,2004;Henrich,2004),也呈现出跨文化的差异性(Henrich 等,2010)。

近几十年来，公平观念的个体发生学受到了社会科学各学科的广泛关注。近期研究表明，对所有"物"应该均分给接受者的"平等准则"（Deutsch，1975）的关注，早在幼儿12个月时就出现了（Schmidt and Sommerville，2011；Geraci and Surian，2011），这种"平等原则"指导了儿童在婴儿期、学龄前及之后的行为、偏好乃至道德判断（Burns and Sommerville，2014；DesChamps，Eason and Sommerville，2015；LoBue 等，2009）。虽然这些研究主要针对西方国家的儿童，但最近的实验心理学证据表明，在实验室环境中，2–3 岁的中国城市儿童也展现出对资源进行平均分配的认知期待（Liu 等，2015）。

与此同时，研究人员发现，公平的另一个关键原则，"绩效原则"（Deutsch，1975）——奖励根据一个人应得多少来分配——也起源于童年早期，尽管比平等原则在儿童认知中出现稍晚。学龄前儿童作为第三方角色分配资源时（Baumard，Mascaro and Chevallier，2012）和在自己与其他伙伴之间分享奖励时（Kanngiesser and Warneken，2012）都考虑了绩效准则。

理解平等与绩效：实验证据

一个悬而未决的问题是，中国学龄前儿童对绩效准则的理解是如何发展的，以及他们如何在既适用绩效准则又适用平等准则的情况下进行判断。作为跨文化协作项目的一部分，我在碧玉幼儿园与 4–5 岁儿童进行了现场实验（Chevallier 等，2015）。[6] 我给每个孩子读了一个故事（附有图片），内容是两个女孩一起烤饼干,其中一个感到无聊,于是在烤到一半时就离开去玩别的了,而另一个女孩坚持到了最后,做了三块饼干。然后,我给孩子看了三块饼干(图画),并让孩子按照自己的意愿把这些饼干分给这两个角色。在他们开始分发之前,我通过询问回忆性的问题来确保他们理解了这个故事。第一阶段是自由分发,如果孩子没有把三块饼干都分发出去,那么我们将进入下一个阶段,强制分发,要求孩子分发剩余的所有饼干。在分发完三块饼干后,我问孩子,为什么他要做出这种分配决策。

在第一阶段,18个孩子选择了平均分配,19个孩子倾向于给贡献大的那位多分一块饼干(坚持到最后的女孩),5个孩子没有做出决定。在第二阶段,大多数孩子(42个孩子中有35个)采用了绩效准则,两块饼干给贡献大的那位,二项分布检验 $p < 0.001$。在分配理由上,29个孩子提到了故事中的两个角色对做饼干的贡献程度不同,11个孩子没有回答,另外2个孩子提到了其他原因。这些结果表明,碧玉幼儿园的4-5岁儿童有能力将绩效准则应用到资源分配中,但也有部分儿童需要克服平等准则分配的倾向。[7] 对更小的孩子(3岁),我也讲了同一个故事,大多数孩子很难将不同角色的不同贡献水平和他们自己分配饼干的决定联系到一起,这表明,这个年龄段的孩子还没有学会将绩效准则应用到具体实验场景中的资源分配上。

实验和现实的交界处:小北的故事

尽管对照实验揭示了碧玉学龄前儿童如何理解和权衡平等

与绩效这两个指导公平判断的重要原则，但民族志材料帮助我对这些结果形成了更情境化的理解。特别是接下来要讲的小北的故事，就在实验与现实的交界处，指出了儿童公平判断的细微差别和复杂性。

一天，我准备和2A班四岁的小北做一个新的实验。他熟悉"和许老师玩游戏"（"参与现场实验"的幼儿园说法），在此前的游戏中，我给他糖果作为奖励和一种代币，让他分给故事中两个不同的角色。[8]然而，根据我的实验设计，这个新游戏没有任何奖励（糖果）。它只是简单地给孩子读一个故事，然后问他几个与这个故事有关的问题。我们玩完游戏后，小北看起来很困惑地问我："糖果在哪里？"

我天真地回答："没有糖果啊。"他接着说："上次我们玩游戏的时候，你为什么给我椰子糖？"我只好向他解释："对不起，这是另一种游戏，这次没有糖果。"小北不相信我的话，于是他找来其他几个孩子，在我的包里找来找去——包里装着我所有的实验材料，我经常把糖从包里拿出来。但是他没有找到糖果，非常失望。

我对此感到很抱歉，中午，我到附近的杂货店买了一些巧克力糖。我回来的时候，孩子们刚刚从午睡中醒来，小北很高兴看到那包巧克力糖。他问我："许老师，你想把糖果给谁？"我说："每人一块。"他又问："这是给我们班的，还是给每个班的？"我说："只给你们班。但是你更喜欢怎么分？是只给你们班还是给幼儿园每个班？"他说："当然是给每个班级。因为要是只给一个班,那不太公平。"我惊讶于他的反应,只好向他解释:"我只是准备给你们班,因为这次我只和你们班玩了这个新游戏,其他班没有玩。"

从这个故事可以看出,幼儿对资源分配的公平性有多么敏感。虽然小北理解绩效准则,选择给参与烤饼干工作更多的角色分更多饼干,但在实验后,他的反应(认为学校每个人都应该得到一块糖)表现出对平等准则的强烈支持。我们能从中学到什么?首先,我从未认为只给一个班级分糖果是不公平的,因为我把糖果当作是参与实验的奖励。但是对小北来说,参与实验与获得奖励之间的联系并不明显。但是,小北的反应还有另一层意义,这说明像他这样的儿童对绩效的复杂理解。我不会简单地归结于小北不清楚什么叫作绩效,我更愿意这样解释:小北认为,包括他自己在内的**每个人**,**理应**得到糖果,不需要任何外在的理由。这意味着,在此情境中,小北也明白绩效原则,只是他认为所有小朋友都做得好,都应该得到奖励。包括我在内的父母们时常抱怨独生子女认为自己理应拥有一切,这印象并非没有根据!此外,我认为,儿童对资源分配的判断取决于不同因素,例如,资源本身是否稀缺,分配是否会给分配者带来成本。像这个案例展现的一样,因为小北发现我在以往实验中**总是**有足够的糖果分给他们,他自然就会认为我这次也有充足的糖果。有些时候,孩子们很擅长把物品策略性地分配给特定个体,而非完全均分,比如说在分配他们自己的东西时(比如食品和玩具)。这个情况我会在下一章详细展开。这个案例表明，当孩子们在不同的财产分配场景中评估公平程度时，平等（每个人都应得到相同奖励）与绩效（不同人得到不同奖励）之间的张力以不同形式展现出来。我的田野调查中时有这样的情况，对照实验融入到了参与式观察当中，这显示出混合方法研究的奇妙化学反应。

解决纠纷：协商与执行分配规则

纠纷解决的动态：领域、过程和干涉

由于解决纠纷是儿童日常社会经验的重要组成部分，有必要考察在他们协商分配纠纷时如何培养使用、执行所有权以及公平原则的能力，以便在社会交往中建立秩序。纠纷冲突在孩子们学校生活的各个领域发生，从分配玩具、书籍、其他教室财物，到没有实际物质形态的对孩子们"身份"位置的安排。尽管其中一些身份位置标志并没有物质形态能让儿童轻松认定所有权，孩子们也会为之争执，例如，谁应该来做"小火车"的"火车头"——班级队列的首位。这样的身份有重要社会意义，成了班级情境中社会地位与认可的象征。

尽管这些孩子们所争论的许多物品和身份并不真的归他们自己所有，但他们仍然倾向于采用各种理由对之宣示主权。例如，有时他们宣称自己是什么东西的第一个占有者，有时候又说按照绩效标准他们应该得到这个，特别是在对于无形的象征

性的事物。纵观这些不同情况，所有权与公平原则混合到一起，相互交织。孩子们有时确实把自己的玩具、书籍和零食带到了班上，这也会产生纠纷。对于这类纠纷，所有权更容易界定，但在界定过程中可能会产生不同意见，所有者的决定被其他人质疑和拒绝，可能会把公平原则引入进来用以解决纠纷。以下是几起纠纷案例，展现了所有权、公平原则与诉求是如何通过策略性协商而交织在一起。

案例1："小老师"纠纷

今天下雨，户外"早操"取消了。3A班的孩子们留在教室里练习体操动作。

萍萍老师指定两个女生，嘉怡和凯琳，来做"小老师"，站在全班前面领操。嘉怡和凯琳是班上跳得最好的，在3A班的早操中一向表现出色。另一个叫作天阳的女生觉得很沮丧，也想做"小老师"。萍萍老师不同意，重申一共只能有两个"小老师"。但是天阳很固执，坚持要站在前面。一个男生想把她拽回来，但她还是坚决反对。

嘉怡提出了一个好主意："天阳，咱们来石头剪子布吧？赢的人就来做'小老师'！"天阳和凯琳都同意了，只是天阳输了。其他孩子大笑说："天阳输了！"但是天阳不买账，她还是站在前面，完全不想服从。几个孩子把她拽了回来，情况变得很糟，天阳开始大哭。

萍萍老师过来干涉时，情况已经很混乱了。她命令所有孩子坐回椅子上，暂停了练习："咱们今天不练了。咱们只能把排练拖到明天,到时候嘉怡和凯琳还是'小老师'。"她批评天阳没有遵守规则。所有的孩子都谴责她:"天阳说话不算话!她不负责任!"然后他们开始说闲话,说天阳在其他情况下是怎么不负责任的。

凯琳和嘉怡小声说话,嘉怡说:"这个主意好!"另一个女生君怡走了过来,问道:"你们俩说什么呢?"凯琳微笑说:"秘密!"君怡凑近了:"什么秘密?"凯琳又小声和她说。然后我走过去问她:"你刚才说什么了呀?什么秘密?我听见你们在说天阳。'好主意'是什么?"嘉怡笑着说:"凯琳说我们明天应该让天阳来领操,然后我们就坐在椅子上,看着她,学她。"凯琳故意笨拙地挥动手臂,模仿天阳的动作,女生们哄堂大笑。

这些5岁的孩子们认为"小老师"的职位非常重要,就像是"火车头"的位置对更小的3岁孩子们很重要一样,在这次事件中,绩效准则被应用到对两个"小老师"的挑选上,这也被学生们认可了。但是,天阳却没有遵从老师的规则,自己也想当"小老师"。其他孩子则用不同方法介入,既有"蛮力",也有"石头剪子布"的标准程序,但是天阳仍然不配合。随后,老师不得不进行干涉,通过暂停今日活动来惩罚违规者。孩子们甚至嘲笑了天阳,想出了让她出丑的主意。

案例2:关于同学自带玩具的纠纷

当我走进3A班时,小玲老师正在带领全班背诵一首古诗,而明宇在抽泣。我问小玲发生了什么事,她让孩子们给我解释。

牛牛大叫:"他想玩我的玩具。"

小玲老师:"明宇,请告诉许老师你做了什么。"明宇没说话。

坐在牛牛旁边的另一个女孩易阳说:"今天早上,明宇玩了牛牛的玩具,他还想再玩一次。牛牛不答应,明宇就哭了。"

小玲老师:"易阳,请让明宇自己解释。"明宇抽泣着嘟囔起来。

易阳:"他说:'我只玩了几分钟,牛牛就把它拿回去了。'"

小玲老师:"明宇,你记得那个玩具是牛牛的,对吧?今天上午牛牛已经和你交换玩具了。牛牛,你明天能再把玩具带来和明宇交换吗?明宇,你必须要自己问牛牛。请去另一个房间,你们俩自己讨论。等你从屋里出来,别让我看见你再哭了。"

两个男生就去了另一个房间,我跟着他们,在门外观察两人之间发生了什么。沉默良久,明宇还是很难过,牛牛看起来却不太在意。然后牛牛把手伸到明宇的口袋里,拿出来一个金色的玩具球,然后把自己的黑色玩具球放进了那个口袋里。明宇拒绝了这个交换。

牛牛:"我明天再带过来,让你玩一整天。怎么样?"

明宇还是没说话。

牛牛商量道:"让你玩两天行不行?"

明宇同意了。

然后这两个男孩走出房间,回到了自己的座位上。

这是一个典型的幼儿玩具纠纷,在这个案例中,玩具实际上是他们自己带来的,而不是学校里的。小玲老师选择不去干涉,而是让孩子们自己协商。她后来向我解释,这是因为她认为孩子们应该学会自己协商财产纠纷，以便习得适当的游戏规则。明宇起初很不高兴，因为他认为自己只玩了一会儿牛牛的玩具，这不公平。但是小玲老师提醒他这个玩具是牛牛的，只要他愿意，随时都可以结束交换。小玲老师提议牛牛可以再把玩具带回来和明宇交换。但对明宇来说，无论是当时的交换，还是第二天的交换，都不能令他满意。最后，这两个男孩接受了两天的交换条件。小玲老师认为这种自行协商顺乎孩子的天性，有利于孩子习得所有权和公平原则，也在总体上有利于孩子的社会性发展。

案例3：关于学校所有财产的纠纷

1A班的孩子们正在地板上玩玩具，突然，子玉哭了起来。方琳老师走过去，问子玉发生了什么事，子玉说另一个女孩，果果，拿走了她的玩具。方琳老师批评了果果，然后果果也哭了起来。方琳把这两个女孩抱在膝上，又问他们，到底发生了什么事。子玉坚持说，是她先拿到玩具的。

方琳转向果果："你能告诉我怎么了吗？"果果哭个不停。

方琳："你们在地板上玩的时候，子玉是不是和你同时拿到玩具的？"

果果点头，然后接着哭。

方琳问子玉："子玉，果果是真的拿了你的玩具吗？"子玉点点头。

方琳总结道："我太了解你了！你是那种会让别人拿走你玩具的人吗？"

方琳安慰了她俩,然后和我解释:"我非常了解这两个女孩。如果果果真的犯错了,她就会特别倔,完全不会理我的批评。但是今天她哭得很厉害;她一定是觉得不公平,因此很难过。但是,子玉哭是为了掩盖她犯错误的事实。"

这种纠纷在孩子们自由玩耍的时候经常发生,特别是在那些还没有掌握一套完整的分配规则的小孩子中间。这些幼儿经常采用默认的先占者规则,同时声称自己最先拿到玩具。在这个案例中,因为老师没有看到谁先拿到玩具,她不得不问孩子们自己,评估他们的言语和非言语反应,以便做出谨慎的判断。因为方琳对两个孩子都很熟悉,所以她认为果果是率先拿到玩具的人,遭遇了不公平的待遇。

育儿者困境:"纯真"的孩子好不好?

在以往的案例中,教师都或多或少地参与到其中。他们鼓励孩子们自己解决问题,强调孩子之间的沟通。他们给孩子们指示,提醒他们遵守所有权规则。他们对因不遵守规则而造成问题的孩子施行惩罚。话虽如此,但是好几个班级的老师告诉我,除非十分必要,否则他们不会把分配规则强加给孩子。例如,如果一场口头争执升级为暴力的肢体冲突,或者老师认为孩子们太小,无法自己想出解决办法,他们才会这样做。这种默认的不干涉背后隐藏的基本原理,实际上是教师们相信孩子有能力学会协商分配与交换,孩子们自己想出来的方式应该会更为自然真实,这种天然和纯真应该被成年人珍视并呵护。按照这一逻辑,教师们认为,为了促进这种发展,教师们只需为儿童内部协商提供最基本的结构、为确保孩子们正面协商提供总体性的指导,而无需其他具体干预。这种基本原理及其含义让我想起新儒家思想中的"明明德"信条,详见同理心那一章。

主张培养孩子们自然且纯真的协商资源分配交换的能力,只是一幅理想图景,在实践中,教师们时常遭遇困境。正如当代对孔融让梨的讽刺解读,在财物分配中教授慷慨的美德,最终可能以给幼小心灵播撒虚伪的种子而告终。这是因为人们认为,孩子的天性是随心所欲、想要得到自己喜欢的东西,而谦让的态度和决定却会扭曲孩子的天性,把这种天性变成一种为了策略性目的而讨好大人的故作成熟的虚伪倾向。

培养慷慨还是滋生虚伪?

案例 4:关于游戏区域分配的纠纷

3B 班的自由活动时间。唐老师宣布:"我来告诉你们一个秘密。谁先喝完自己的水,谁就可以先选择自己的游戏区域。"孩子们兴奋极了,都冲进食堂喝水。鑫宝第一个喝了他杯子里的水,唐老师给了他几张游戏区域票券,两张积木游戏区门票和一张手工游戏区门票,让他挑选。积木游戏区是孩子们最喜欢的,手工游戏区则是他们最不喜欢的。鑫宝正要把一张积木门票递给他最好的朋友思诚时,思雅走了过来。鑫宝很快就把门票给了思诚。但是正当他想把另一张积木门票留给自己时，思雅生气了，和他扭打起来。几乎演变成了肢体冲突。唐老师走过来制止了他们，让他们一起想个办法分配门票。

思雅主动进行协商："鑫宝，你能把这张积木门票分给我吗？"鑫宝回答："让我先玩一会儿。"思雅说："让我先想一想。"然后唐老师问思雅："你愿意去手工区域玩吗？"思雅回答："不愿意，我不想去那儿。"另一个孩子过来拿走了手工区域门票，然后走了。唐老师转而问鑫宝："你愿意让步一下，把积木门票让给思雅吗？"鑫宝二话不说就同意了。思雅像个胜利者一样高兴地去了积木区。唐老师表扬了鑫宝："你真是个好孩子！你把自己想要的让给了别人，老师要奖励你的谦让。这次我会在积木区加一个位置，[9]现在你也能去那里玩了！"鑫宝高兴极了，然后就去和朋友一起玩了。

根据游戏区域已有规则，如果所有孩子都能被安排到已有位置上，那在个别游戏区域增加位置是不公平的。但是，唐老师用这个新增位置奖励鑫宝的体贴与慷慨。最初，鑫宝不愿意妥协，因为按照唐老师一开始的说明，他是第一个喝完水的人，就应该有资格挑选他想要的所有位置。他也没有期待过唐老师会用额外的积木门票奖励自己。显然，鑫宝在此案例中的行为完全不像孔融。孔融有意识地拒绝了大梨，而且给出了这一行动的合法性理由。但是，唐老师仍然用了同一个词语"谦让"来描述鑫宝行为中值得称赞的品德。虽然在孔融和鑫宝的故事里，谦让都是用来表现一个人在物品分配中优先他人所需的慷慨行为，但是，这个词的用法在历史和当代语境下有细微差别。孔融让梨的传统故事是为了在等级森严的家庭系统中培养谦恭敬让的美德，但在当今的育儿情况中，家长与教师提到谦让，强调的是慷慨与利他主义——是"小皇帝"应该学习考虑他人所需，而不是只关注自己，也不是维护等级制家庭秩序。

但是之后，3B班的小玲老师担心奖励谦让会带来潜在副作用：有时孩子会从过去经验中吸取教训，下次再遇到类似情况，他们为了讨好老师、得到可能的奖励，会率先提出让步。这种对于从谦让转为虚伪的担忧与本章开头提出的批评相一致。

幼儿园的"孔融让梨"测试

孩子们真的像是育儿者和大众普遍设想的那样，从纯真变成了虚伪吗？抱着对这个问题的好奇，我与碧玉幼儿园不同年龄组的10个孩子闲聊，对他们进行简化版的"孔融让梨"测试。我给他们讲了一个类似孔融让梨的小故事。在读这个故事之前，我先询问了他们是否听过孔融让梨。大部分孩子都说从来没听过，说自己听过的几个孩子也描述不出故事情节。然后我开始讲这个故事："有一天，妈妈让这个小男孩给他和哥哥、弟弟分配三个梨（大梨，中等的梨，小梨）。这三个小孩都爱吃梨。如果你是这个小男孩，你会怎么分这三个梨？你要把大梨给谁？中等的给谁？最小的呢？为什么这么分？"在他们分完给出判断之后，我又补充了一个问题："你想要最大的梨吗？"

有趣的是，十分之九的孩子没有给出经典的孔融式答案：

把最小的梨留给自己。唯一一个给出孔融式答案的人是最年长的孩子，一晨（六岁半）。即使在分完之后，我问他想不想要最大的梨，他仍然说不要。他的老师梅芳说，一晨很有心机，特别擅长讨好权威。比如说，他常常打小报告，为了得到老师的关注，也可能是想要表扬，而去告诉老师别的同学有哪些不良行为。同样，有时候他和同学吵架，本来很生气，但会在看到老师进门的瞬间"变脸"，装作在对同学笑，然后转过来冲着老师笑。因此，梅芳老师担心，如果他保持不了孩子的"纯真"，会不会变得过于精明。一晨是唯一一个给出孔融式答案的学生，老师对他的担忧与社交媒体上广泛传播的愤世嫉俗的评论产生了共鸣：明着也好、暗里也罢，孩子们被教成了伪君子，他们装出无私利他的样子，为的是得到权威的表扬和奖励。

相比之下，4–6岁的孩子更喜欢把中等的梨给自己，最大的给哥哥，最小的给弟弟。当再次被问及是否想吃最大的梨时，他们的回答与之前的选择一致。有趣的是，3岁孩子在为自己选择最大的还是中等的梨时犹豫不决。有的孩子立即表示，他们要把最大的梨留给自己，另一些孩子则说，他们会按照年龄顺序吃中等大小的梨。这表明，3岁的孩子开始对"社会期许"（social desirability）表现出敏感性，他们感觉为自己选择最大的梨可能是"错误"的。但最有趣的是，当我随后问这些3岁的孩子他们是否想吃大梨时，他们都说想吃。

我这个"孔融让梨"小测验揭示出以下趋势：第一，大部分3–6岁的儿童能够理解根据年龄进行分配。第二，孔融式选择，即最小的梨留给自己，对今天的幼儿园小孩来说很陌生

（除了六岁半的一晨，他可能是想讨好我这个权威）。第三，年长的孩子比年幼的孩子更能掩饰对大梨的渴望。换言之，和很多成年人的想象一致，年幼的孩子确实更加"纯真"，在面对大梨的诱惑时，他们对用理想化的正确答案讨好权威还不太熟练。更有可能的是，年长的孩子对于做出谦逊选择、获得大人表扬的模式更有经验；他们在更大程度上理解了谦让的观念。

更深一步分析，育儿者所面临的困境，不仅是谦让的美德与虚伪的恶习之间的矛盾，更是根植于对孩子们的"真""善"之间的矛盾想象。**只有**在一种情况下谦让才是真正的美德，那就是出于真诚的目的，单纯为了别人好；一旦动机不"纯真"，谦让就变成了虚伪。一方面，如中国自古以来的育儿观念所强调的那样，孩子纯真的天性，是人类美德的基础。保护儿童的"纯真"本身就是道德意义上的善举。另一方面，考虑到资源分配这一具体领域，一个"纯真"的小孩，可能意味着这个孩子想要占有他想要的一切，这却是自私的表现了。这时候，孩子的"纯真"成了灰色地带。在如今的育儿话语当中，儿童"天性"这一看似简单的概念，往往作为积极的解放性力量被建构起来，实际上却是日常社会化经验中有争议的道德空间。

财产、道德和"纯真"儿童

所有权和公平的认知是支撑儿童对财产交换（Rochat 等，2009：418）和资源分配（Olson and Spelke, 2008）推理的两个重要基石。本章考察了碧玉幼儿园的孩子如何通过与财产占有及分配相关的日常实践来加深对所有权和公平的理解，这是他们道德体验的重要领域。"小皇帝"们过于关注自己，很难意识到并非所有的东西都属于他们，这引起了人们在教育方面的高度担忧，而我的研究却发现孩子们对所有权的理解其实日益复杂，并非只是"小皇帝"那样的单一面向。许多学生一开始就认为并宣称"什么都是我的"，其他地方的孩子可能也是如此。但随着他们频繁地与同学进行物品分配和交换活动，他们确实发展出了更现实的理解。告别"什么都是我的"，孩子们很快就形成了先占者偏见，并将其应用于他们日常物品和纠纷解决中。关于公平观念，我的研究集中在平等准则与绩效准则，这两个原则的关联和张力在实验场景和自然场景中均有体现。在物品占有与分配的实际经验中，儿童对所有权的关注与对公平的理解交织在一起；因此，为了理解儿童的认知发展、能动性、创造性，除了标准化的实验研究，我们有必要重视和考察儿童日常生活经验。

我对儿童物品占有与资源分配的日常经验进行了详尽考察，随后以所有权和公平理解这一框架对其进行分析，在此基础上，我试图将分析的关注点扩展到更为广泛的公共话语中，即早期道德教育对理解分配公平问题的影响。本章以公共讨论开篇，讨论的主要内容是当代民众对孔融让梨故事中表现的传统美德的讽刺性解读。改革开放以来，民众对过去与现在、理想与现实之间的对照愈加显得愤世嫉俗（Steinmüller，2011，2013）。在育儿与教育领域，这种特点还植根于人们所广泛认知的"想

第三章 协商"财产"分配：所有权和公平原则的争议空间

象中的西方"与"想象中的中国"之间的对比上。在这种背景下，原本是儒家美德"谦让"的道德榜样的孔融，成了"虚伪"的替罪羊。更进一步，这些对谦让和虚伪的广义理解与幼儿园学生们对这一经典故事的反应相呼应：总的来说，只有年龄大一点（6岁）的孩子才领会到"孔融让梨"式放弃更大奖赏的行为和谦让美德之间的联系，他们之所以领会到这一观念，是因为他们知道这是教育权威所推崇的。

所有这些问题都与育儿者和大众对"纯真"儿童这一文化理想的痴迷有关，在被视为缺乏公平正义的语境下，这种理想本身充满悖论。举例来说，在占有与分配上，把谦让指为虚伪——某种意义上，一个人看似采取了利他主义行动，实则是为了讨好权威，以期获得更好的奖励——这种看法反映出对一个正义的、由公平原则主宰的世界的向往，尽管什么是"公平"还未达成共识。但是，"纯真"的孩子不一定是天生的好孩子，这意味着成人对儿童道德发展的想象中存在着根深蒂固的内在矛盾。具体而言，与此处对"纯真"儿童的痴迷及其解放性的潜能相反，下一章将会揭示所谓"纯真"的黑暗面，即育儿者对自私的独生子女的忧虑。下一章将讨论教育意识形态与儿童自身实践之间的张力，一个是老师家长日复一日教导的"平等分享"理念，一个是儿童世界充满选择性和策略性的分享行为。总之，不论是对儿童正面特质的颂扬，还是对儿童负面特质的忧虑，都没能揭示儿童自身在探索社会世界、评价社交行为和建立自己社交网络等过程中令人惊异的创造力。

第四章

分享话语和实践：自私的孩子、慷慨与互惠

THE
GOOD
CHILD

"魔童"的故事[*]

2011年12月31日,一个叫成成的小男孩在班级时间和同学老师一起庆祝他的3岁生日。经过反复观察,我逐渐熟悉了这种场合的流程。学校是想要通过这种分享的实践来培养孩子们的利他主义道德品质。需要强调的是,每个孩子都应该与全班同学平等分享。这次生日会基本上遵循了标准流程。早上,成成的父母把一个大生日蛋糕带到班上。下午,班级老师们组织了一个聚会。首先,老师让所有孩子安静地坐好,告诉他们今天是成成的生日,然后带领大家用中英文齐唱了《生日快乐歌》。随后,老师们把蛋糕切成几块,给成成一大块,把剩下的平均分给其他小朋友。两位老师和两位助手也都得到了一块。作为这个班的"好朋友",我也有幸得到了一块蛋糕。一切如常。突然,成成看到了窗外的袁女士(园长),袁女士没注意教室里在做什么,就走了过去。令人惊讶的是,成成马上和他的老师说:"嗨,方琳老师,你没看见袁女士吗?为什么不给她也分一块蛋糕?你知道吧,你应该和上司套近乎啊。"

---

[*] 本章改编自已发表的期刊论文(Becoming a Moral Child amidst China's Moral Crisis: Preschool Discourse and Practices of Sharing in Shanghai)(Xu,2014)。

老师瞠目结舌,给他起了一个外号:"魔童"[1](evil kiddo)。

亲眼目睹整个过程,我也讶异于成成的表现。然而,最让我印象深刻的不是成成表现出的所谓"魔性",而是老师和家长的培养目标与孩子们自己实践中表现出的复杂动机之对比。这种规范与现实之间的对比[2],以及时而滑稽的不协调,启发我写下这一章。老师和家长们致力于教导分享中的平等准则,又忙于通过(在其他活动中)富有仪式感的生日会传递这一准则,通常意料不到一个3岁的孩子会如此有心机。社交技巧和玩世不恭(cynicism)被看作是成年人才有的态度。但是,平等主义规范与策略性动机之间的张力,特别是在社会交换与分享这一领域,不单单表现在这种偶尔的**失礼行为**。这反映出对社会生活中道德教化的深切担忧。

关于幼儿分享行为的人类学研究可以与发展心理学进行内容丰富的对话,且有利于对人类道德与合作的研究(Tomasello,2009)。近年来,社会科学学科的学者们对儿童的分享行为都非常关注,不仅是因为分享在幼儿社会生活中十分普遍,也是因为分享的早期形式和动机能够揭示人类合作的基础(Olson and Spelke, 2008)、公平观念的禀赋(Fehr, Bernhard and Rockenbach, 2008; Hamann 等, 2011)和人类道德的根源(Baumard, André and Sperber, 2013)。

具体来说,心理学文献揭示了人类合作的早期倾向,一方面是追求平等的动机,另一方面是要维持有利的交换。近期实验研究证明,这种心理倾向远比经典理论(Piaget, 1997; Kohlberg, 1984)中所预期的出现得更早。研究表明,15个月的婴儿持有物品应该平均分配的期待,在实验场景中,这种对平等的敏感性和他们对陌生人的利他主义分享行为有关（Schmidt and Sommerville, 2011）。学龄前儿童对不平等分配表现出负面情绪（LoBue 等, 2009）。然而,其他研究显示,儿童在选择谁是分享对象时有微妙的判断。他们会考虑各种因素,例如直接和间接互惠（Olson and Spelke, 2008）、友谊（Moore, 2009）、社会关系（Over and Carpenter, 2009）、环境是否有竞争性（Shaw, DeScioli and Olson, 2012）。婴幼儿的这些直觉表明,他们很早就倾向于为有价值的社会伙伴保留资源,而不是在群体中无差别地扩展资源。

尽管发展心理学方向对研究婴幼儿新生的合作倾向的兴趣逐步增加,但是目前鲜有研究探索不同的亲社会动机如何在儿童的日常经历当中发展起来、以及考察当地文化价值观的传播如何通过学校、家庭、社会的教育过程调节这种发展动态。近期实验研究揭示了婴幼儿期出现的早期分享倾向,大量的民族志研究则显示出人类合作的丰富性,以及丰富的合作形态如何嵌入在不同文化和历史情境中（Benson, 2011）。从人类合作的初始感知形式到后来的具体文化实践,这一心理—文化过程又是怎样的呢？为了充分理解包括人类合作在内的心理—文化发展过程,我们更加需要民族志研究（Weisner, 1997）。在这一章中,我将民族志方法和现场实验结合起来,以期更全面地理解儿童的分享世界,最终在儿童分享行为研究中架起沟通人类学和心理学的桥梁。

培养平等主义分享

中国教育工作者和家长普遍鼓励分享。鉴于人们普遍担心独生子女会变得自私,分享行为被视为促进儿童社会交往能力和慷慨品质的第一步。老师和家长们格外强调分享的美德,尤其是平等分享,以促进利他主义和自我牺牲精神——这种集体主义伦理在教育独生子女的今天获得了新动力。这个幼儿园中的标准教导是让孩子平等地、无差别地与全体同学进行分享。

分享与对自私的"小皇帝"的担忧

教师们强调,分享是幼儿发展的重要目标。林林老师负责 2B 班(该班年龄范围为 3.5–4 岁)和我(许晶)的对话阐明这个常见信念。

许晶:作为教师,你认为孩子们最重要的品质是什么?
林林:我们一直在教育他们彼此之间如何分享,因为班上经常发生玩具纠纷。
许晶:为什么这么关注分享?
林林:因为现在每个家庭都只有一个孩子,孩子都挺自私的。培养分享真的有效果。举例说,男孩黄梓第一次来我们班的时候,他完全是自我中心的。他会去抓他想要的任何玩具,特别顽固。"我就要这个!我谁都不给!"为了得到他自己想要的,他就会尖声大叫。现在因为我们经常在课上教导孩子们分享事物而非彼此吵架,他也变了。他经常把小东西带到班上,分给班级同学,很少为玩具打架了。现在他基本不怎么说"我要玩这个玩具!"或者"是我先拿到的"了,再也不说了。

老师和家长协调合作,向幼儿教导平等的原则。在每个新学期的开始,老师都会与家长见面,讨论具体教育目标。这些见面会中,分享常常被看作是包括识字、运动、艺术等不同领域中社交技能领域共识性的教育目标。例如,1B班(2–2.5岁)班主任解释说:"我们的目标是教育孩子,让他们能够自愿和其他人分享,比如说分享零食和玩具。"3.5–4岁班级的班主任则有更高的目标:"你们(家长)鼓励孩子去商店买东西,让他们自己选择他们想分享什么。"

分享是《家园联系册》中的常见主题,特别是对年龄更小的孩子来说。这本手册每周收集老师的报告和家长对孩子活动、进步、问题的反馈,在促进家长—教师合作中发挥了重要作用。家长很担忧孩子们会不会过于自私,时常建议老师让孩子们多参加分享活动。例如,一位母亲写道:"我女儿非常固执,自我中心,所以我想请你帮帮她,让她充分感觉到分享的快乐,指导她学习怎么关怀她的朋友和同学。"这位母亲想尽一切办法给女儿灌输分享的意愿。当她女儿还不到3岁时,她曾经带女儿去一个慈善晚会,希望女儿能在那里接受利他主义教育。她的老师赞同母亲的做法:"这个小女孩不愿意分享,但是她妈妈坚持要让她带东西到班上分享。因为如果一个小孩小时候就不大方，这个小孩长大也不会变得更大方。为了保证她长大之后不会变成一个小气的人，她妈妈很早就开始强调分享。"

另一个例子是娜娜，她是一个固执的3岁女孩，很少和别人分享东西。她的母亲把自己的担忧写进了娜娜的《家园联系册》中："娜娜从不允许别人使用她的东西。前几天我发烧了，用了她的体温计。她就很不高兴；她尖叫着，一定要把她的体温计拿回来。我想知道在学校她是不是也这样。和其他小孩相比，她足够大方吗？"老师回复："在学校也这样。娜娜很固执，她不让别人动她东西。我认为，你应该准备一些小东西让她在班里分给其他同学。会慢慢变好的。"这位母亲采纳了建议，几天后，她在娜娜的背包里放了巧克力，让她带到班上分给同学。

有些家长针对如何创造分享的机会提供了建议："我告诉我女儿：'你可以把你的玩具和书分给同学，放学的时候再带回家。'同样，我也和老师说：'要是可以的话，你可以在教室里设置分享角，让孩子们带来自己的玩具和书，把自己的名字写在上面，都放在分享角，这样他们就可以彼此分享。'"

无差别的慷慨：平等主义规范

我的育儿问卷数据显示，儿童家长强烈支持的不是针对特定个体的分享，而是对其他孩子的普遍性分享。在问卷中，儿童的社会道德发展部分由10个问题组成，探索照料者对儿童道德的总体评价与态度；家长、学校、他人的角色；代际育儿价值观异同；孩子们可取的和不可取的品质。一道题是关于分享的："你认为孩子应该和别人分享玩具和零食吗？"分为四个选项：

A. 是；
B. 取决于分享对象是谁；
C. 取决于具体情况；
D. 否。

在我发送问卷的92个家庭中，有88个家庭作答。79家选择A（是）[90%]，3家选择B（取决于分享对象是谁）[3%]，6家选择C（取决于具体情况）[7%]。

这个规范并不仅仅是分享，而且是和群体中的每个人平等地分享。孩子们被鼓励带足够的糖果分给所有同学。如果他们忘了带，老师就会提醒他们第二天多带一点。例如，有一天，小北带了10块糖果，但是班上有13个孩子；第二天，他多带了3块，保证每人都能分到1块。有的孩子不需要提醒。比如巧巧，她是个聪明敏锐的女孩，总是保证能带来足够的东西分给其他同学，不多也不少。

除了每天早上带来零食和其他东西分享给所有同学的惯例，老师们还策划了各种推动"平等分享"的特别活动，比如"分享日"和生日会，接下来具体介绍。

案例1：分享日（1C班，年龄2.5–3岁）

早上，孩子们带着各种各样的零食来上课，每个人都带着一大袋巧克力、饼干或糖果。这个班有6个孩子、2个老师和1个阿姨（教师助理）。

小施是这个班的班主任，她正在教孩子们如何一步一步地分享。第一步：老师叫过来一个孩子，被叫到的孩子走到她面前。她让孩子打开自己的包，把零食拿出来。第二步：老师叫过来另一个孩子，这个孩子也走到她面前。她告诉第一个孩子从包里拿出一份零食给第二个孩子。第三步：老师告诉第二个孩子说"谢谢"。第四步："给予者"回答"不客气"，"接受者"拿着零食回到座位上。然后老师再叫来下一个孩子，重复第一步到第四步。反复如此，一直到每个孩子都把零食分给了别的孩子。

需要注意的是，1C是年纪最小的班级，也是2012年春季入学的学生组成的新班级。分享日对他们来说是崭新的活动。分享日设立的明确目标就是要让孩子们熟悉分享的程序。另一个班级形成了鲜明对比，同一年级的1A班（3–3.5岁）。这个班级也举办了分享日，但是上午没有一个孩子带来零食，因为班主任忘了通知家长提前准备。

随着孩子们越来越熟悉分享的基本程序，老师们会继续深入，就是让孩子们在没有老师帮助的情况下与所有孩子平等地分享。老师们发现，这对不同年龄段的孩子来说是一种有益实践。最年长班级（4A班，学生6–6.5岁）的班主任对我说："我让他们挨个分配物品，全靠他们自己。这样他们会有一种成就感，很满足。这和我代表他们分发东西完全不同。"

案例2：鑫宝的生日会（3B班，学生4.5–5岁）

今天是鑫宝的生日。他带了一个生日蛋糕给同学们吃。通常情况下，家长会带来一个完整的大生日蛋糕，但这次他带的是一套相同的小蛋糕。几个孩子不禁问："这次为什么蛋糕这么小？"坐在鑫宝对面的女孩茜茜轻蔑地补充了一句："我的生日蛋糕总是很大！"鑫宝无奈地回答："我怎么知道？是我妈妈买的，又不是我买的！"茜茜没有放弃，相反，她更挑衅地说："我过生日的时候，我妈妈都让我自己挑蛋糕！"看到鑫宝很沮丧，我走过去和茜茜说："这个小蛋糕棒极了！你看：它是一份一份的，甚至都不用切开。"鑫宝连忙点头。然后老师说："昨天只有10个孩子来上课了，所以我告诉鑫宝妈妈准备十块蛋糕就够了。但是今天来的人比我预想的多，所以我们没有足够的蛋糕了。我们能不能重新分配一下，每个人都拿半份呢？"孩子们回答："好！"同时，老师和我解释："分享是很好的。鑫宝不是个小气的孩子，今天早上其实他妈妈准备了12块蛋糕，但是来上课的时候，他先分给了赵先生（校车司机）一块，又分给了张女士（孩子们进楼时做晨检的护士）一块。所以说，鑫宝挺大方的。"

这一情景表现了儿童和教师对分享理解的规范性和道德性

维度。通过以往经验，孩子们对分享生日蛋糕已经有了一种常规感，认为生日蛋糕应该是一个完整的大蛋糕，每个人都应该得到一块。此外，教师不仅强调分享的行为，而且强调慷慨的意图。在这种情况下，鑫宝有一个很好的理由来解释为何他没有带来足够的蛋糕，因为他已经慷慨地分给了他在学校认识的其他人。从老师的评论中可以看出，鑫宝的母亲也不应该受到指责。

需要注意的是，老师们认为鑫宝对校车司机赵先生和学校护士张小姐的分享行为是一种普遍的利他主义行为，说明鑫宝愿意和遇到的人分享，即使这些人是学校等级体系中地位较低的成年工作人员。这和本章开头的故事形成了很有意思的对比。在该故事中，成成建议和偶然路过走廊、没有注意到教室里生日会的幼儿园园长分享蛋糕。他们认为成成是有心机的，而鑫宝是纯真的，因为成成想要讨好上级，而鑫宝只是对他遇见的所有人慷慨大方。另外，这一不同判断并非只根据偶然事件，而是建立在他们对这些孩子以往表现的熟悉程度之上。随之而来的是，鑫宝"慷慨"的动机弥补了分享资源不足的问题，而成成的"世故"策略有损他的名声，还留下了一个不好听的外号。

追踪记述孩子的分享行为，不仅有助于教师判断孩子的慷慨程度，还有助于教师从总体上辨别孩子家长的慷慨程度和道德品质。老师们进一步认为，父母的行为直接影响孩子的慷慨程度。天天父母就是一个很好的例子。有一天，天天妈妈在《家园联系册》中写道："我们为天天感到骄傲的一件事是，虽然他还不到三岁，但他很愿意和我们分享他的食物。我们对他在学校的表现很好奇。"方琳老师看到后笑了,因为她认为天天的父母一点都不慷慨,他们很少带零食来和同学们分享。她讽刺地回复道:"天天经常对我说:'方琳老师,明天我要带零食来上学。'他已经说过很多次了,但从来没有带来任何东西,所以最后我告诉他:'你骗人!'"方琳告诉我,她不喜欢天天的父母:"有一次,我让孩子们带点零食来上课,而不是总是吃别人的零食,天天在家里对父母复述了这句话。第二天早上,当他的外祖母送他上学时,她给了我一整块糖果(一个小房子的形状):'天天只需要吃一点点,剩下的你可以分给其他孩子!'但这只是一块糖,你怎么能把它平均分给所有的孩子呢?"方琳老师没有分糖。她让天天把这块糖拿回去。方琳老师的结论是,天天的家庭一点也不慷慨。

以下两个被老师视作吝啬母亲的例子也表明,老师们强调的不仅是分享的行为,还有发自内心的慷慨意念。

案例3:教师报告"两个吝啬母亲的故事"

上次,露露的妈妈带来了一个非常小的生日蛋糕,分给每个孩子非常小的一块。然后你猜怎么着?她把剩余的蛋糕打包带回家了。太小气了!铭铭是露露的表亲,铭铭的妈妈也这样。有一次她给铭铭带生日蛋糕。那是个大蛋糕,但是她只给了每个孩子一小块,把剩下的打包带回家了。最让我吃惊的是,有的小孩吃不完自己那一小块,那个妈妈,这么高的一个大人,就坐在儿童椅上开始吃这几个孩子剩下的蛋糕,一块接一块。我印象特别深!这种行为或多或少肯定会影响铭铭。

孩子们很早就开始使用分享的语言。我的儿子豌豆是这所学校最小的孩子，在学习分享规范的最初阶段就入学了。有一天，就在放学后，豌豆正在操场上玩，他的老师走到他面前，给了他一块糖，然后走开了。他立刻脱口而出这句口号："我们要和小朋友分享！"我惊呆了。两个月前他刚开始上学，那时他还一个字都不会说，连"妈妈"都不会喊。这个 20 个月大的男孩现在已经自发喊出幼儿园的标准口号。尽管对这句话的印象非常深刻，但豌豆并没有和其他两个在他旁边玩耍的孩子分享。豌豆有一次在洗澡中途大喊："要和小朋友分享"，但是他停下来想了一会儿，然后坚定抗议道："我不要和小朋友分享！"分享似乎更像是他日常学习生活中无处不在的威胁，即使没有人要求他分享，他也会突然提出抗议。当他自己高兴地玩的时候，他会突然说："我**不要**和别人分享我的小跑车。"

这个小插曲和我在田野笔记中记录的其他例子如出一辙，在这些例子中，孩子们使用分享的标准口号，但其实什么都不想分享。由此引出的问题是：平等主义的分享动员在多大程度上、在何种意义上能产生家长和老师期望的结果，即普遍性的利他主义？或者，孩子们对规范的理解和对社会交换与互惠的掌握实际上是不是比我们一般设想的更为复杂？

策略性分享的实践

虽然教师和家长通过平等分享的实践,努力灌输一种普遍的利他主义观念,但分享的另一个侧面是与之相关,即施加恩惠(extend favors)的动机。策略性利益不仅体现在孩子们自己给的理由上,还体现在家长和老师们自己对平等分享的隐含假设(与他们显在的信念恰好相反)上。

平等主义分享背后的逻辑

老师们指出,孩子们并不是真的对他人慷慨大方,而是受社会满意度和社会声誉的驱使,特别是想要得到老师的表扬和同龄人的尊重。正如方琳所说:"大多数孩子,甚至大多数成年人,都不想给予他人。但孩子们总是被大人的积极肯定激励。当你因为他和别人分享东西而称赞他时,他会感觉很好。即使在他内心深处他不想给予,他仍然会克服,进而采取分享的行动。"此外,当老师在全班同学面前表扬他时,孩子感到很满足,圆圆的奶奶说:"你知道她为什么愿意带零食来和同学们分享吗?因为当其他孩子收到礼物说'谢谢'时,她就感觉很好。"从这个角度看,平等分享的惯例更像是集体表演或仪式,而不是本质上的利他行为。

事实上,除了"表扬的教育术"(Bakken,2000:174),老师们还用羞辱（shaming）来激励自私的孩子们去分享（Fung，1999）。在很多情况下，老师让孩子感到羞愧的方式其实隐含着互惠理念——你分享，因为有来有往——这与无差别的慷慨不同。重点是，这样的教导远比灌输平等分享的教条更为有效，尤其是对那些不愿分享的孩子来说。

案例4：吃白食（Freeloader）的敏敏（班级：1A；年龄：40个月）

敏敏是1A班少数几个从不带东西来分享的学生之一。方琳老师告诉我，这个班的家长在周末组织了一次游玩活动，每个人都要带一些东西来分享，只有敏敏没带。她高兴地享用着别人的礼物，但根本没有回礼。妈妈问她："你会给你的朋友们分一点吗？我之后再给你买。"她回答说："如果我不分给他们的话，我会有更多，但你还是会给我再买。"她甚至在课堂上明确表示自己的"异议"。

2月15日，方琳老师给每个孩子分发巧克力时，一个男孩自发地说："我明天要带巧克力来分享！"敏敏坦率地说："我永远不会带着我自己的巧克力过来和你们分享。"第二天，方琳老师告诉我："今天早上，敏敏手里拿着棒棒糖进来了。我开玩笑说：'嗨，敏敏，既然你吃了我给你的巧克力，今天你就给我带了一个棒棒糖，对吧？'令我吃惊的是，她立刻哭了起来：'这是我的！我的！'她太自私了，我要给她一个教训。"

到了分享的时间，方琳老师给了每个孩子一块饼干（一位家长带来的），但没给那些很少在课堂上分享东西的孩子。方琳老师对敏敏说:"今天我什么也不给你,因为你从来没有给过其他孩子和我任何东西。"然后,方琳老师表扬了那些经常带东西来分享的孩子,还奖励给他们更多饼干,唯一的目的就是让敏敏感觉更难受。然后她转过去对敏敏说:"你现在知道错在哪里了吗?"敏敏答道:"我知道了。"方琳老师接着说:"那你明天开始会带零食给同学们分享吗?"敏敏:"会,我会带。"接下来几天,方琳老师和敏敏妈妈谈了她对敏敏吃白食的担忧,鼓励她给孩子准备一些分给同学的零食:"她总是接受但从不给予,这不公平。"

2月23日早上,当我走进教室时,方琳老师迫不及待地和我分享这个"好消息":"你知道吗?今天敏敏带来巧克力来分享!两天前,我问她:'你明天会带什么?'她说:'巧克力!'但是昨天她没带。我问她为什么没带,她说:'不是我忘了。昨天晚上我把巧克力放进书包里,但是今天早上我忘了背书包过来,所以你今晚可不可以提醒我妈妈?'今天她没有食言。我昨天确实给她妈妈打了电话。她妈妈说,敏敏一开始很担心,因为要是把巧克力给别的孩子吃了,她就没有巧克力了。所以她妈妈安慰道:'我会再给你买。'她妈妈很惊讶,我竟然真的能改变敏敏的想法,因为她无数次教导敏敏要做一个慷慨大方的人,要乐于分享,但是完全没用。我告诉她妈妈,分享是相互的,这就是我怎么让她学会分享的。"

敏敏的案例展现出孩子对分享代价的恐惧和老师对慷慨的期望之间存在着有趣矛盾。解决这个问题的有效方法,是让敏敏学到互助共生的教训：有来有往。此外，敏敏的妈妈向她保证，她不用因为分享付出任何代价；反之，她还能从中获益。这就是为什么她改变了策略，转而开始分享。

案例 5：被宠坏的娜娜（班级：1A；年龄：41 个月）

这个聪明的小女孩是 1A 班的小明星，也是老师们最喜欢的孩子，但她也非常倔强、自我中心。图书捐赠日，孩子们应该把书带到学校捐赠。捐赠对象是新疆的孩子，当地是欠发达的少数民族地区。方琳老师说，娜娜前一天晚上过得很难受。她不想要把书捐给不认识的小孩，抗议道："如果你非得让我捐，我晚上肯定会做噩梦的！"确实，她半夜开始尖叫："不要把我的书给别人！不要把我的书给别人！"所以这天早上，她一本书也没带。方琳老师问她："你怎么没带书？"娜娜叫道："不，我不带！"方琳问："你的爱心呢？既然你不捐书，那我们也不给你吃的了，好不好？"娜娜尖叫："不！"事实上，方琳老师刚刚和娜娜的奶奶聊过，为了纠正她的自私，他们同意给她一点惩罚。上午 10 点，正是阅读时间，每个孩子都拿到了要读的书，只有娜娜没有。娜娜哭着看老师，但是老师冷酷地回答："你不给别人东西，所以你什么也得不到。"娜娜让步了："方琳，原谅我吧！我保证，下次我不这么做了！我下次带书过来！"方琳老师没有回答。一段时间后，老师问整个班级："谁今天没有捐书？"几个孩子说："娜娜！"可怜的小女孩在来到这所幼儿园后第一次感到羞愧，因为她之前一直被看作班上最聪明的孩子，老师也喜欢她。方琳老师说，娜娜之后和家人解释了她为什么不想捐书:"我根本不认识那些新疆的小孩。要是非得要捐,我宁可捐给福州的小孩(娜娜的爷爷奶奶曾住在那里),因为我认识他们。"

在这个案例中,我们看到了主流观念与这种特殊主义逻辑之间的张力。主流观念是人们应该关心所有人,包括他不认识的人在内,比如给贫困儿童捐书;特殊主义逻辑则是娜娜只想和她认识的人进行分享。这个故事的另一层面则是老师使用了一种羞辱,这种规训技术的有效性建立在两个心理基础之上,一是孩子们渴望得到老师同学表扬,二是他们害怕遭到批评与排斥。老师强调互惠分享,尽管她最初是想要在娜娜身上培养一种普遍的利他主义精神。此后的情况证明这种羞辱术确实有效:在捐书事件后,娜娜开始从家里带来零食和贴纸与其他同学分享。

孩子之间的策略性分享

对儿童来说,很多时候,分享是为了获得回报和发展关系。事实上,"地下"分享活动经常在班里发生,与平等分享的原则相反。

首先,儿童自己的分享活动似乎包括与谁分享或不与谁分享的明确区分,以及精心计算的分享数量。比如聪聪(4A班,6岁)常常在口袋里揣着糖果,只偷偷和他最喜欢的三个孩子分享。通常情况下,他会仔细计划给每个朋友分几块。

分享也是扩展社交网络、进入新的社会团体的便捷方式。

比如说，当一晨（4A班，6岁）全家搬到H市后，第一次来上这个幼儿园时，他努力和同学们建立联系。一晨妈妈告诉我："他很愿意为这个付出。他会把我给他的玩具和零食积攒起来，分给他想要交朋友的小孩。"一晨最终建立起自己的社交圈，成了新班级的积极一员。

另一方面，拒绝别人的恩惠是结束一段关系的信号。欣欣（3A班，6岁）是一个特殊的孩子，她的运动发育略为迟缓。三岁的时候，她非常喜欢小旻，她的父母建议她带零食给小旻来建立友谊。最开始，这个策略奏效了，两个女孩成了朋友。但渐渐地，小旻发现欣欣不正常，没有人和她玩。小旻就故意疏远欣欣。在幼儿园第二年，欣欣试图挽救这段友谊，但同样的分享策略没有奏效，小旻拒绝了她的好意。

为了区分社交伙伴的可靠程度，孩子们都清楚记得分享的历史，然后做出明智决策来树立起自己的声誉。孩子们觉得有责任回报他们得到的赠予，能认识到声誉对于促进未来交往的重要性。例如，2A班有一个很受欢迎的男孩明明（4岁），他总是收到同学们送的小礼物，有一次他向妈妈表达了他收到很多礼物却没能给出多少的担忧，所以妈妈鼓励他回礼。孩子们也会对分享的经历有着详细而鲜活的记忆。有些是正面的记忆，赠予得到回报，关系得到加强。但是很多记忆都是关于违反规则的，在这种情况下，公平之秤倾斜了，或是互惠的链条被破坏。在此类事件中，孩子们不仅记得那些负面的情境，他们还根据自己对分享历史的详细记忆来评价社交伙伴的好坏。老师讲了凯琳和君怡的故事，为道德评价如何渗透到"分享"事件中提供了实例——这些评价不只是孩子们作出的，还在一定程度上得到了老师含蓄的认可。

案例 6：老师叙述的故事：凯琳与君怡，天真与卑鄙

凯琳是一个天真单纯的孩子，经常和朋友们分享她的玩具。一开始，她很喜欢君怡。君怡是一个我觉得狡猾有心机的女生。她经常邀请君怡回家，和君怡分享她所有的玩具，甚至是她最喜欢的玩具。但是过了一段时间，凯琳意识到君怡并不像她那么大方。有一次她抱怨说："君怡从来不和我分享她最喜欢的玩具。"但是天真的凯琳并没有想太多，直到今年 4 月她的生日会。

那天，凯琳带来了一个漂亮的生日蛋糕，上面有不少特别的装饰品，包括一个可爱的心形和几个五颜六色的小气球。我让凯琳帮忙把蛋糕均匀切块，她可以决定谁能得到这些特别的装饰。她毫不犹豫地把那颗美丽的心给了君怡。但是君怡不满意，想要气球。凯琳回答："对不起，我不能给你。这是我妈妈给我的礼物。"我不希望他们起冲突，所以我问凯琳："你能给君怡一个气球吗？"她想了一会儿，不情愿地给了君怡一个气球。生日会之后，当凯琳准备把气球带回家时，我找不到它们了。然后，当我帮孩子们穿上衣服时，我在君怡的口袋里发现了这些气球。很明显，是君怡偷的。她的第一个反应就是给自己找借口："我是要把气球拿给凯琳。"她说谎了，这已经不是她第一次从班上拿小东西还对我撒谎了。虽然凯琳什么也没说，但从此她们就不再是最好的朋友了。

有时，违反互惠分享规则不仅会导致友谊的终结或对违规者的厌恶，还会激起孩子们的报复情绪和行为。例如，在我访谈思成（3B班，5.5岁）时，他告诉我为什么托尼是所有同学中他最不喜欢的一个。思成经常带一小盒糖果到教室，放在小玲老师这里，作为课堂上表现好的孩子的奖励。托尼不是思成的好朋友。实际上，托尼也不受大家欢迎，因为他在学校表现不好，别人都觉得他过于自我中心。有一天，思成发现托尼从他的盒子里偷了糖果。所以第二天早上，他带了一个空糖果盒来捉弄托尼。思成的描述表达了他的愤怒："托尼经常偷我的小盒彩虹糖，这就是我讨厌他的原因！"但描述自己是如何报复的时候，他大笑起来："今天我带了一个空盒子来捉弄他，结果他什么也没偷到！"

揭示策略性动机：现场实验的探索

如今学龄前儿童虽然精通平等分享的理念，但往往不愿遵守其要求。对许多家长、教师、或许还有大多数局外人来说，对这种抵制有一个简单的解释，那就是"自私"，或者用不那么道德的词来说，是自利。然而，孩子们的动机远不是那么简单，反而有趣得多，因为他们的注意力往往集中在与谁分享上，而不是完全拒绝分享。其中利害关系与其说是彻头彻尾的自私，不如说是对互惠交往的潜在益处和陷阱的确切理解。

为了验证这一解释，我们需要超越自然情境下的观察，使

第四章 分享话语和实践：自私的孩子、慷慨与互惠 | 183

用更有控制性的研究方法。因此，我对学龄前儿童进行了三次现场实验（field experiment），明辨分享行为背后的两种意图，一种是普遍性的平等主义，另一种则涉及互惠交往和培养有价值的关系。我把这些现场实验研究称为"分享游戏"，并与80名年龄在2-6岁的儿童进行了这些简单实验。在本研究中，现场实验的优势体现在两方面：首先，虽然大多数教室里的分享行为发生在集体环境中，但现场实验创造了一个机会，在他们感到舒适的自然环境（他们自己的教室）中单独访谈每个儿童。其次，自然情境下的分享行为各有不同，但实验流程是相同的，因此可以对分享行为进行有效的比较。

三次分享游戏分别在2011年10月、2011年12月和2012年2月进行。我把三次游戏安排在田野调查不同阶段，这主要基于两个原因：第一，我想避免在集中时间段用类似游戏连续刺激我的研究对象，这样孩子们才会更有参与的兴趣，也不会清晰记得此前做过的游戏详情。第二，相对分散的实验时间能够让我仔细思考每一次游戏，包括设计、结果和解释，这样我才能更灵活准确地调整实验概念与策略。第三，我将这三次游戏安排在了自己田野调查的关键时间点上，这样能让我的民族志研究和实验数据收集相互促进。举例来说，2011年10月，我第一次进行分享实验时，形成正反馈，距我开始田野调查仅有一个月，当时似乎还未进入正轨。一方面，我在碧玉幼儿园和孩子们相处了一个多月，逐步熟悉起来，这让我能以更为舒适自然的方式展开实验，对于确保实验数据收集的有效性也相当重要。另一方面，当时我还没有成为这个学校社区的亲密成员，还在设计具体深入的民族志素材收集计划。通过和幼儿园很多孩子"玩游戏",我和孩子们加深了对彼此的了解,我也通过与他们聊天得到了很多社会生活的信息(这个"聊天"是指分享游戏结束时的小访谈)。此外,第一次分享游戏的结果与经验,有利于我在此后的参与式观察和访谈中(对照料者和孩子的访谈)找出我应该关注的儿童校园生活具体方面与主题,也有助于我的民族志素材的积累。

这些现场实验旨在探究分享行为中的四个假设:第一,作为亲社会行为的发起人,我需要确保我的施与对象能理解我是和她或他进行分享的那个人,因为匿名分享不涉及任何直接回报。这是非匿名假设(the non-anonymity assumption)。其次,我的施与对象应该是能够留在我社交圈里的人,因为如果这个人离开了就无法给予我回报。这是稳定伙伴假设(the stable partner assumption)。第三,分享的目标对象应该是某个具体的人,而不是抽象的目标(例如,群体里任意一个人),因为这样更容易追踪互惠交往情况。这是个体性假设(the individuality assumption)。第四,我应该对分享行为的施与对象有进一步交流的兴趣,既是因为我需要期待他对我更有慷慨大方的动机,也是因为这样我更有可能收回自己的投入。这是未来预期假设(the future-anticipation assumption)。

分享游戏的基本框架如下:得到老师允许后,我询问一个孩子愿不愿意和我玩个小游戏。如果这个孩子答应了,我就会带着他从活动室去他们午休的房间或者餐厅,那里通常没有别人;然后我请他在那里完成一个简单的绘图任务。任务结束后,我对这个孩子表达谢意，给他两块糖，然后告诉他这些糖是对完成绘图任务的奖励。需要注意的是，这个任务是有意设计的，用以确保孩子们能明白这两块糖不是"意外之财"，而是对他们参与付出的奖励。这一点很重要，因为"意外之财"的奖励可能会扭曲孩子对这项任务的理解，他们就不会真的认为自己有权按照自己的意愿与目标接受者分享糖果了。同样，用糖果奖励孩子们的优秀表现在他们平时班级教学中也是非常常见的，因此，这个设计具备生态效度（ecological，validity），对儿童来说易于理解。

接下来，把糖果奖励给参与者后，我问他是否想和另一个孩子分享糖果，花费大约一分钟时间等待回答。结果所有的孩子都愿意分享，他们中的大多数人选择分享一颗糖，把另一颗留给自己。然后，我讲一个故事，描述两个假想的角色，告诉孩子可以在两个可能的接受者之间进行选择。一个可能接受者是明天会到班上并留在学校成为班上一员的新生，另一个接受者则只是碰巧到学校来参观一天。接下来等待孩子在两个角色之间作出选择，选择出来后，我询问道："你为什么想要和这个孩子分享？"然后我问他想要用一个有署名的信封（"礼物来自……［参与者的姓名］"）还是一个匿名信封（"礼物来自和你同在一个学校的一个小孩"）用来包装礼物，再送给接受者。我也问了他们："为什么你要选这种信封？"这个"为什么"问题旨在引出孩子们自己对实验任务选择的理由、解释和想法。其基本原理是，普遍性分享与策略性分享这两个动机会导致不同的选择。如果目标是让每个人均等，那么分给参观者还是新同学就是一样的；署名信封和匿名信封也是同样结果。相对而言，如果分享的目的是去培养关系，那么礼物上应该有署名，接受者应该是个有互惠价值的未来伙伴，这一点就很重要。

这个实验也让我有机会和孩子们聊聊他们自己的小社会，尤其是分享、友谊和社会交换的经历。因此，在实验的最后，孩子们做出所有的选择之后，我对他们进行了半结构式小型访谈。例如，我问他们以下问题："你曾经和别人分享过什么吗，比如零食或玩具？你和谁分享的？""有没有其他人和你分享过什么，比如零食或玩具？谁和你分享的？""谁是你最好的朋友？你为什么最喜欢他？""谁不是你的朋友？你为什么不喜欢他？"从这些问题开始，我进入自由交谈阶段；小型访谈时间从 5 分钟到 15 分钟不等。

分享游戏一：非匿名性与稳定伙伴

这个分享游戏的目的是检验匿名性和稳定伙伴假设。参与者可以分享自己挣来的奖品，可以是署名礼物，也可以是匿名礼物。他们可以把自己的礼物送给两个孩子中的一个，一个是将会留在学校的新生，另一个是只待一天的孩子。碧玉幼儿园 52 名儿童参与了本次游戏，其中 26 名男生，26 名女生。年龄从 30 个月到 70 个月不等（M=50，SD=13）。最后分析中，我把孩子们分成两类，分别是 2-3 岁年龄组（下称年幼组），4-5 岁年龄组（下称年长组）。

游戏从一个工作任务开始，然后是一个分享任务。对于第一个任务，E（实验执行者）要求C（孩子）完成一项绘画任务。这个孩子要挨个在一张纸的六个几何形状中画一个圆。为了奖励C的成功，E给了C两块糖，并给他看了两个托盘，上面写着"给明明"和"给乐乐"。[3]然后解释说："明明和乐乐今天都来参观学校。明明只是来这里玩的，因为他自己的学校今天放假，明天他就不会再来了。乐乐是你们班的新生，明天就要来上学了。"然后，E确认C是否知道每个托盘是给谁的，如果有必要的话，再重复一遍解释。实验执行者问了这个孩子两个问题：（1）"你愿意和这些孩子中的一个分享一块糖果吗？"［如果愿意，那么继续］（2）"你想给明明一颗糖吗？——他以后不会来咱们学校了。你想给乐乐一块糖吗？他明天会到你班里。"孩子做出选择后，E继续问：（3）"你为什么想和明明（或乐乐）分享？"然后帮忙把糖果放到合适的托盘里。然后E给C看了两个信封？"现在我们应该把糖果放在一个信封里，这样我们就可以把它送给明明（或乐乐）了。"一个信封上写着"（参与者姓名）送的礼物"。另一个信封只写着"给你的礼物"。然后问（4）"我们用哪一个？写了你名字的还是没有名字的？"在孩子做出选择后，E把糖果放进所选信封里，问：（5）"你为什么要把你的名字写在信封上？"他们作答完毕后，感谢他们的参与。

本次分享游戏的结果汇总见表4.1。除了一个孩子之外，其他所有孩子都从他们收到的两块糖果中选择了一块分给别人。两个年龄组都倾向于署名赠予而非匿名赠予（年幼组 Yates x^2=14.45，p=0.001；年长组 Yates x^2=19，p<0.001；年龄无影响，p=0.56）。

对于伙伴选择问题（选择会离开的还是选择会留在学校的），年幼组倾向于把礼物送给会留下来的那个（Yates x^2=2.45，p=0.07），年长组则没有显示出任何倾向（Yates x^2<1，p=0.71）。

　　根据实验假设，如果孩子强调平等、无差别分享，则结果应该是没有明显偏好；如果孩子考虑到互惠等策略，则应该是偏向会留下来的那个接受者。从实验结果看来，我们需要更为细致的阐释，为什么年长组没有明显的偏好，而年幼组更偏向将会留下来的那个接受者？为了评估这些选择背后的动机，我还研究了孩子们自己给出的理由。我把他们的理由分为三类：（1）投资动机，如果孩子将未来的互动作为他选择其中一个接受者的基础，例如，"我选择乐乐是因为他会留在我的班级，我会和他交朋友，之后他可以给我带来一些东西"；（2）公平动机，如果孩子们强调减少不平等程度，例如，"如果我选择乐乐是不公平的，因为乐乐会留在这里，他将来有可能从我这里得到更多的糖果，但是明明就得不到了"；和（3）没有理由，有的孩子什么也不说，只是重复他们的选择。表 4.2 总结了这些理由。

　　这些理由或许可以解释，为什么随着孩子年龄的增长，他们对稳定伙伴（将会留下来的孩子）的偏好会下降。首先，一些年龄较大的孩子出于对公平的考虑而选择了将会离开的孩子。如表所示，公平对年龄较大的孩子来说是一个重要的动机，而对年龄较小的孩子则不是。其次，正如数据显示，只有较为年长的孩子才会意识到，一个人实际上是有可能通过投资非稳定伙伴关系来创造未来互惠关系的。对一些年长的孩子来说，他们送的礼物实际上是一种纪念品，这样那个只来学校参观一天就离开的孩子就能记住他们,日后可能会和他们成为朋友。

表 4.1 儿童在分享游戏一中对分享与匿名性的选择

年龄组	决定分享	礼物署名	给留下来的孩子	给离开的孩子
2–3 岁	19/20	19 / 19	14 / 19	6 / 19
4–5 岁	31 / 31	29 / 31	14 / 31	17 / 31

表 4.2 儿童在分享游戏一中对自己选择的理由

年龄组	选择留下来的孩子			选择会离开的孩子		
	投资	公平	无	投资	公平	无
2–3 岁	11	0	3	0	1	5
4–5 岁	9	0	3	4	9	7

分享游戏二:个体性

第二个分享游戏旨在探索第三个假设,即社会投资动机将导致一个人投资于特定的某个人,而不是某群体中的任何一个。碧玉幼儿园的 36 名儿童(其中有 15 名男生)参加了本次游戏,年龄范围为 34–74 个月(M=56,SD=13)。为了便于分析,我再次将参与者分为两类,3–4 岁组和 5–6 岁组。

这次游戏的基本结构与前一次游戏基本相似,都从相同的绘图任务开始。但在分享任务中,研究人员向参与者展示了两个贴有标签的托盘，E 解释说，其中一个托盘是给"即将加入我们学校并留在这里的孩子"准备的，另一个托盘是给"任何一个想要糖果的学生"准备的。然后实验执行者检查孩子是否理解并记住了相关的信息。然后实验执行者按照分享游戏一的流程接着问（1）分享问题，（2）目标问题，（3）理由问题。

本次分享游戏的结果汇总见表 4.3。所有的孩子都决定分享他们的糖果。无论是年幼组还是年长组对于两个目标接受者都没有明显偏好（年幼组 Yates $x^2<1$, $p=0.80$，年长组 Yates $x^2<1$, $p=0.66$）。

表 4.3　分享游戏二中儿童对分享目标的选择

年龄组	是否决定分享	分享给个体目标	分享给集体目标
3–4 岁	15 / 15	8	7
5–6 岁	21 / 21	12	9

表 4.4　分享游戏二中儿童选择的理由

年龄组	选择个体对象			选择集体对象		
	投资	公平	无	投资	公平	无
3–4 岁	5	0	3	0	2	5
5–6 岁	9	0	3	1	5	3

我们也研究了作出选择的理由，并将其分为以下几类：(1) 投

资;(2)公平;(3)没有理由。见表4.4。这表明了两种不同动机之间的相互作用。大多数选择分享给具体个体的孩子都是这笔投资的潜在收益来证明他们的决定是正确的,例如,指出这个接受者会心存感激,会想和他们一起玩等等。相比之下,那些选择集体的人实际上是在重复学校的官方教导,"与所有人分享",因为"分享是好的"。

分享游戏三:未来预期

　　这个分享游戏旨在探索第四个假设,即一个人应该有兴趣与他的分享对象进行进一步互动。我让参与孩子决定他是否愿意和两个孩子中的任何一个一起玩,之前他还选择了其中一个作为赠予礼物的对象。具体假设是,如果社会投资是一个考虑因素,参与者会希望和他已经有所投资的孩子一起玩,因为这个孩子可能会回报他的好意。相比之下,普遍利他主义假设则不能预测偏好。为了确保分享对象选择和玩耍伙伴选择不是由对某个名字或图片的偏好所驱动的,实验执行者大幅度影响了参与者对分享对象的选择。具体来说,我告诉他们,其中一个之前从未吃过这种特别的糖果,而另一个对象有很多糖果。根据以前的预实验情况,我们预计他们会选择把糖果分给有需要的儿童。值得注意的是,把糖果分给有需要的孩子,这一社会投资选择的成本可能更高,因为我们将另一个选择描述为一个拥有许多糖果的"富有"孩子,这个作为玩伴可能很有吸引力。同时,我再次询问孩子们,他们希望自己的礼物是匿名的还是署名的,以重申策略性分享的非匿名性。碧玉幼儿园 50 名 3–6 岁的孩子参加了这个游戏,其中 22 名是男孩。年龄从 37 个月到 79 个月不等(M=57 个月,SD=12 个月)。为了便于分析,我把参与者分成三组,3–4 岁,4–5 岁和 5–6 岁。

这次游戏的基本结构与前两次游戏基本相似,都是从相同的绘图任务开始的。然而,在分享任务中,E 描述两个处境不同的孩子,补充说,第一个孩子以前从未吃过这种糖果,而第二个孩子已经有了很多糖果。E 向 C 展示了两个盒子,并确认了参与者是否记住了相关信息。然后,E 开始询问分享游戏一中的问题(1–5)。接下来,E 进行了一项分散注意力的任务,询问关于孩子家庭相关的问题。紧接着是一个"择友任务",这时 E 展示了写有孩子名字的盒子,并问(6)"你想和谁一起玩?"(7)"为什么?"最后一步是记忆检查:E 问(8)"你还记得你给哪个孩子分享了糖果吗?"

本次分享游戏的结果汇总见表 4.5。所有的孩子都决定分享他们的糖果。"署名信封"这一项在所有年龄组都有显著差异,即小孩倾向于署名而不是匿名:3–4 岁组,$x^2=8.643$,$p<0.01$;4–5 岁组,$x^2=11.25$,$p<0.01$;5–6 岁组,$x^2=11.25$,$p<0.01$。在选择玩伴与选择分享对象上也呈现出显著差异,所有年龄组都偏向于选择"没有吃过这种糖果"的那个孩子作为分享对象,此后,3 岁以上的年龄组选择同一个孩子作为玩伴:4–5 岁 $x^2=18.05$,$p<0.001$,5–6 岁 $x^2=14.063$,$p<0.001$,3 岁组不显著。需要注意的是,孩子们对玩伴的选择可能不仅仅是机械照

搬上一次选择（分享对象）的结果（两次做出相同选择），如果那样的话更小的孩子应该更倾向做这样的选择，但我们实际观察到的恰恰相反，2–3岁组有一半小孩没有选择之前的分享对象作为玩伴。孩子们选择玩伴A（或B）的理由分为四类：（1）"投资动机"（分享行为能带来新的伙伴），例如，"我想和A玩，因为我把糖分给了A"；（2）"需求动机"（需要让接受方成为潜在伙伴），例如，"我想和A玩，因为她需要糖果"；（3）"其他动机"，例如"我想和A玩，因为她很可爱"；（4）"没有理由或简单复述选择"。"投资"与"需求"作为两类主要动机出现，详见表4.6。

表4.5 儿童在分享游戏三中对分享与匿名性的选择

年龄组	决定分享	礼物署名	与A分享	与A玩耍
2–3岁	14 / 14	13 / 14	13 / 14	7 / 14
4–5岁	20 / 20	18 / 20	20 / 20	18 / 20
5–6岁	16 / 16	15 / 16	16 / 16	14 / 16

表4.6 儿童在分享游戏三中选择的理由

年龄组	投资	需求	其他	无
2–3岁	2	2	2	8
4–5岁	5	7	1	7
5–6岁	4	4	4	4

实验证据的民族志阐释

这三个分享游戏得出了有趣的发现，由此我们可以进行更加广泛的理论探讨。各个年龄段的多数孩子都愿意与人分享，并使用标准的规范性语言来给出理由，例如"因为分享是好的""因为人应该分享"等等。像此前提及的那样，学龄前儿童已经谙熟家长老师教导的规范，随时可以喊口号。需要注意的是，他们已经和我（实验执行者）较为熟悉了，叫我"许老师"。一方面，我没有真正的老师那样的权威性，因为我不参与纪律管理，在教室里一直是温柔可亲的成年人。但是我毕竟是成年人，他们还是会视我为权威人物。"实验执行者"和"实验参与者"之间这种基本的等级关系，常常被发展心理学中的标准实验研究忽略，却是人类学理解儿童社会和道德世界的一个不可或缺的部分。这些年幼的孩子已经对符合社会规范的表达方式很敏感，并且有能力把对权威人物和社会偏好的考虑融入到简单的分享游戏中。这对于理解文化、教育和儿童心智发展之间错综复杂的关系具有重要意义。

另一个突出的特点是实验过程与其自然环境之间的复杂联系。举例来说，我测试了一些孩子，尤其是那些年纪较小的孩子，当我问他们"你想和别人分享这些糖果吗"，他们马上就站起来，准备离开房间把糖果分给教室里的朋友。我被这种自发行为逗乐了，只好再次向他们解释游戏规则，即这个决定并不是要与他们真正的朋友分享，而是要与假想人物、故事中的角色分享。

然而,这些孩子的选择显示出,他们的实际偏好很有趣,有别于社会规范的要求。首先,大多数孩子(三个游戏加起来90%以上的孩子)不想成为匿名给予者。他们想让接受者知道谁对他们如此慷慨。其次,大多数年龄较小的孩子(74%)选择给会留在学校的那个角色分享糖果,而不是给不留在学校的那个。最后,60%的孩子(尤其是年龄较大的孩子)表示,他们希望与收到糖果的人成为朋友,这表明他们确实将分享视为培养长期关系的一种方式。

的确,在第二点上,尽管年龄较大的孩子对选择离开还是选择留下的那个角色没有明显的偏好,但仔细观察他们的理由就会发现一幅有趣的图景。大一点的孩子更愿意给将要离开的人一块糖,他们从培养新的关系和扩大他们的社交网络方面作出了解释。例如,相当多的孩子说:"我想和不会留下来的人分享,因为礼物就像纪念品,这样这个孩子就会记得我了。"这与最近一项针对美国儿童的实验研究(Smith,Blake and Harris,2013)的结果形成了对比。该研究首次系统地考察了为什么儿童认同分享的平等主义规范,但最终却与这些规范背道而驰。这项研究表明,这是因为孩子们对平等主义规范的重视程度会随着年龄的增长而增加,但我的研究呈现出一幅更为复杂的画面。随着孩子们年龄的增长,我的田野经验显示,他们在策略性分享方面变得更加老练,而不是越来越赞同平等主义的规范。他们对潜在的友谊和联系的理解比那些年幼的孩子要复杂得多,他们选择向谁分享礼物的理由和决定也有更多的可变性,这与我的民族志发现相吻合。

当发展的心智遇上演变的文化：合作动机与"关系"

民族志和实验证据都表明，平等主义分享的教育规范和孩子们自己的策略之间存在矛盾，这种规范与实践之间的矛盾当然不仅限于 H 市学龄前儿童，也不仅限于中国。只是在当下的语境中，这种矛盾格外凸显，且赋予道德意涵。然而，一个有趣的问题仍然存在：为什么尽管孩子们在教育环境中被不停灌输平等主义的意识形态和规范，但在分享实践中，策略性的分享却无处不在？文化和教育背景与这种矛盾有什么关系？本节意在说明不同亲社会动机的早期发展对当前的文化和教育状况高度敏感，并受到其持续影响。

认知心理学家、进化生物学家和经济学家对人类合作包含的对立面进行了反思，包括**利他**动机和**互惠**动机。前一个原则表明，人们有分享的动机，仅仅是因为他们关心他人的福祉，并准备为他人收益而付出代价（Boyd 等，2003；Gintis 等，2003）。但从建立互利、互惠、更持久的交换关系的动机来看，这种慷慨行为还有另一种可能的解释（Baumard 等，2013；Tomasello，2009）。

所有这些在当下社会背景下格外放大，任何关于交换、信任、互惠和道德的讨论，都无法回避围绕"**关系**"的无所不在的规范、实践和争议，"关系"是中国社会交往的显著特征，人情往来普遍带有"关系"的印记，即在建立人际关系时互赠礼物、互施恩惠。

关系的主要假设是，人们应该抓住时机施与恩惠，培养互信互助，期望有来有往，而且人际网络很有用。很多人觉得"关系"心理，包括建立关系、考量关系、维护关系和培养关系，在人际交往中自然而然、对于社会生活必不可少。关系规范中蕴含的微妙社会情智元素包括（1）心机，在规划分享和决定分享过程中的算计和策划；（2）人情（Yan，1996），一种保持互惠礼物流动的道德义务感；（3）感情（Kipnis，1997），从这些实践中生发的人类情意与好感，同时又驱动这些实践；（4）人心（Chang，2010），人类心灵的创造性，例如在不同社会关系持续变化过程中所发挥的主体性、灵活性和未来导向性（Liang，1984）。关系远非一成不变的文化本质，而是弹性且动态的，持续适应着新的社会变迁，也塑造着新的社会变迁（Kipnis，1997；Yan，1996；Yang，1994；Yang，2002）。"关系"概念所蕴含的策略性和流动性在中文中被恰切地表述为"**拉关系**"。

中国研究的各个学科都深入考察过"关系"这个课题，但本章创新点在于研究成人世界的关系实践和幼儿交往之间存在什么联系。

碧玉幼儿园的儿童自发地对合作采取策略性的态度。儿童这种策略性态度与成年人的"关系"类似，尽管只是在萌芽阶段。他们认为伙伴是有价值的，慷慨分享能创造伙伴关系，但也不是所有的伙伴都一样有价值，还有，慷慨付出应该有回报，也应该追踪互惠交往的历史。此外，儿童的分享实践将认知算计和敏锐情感融合在一起。正如上文所述，对过去往来事件的记忆支撑着儿童对对方可靠性和自己亏欠度的道德评价，正如欧爱玲（Ellen Oxfeld）在中国农村地区成年人道德生活中发现的那样（Oxfeld，2010）。

如果认为儿童不受外面社交世界中关系实践的影响，那就过于天真了。在"道德危机"的语境下，照料者希望通过分享来培养被宠坏的"小皇帝"们的利他主义意识，然而，他们自身的关系实践却强化了这种语境。"关系"无处不在，幼儿们能够在细微之处体察到。教育体系中的贿赂文化已被学者们关注（Levin，2012）。在碧玉幼儿园，家长们想尽一切办法与老师们建立良好的关系，有时会邀请老师与家人共进晚餐，来培养孩子与老师之间的私人关系。偏袒私心会渗透到教室里，部分家长的恩惠让老师感到亏欠，觉得他们有义务更多地关注这些家长的孩子，比如在教室里给这些孩子安排更好的座位，或者让他们在班级表现中占据更重要的地位。父母把他们的孩子牵扯到这些人情交往中。他们会准备小礼物，比如零食，让孩子们带去给老师，就像他们告诉孩子们要用分享来培养与某些同学的友谊一样。一个3岁的孩子偷偷和老师聊天，给她一些小零食来表示对老师的特别喜爱，这很常见。老师给个别孩子一些糖果作为特殊的偏爱，而其他孩子却没有注意到，这种情况也不罕见。

所以心理过程和文化过程之间存在双向反馈链。一方面，心理学研究发现的早期合作倾向或直觉，使幼儿能够辨析出他们周围关系实践的某些特征和原则；不然这些特征和原则对小孩子来说完全没有意义，他们会看不明白。这部分地解释了为什么这些孩子并没有完全被普遍性的利他主义精神所激励。另一方面，关系实践在成人世界以及特定的教育情境中强化了儿童之间"特殊主义式互助共生"的逻辑和动机，于是在孩子们自己的社会互动中，类似"关系"那样的策略性分享行为与日俱增。

这是一种典型的中式礼物交换——在等级制度下，送礼物给上级以获得好感（Yan, 2002）。话又说回来，在学校内外的社会生活中，人们不会立即将关系等同于贿赂。许多情况下，家长和老师之间的关系不仅仅是经济交易的关系，还可以发展出真挚的友谊。例如，2A班的班主任方琳和军军的妈妈关系非常亲密。军军妈妈对待方琳就像对待妹妹一样，当方琳在私生活中遇到问题时，她会去找军军妈妈寻求建议。

然而，这种成年人之间偏袒照应的正反馈链会产生未预结局，也就是说，孩子们开始意识到关系及其带来的好处。这就是本章开头小插曲的主角、3岁的成成怎么会明白，幼儿园老师应该与她的上司"拉关系"。

更有趣的是，我们可以从下面的小故事中看到，儿童版的策略性施与恩惠与成人世界中成熟的关系实践之间差距何在。这个"魔童"虽然成功地获得了园长的青睐，但他并没有完全意识到成人阶层的复杂性，比如阿姨的地位。有一天，园长给了他几块糖，但他很困惑为什么他喜爱的张阿姨（教师助理）一块都没得到。他领着张阿姨走出教室："为什么你不向园长要糖呢？我知道她是方琳老师的上司，所以方琳老师不敢管她要。但是你不一样，她不是你的上司呀。我带你去找她，给你也拿块糖。"张阿姨朝他笑了笑，然后就尴尬地离开了。成成误以为张阿姨不是园长的下属，以为可以帮不在下属位置的人要糖。他真心喜欢张阿姨，但是他善意却幼稚的邀请却让张阿姨尴尬，因为这违背了成人世界的社交规范。这个场景展现了儿童认知的奇妙时刻，发展中的心智只是部分吸收了"关系"的文化规则，但没有完全内化，而这种复杂的文化规则比童年早期形成的原初合作心理更为繁冗精细。

分享、慷慨与自私的儿童

鼓励分享行为是中国道德教育的一大文化主题，然而，与同理心、所有权和公平等其他道德领域的情况类似，通过分享来培养慷慨的教育举措也充满了观念和实践之间的矛盾，成年人总是关注孩子自私问题，孰不知这种关注却掩盖了孩子分享行为背后心理意图的复杂性。

本章探讨了碧玉幼儿园日常互动中，平等主义分享话语与策略性分享实践之间的矛盾是如何形成和转化的。这一章并未停留在"自私儿童"这一简单刻板的叙事上，而是密切关注儿童自己的分享世界。本章结合民族志和实验方法，深入研究了不同合作动机的心理发展，也考察了中国根深蒂固的关系规范，进而阐述心理机制和文化实践如何共同塑造道德发展。

虽然开篇故事揭示了令人瞠目结舌的事实，3岁孩子已经表现出类似成人世界中"关系"式的分享策略和意图，这种心理动机和老师们强调的平等主义分享观念完全相悖，但篇末也描绘出儿童道德发展的阈限时刻，孩子们原初的合作动机遇上地方性文化规范，形成了他们自己理解社会互动的思维模式。这些思维模式在幼儿园生活的快照式故事与现场实验中展现出来，不仅反映了来自成人世界的影响，还显示出儿童神秘的创造力与能动性。下一章将会超越道德发展的具体领域，探索"管教"这一包罗万象的文化概念，重点关注当今中国育儿观念和实践中出现的层层张力以及儿童反抗管教的灵活策略。

第五章

THE
GOOD
CHILD

规训『小皇帝』：在多变立场中寻找出路

再论"管教":中国式育儿

下午4点,1A班的孩子们开始观看电视放映的动画片。他们规矩地坐成一排,等着教师和助理来帮他们穿好衣服。我恰巧听到了方琳老师和一个叫鹏鹏的男孩之间的有趣对话,当时方琳正在给鹏鹏穿外套。

方琳:鹏鹏,谁给你买的这件外套?你爸爸还是你妈妈?
鹏鹏:我爸爸。
令人惊讶的是,鹏鹏马上补充道:我爸爸打屁股,我妈妈关"小黑屋"。
我走到鹏鹏旁边开始和他聊天:鹏鹏,所以是说你爸爸在家打你?
鹏鹏:是,我晚上还在玩积木不上床睡觉,我爸爸就打我屁股。
许晶:你爸爸怎么打你的?
鹏鹏发出"啪啪"声模仿打屁股的声音,还举着一只手模仿动作。
许晶:然后你妈妈把你关"小黑屋"?
鹏鹏:对,我不愿意去睡觉,她就把我关"小黑屋"了。

我大笑起来，配班老师小雅听见了我们的谈话，于是走了过来。

小雅问鹏鹏：你奶奶会来救你吗？

鹏鹏：会！

许晶：你奶奶怎么做？

鹏鹏马上张开双臂，笑着回答：抱抱，抱抱！

鹏鹏是家里的独生子，和父母、祖父母住在附近的一套公寓里。他的父母都忙于工作，他的祖父母，特别是他的祖母是主要照料者。在H市和其他城市，两个工作的父母、照顾孙子孙女并做家务的祖父母这类三代同堂共居是中产家庭的典型特征。"管教"是孩子们在家和在学校日常生活中无处不在的主题，这个有趣的故事只是其中一个小插曲。提及管束孩子，幼儿园家长和老师用的最多的词就是"管教"，而不是像"训练"、"教导"和"控制"这样的词语。"管教"既是名词又是动词，由两个字组成："管"和"教"，"管"是管理/照顾，"教"是教导/教诲，组成了同一枚硬币的两面。《三字经》中有"养不教，父之过"和"教不严，师之惰"等对管教的看法。即使在当今社会，这仍然是流行说法。碧玉幼儿园的孩子在学校里背诵这些句子，因为《三字经》是他们学习的第一个"经典文本"。被问及孩子为什么需要管教时，我在碧玉幼儿园的报导人（无论是家长还是老师）都提到了这句谚语，"无规矩不成方圆"。这个比喻强调了管教在塑造孩子道德品质、造就他们未来成功的作用。本章的目的，是对碧玉幼儿园孩子在学校与家庭生活中的管教进行深入分析，因为管教是中国教育和育儿中突出的文化概念，也是因为在之前几章考察过的领域中，例如学习关爱他人、学习尊重与协商物权、学习与他人分享等，纪律与训练的管教实践加强并巩固了道德发展。

"**管教**"这个民间习语是中国社会化和育儿文献中一个重要主题，涉及人类学、心理学和教育学等学科。在经典论文《中国社会化模式：批判性综述》（Ho，1986）中，心理学家何友晖（David Y. F. Ho）提出，中国的家庭社会化表现出不同于西方社会的独特模式，包括依赖性、顺从性和成就动机。中国育儿中的父母控制（parental control）主题是在民族志研究中发展起来的，学者们在研究中论证了中国民间概念"管"/"管教"的重要性。托宾和他的同事在对三种文化（美国、中国和日本）的学前教育比较研究中指出，尽管"管"的字面意思是"管理"，但在中国文化语境中，它也有一个积极的含义——"照顾"。与美国和日本幼儿园的教师相比，"管"作为一种独特的中国教育方式，强调中国教师对儿童的控制和约束（Tobin等，1991）。十年后，曾经参与过此前"三国文化中的幼儿园"研究的人类学家吴燕和概述了中国育儿的新旧经验证据，认为训练儿童自我控制是中国幼儿园的普遍当务之急，因此"管"的概念仍然是理解中国学校纪律的核心（Wu，1996）。

除了学校教育，这种独特的中国方式也是中国家庭中母子互动的典型特征之一。心理学家鲁斯·K·查奥认为，西方育儿研究中主流的、自我中心的二分法，将"权威"（authoritative）和"独裁"（authoritarian）的育儿方式进行对比，掩盖了中国育儿的重要特征,这种特征与"训练"的独特文化概念有关。在标准测量方法基础上,其研究结合了权威—独裁抚养方式的传统观念和中国育儿方式,研究对象则是学龄前儿童的欧美国家母亲和移民华人母亲。虽然中国家长被看作是"独裁"型,家长控制力较强,但她的研究还表明,母子关系的支持性维度通过"管"表现出来。在"训练"(training)的总体概念下,她论证了中国人"训练"的概念包括高度参与性与身体亲密感,这都不是独裁概念的组成部分,而是华人特色(Chao,1994)。

与在美国的华人移民家庭相比,中国的育儿情况在最近几十年中遭遇了独特挑战,即独生子女政策。基于问卷调查和1990年代早期对上海和周边两个村庄的父母的访谈工作,吴燕和(Wu,1996)得出结论,父母仍然集中关心孩子的顺从或反抗,尽管独生子女政策的新观念正冲击着传统价值观,但中国传统的管教方式仍然十分盛行。他提出"强调管的概念,是中国社会化的独有特征",将中国社会化的本质形式与"集体主义的政治文化"和"保守的文化传统"联系起来。冯文也在其作品《唯一的希望》(Fong,2004)中探讨了独生子女的管教问题,包括纪律和自律,都被大连市区的家长与老师用来解释青少年的学业成绩和道德修养。

在前人文献基础上,本章试图通过对碧玉幼儿园"管教"整体话语和实践中所呈现的内在张力的深入研究,重新审视"管教"这一概念。现有的中国社会化研究倾向于将"管教"/"管"理论中独特的中国观念和规训模式提炼出来,却忽略了当代社会转型下育儿实践的复杂性。

第一，由于不同的习惯、价值观和权力的差异，同一家庭或跨越家庭—学校背景下的不同社会化主体之间存在着普遍而微妙的张力。尽管1990年代的调查研究表明，城乡家长之间、子女在上学的家长与子女未上学的家长之间存在着抚育观念与行为的具体差异（Wu，1996），但不同家庭成员之间、家庭与学校之间管教动态的差异仍然有待探寻。在育儿的语境下，规训是建立在成人与孩子的不对称权力关系之上，这种权力关系又是通过规训构建起来。有时涉及家长、老师和孩子之间的关系，有时涉及不同照料者、孩子、孩子的同龄人等更多主体的复杂动态关系。举例来说，本章开篇的小故事揭示了鹏鹏家里的两代人在管教孩子上的矛盾。根据其中的对话，在鹏鹏看来，爸爸妈妈都很严厉，奶奶则非常慈爱，不那么严格。需要注意的是，小黑屋只是成年人用来吓唬小孩子（通常小于6岁）的夸张说法。虽然孩子有时候被惩罚，会被独自留在一个房间里，但基本不会是黑乎乎可怕的房间。

同样，鹏鹏在学校向教师讲述"内情"的事实，也说明了教师可以通过孩子本身来了解孩子的家庭生活。事实上，老师经常问孩子家里发生了什么事。很多时候，老师为了更好地了解孩子的情况，调整他们在学校的纪律要求，会有意去询问孩子的家庭生活，这种家庭—学校动态是管教过程中必不可少的一环。一方面，父母和祖父母对学前教育的普遍期望仍然是相似的，正如吴燕和在他1996年的文章中指出：

有关部门和专家一直在推广学前教育，将其作为独生子女家庭过度宠溺的一种解决方案。无论是权威人士还是普通家长都认为，幼儿园为独生子女提供了与其他孩子互动的机会，而教师最有资格纠正独生子女家长的疏忽或错误。

另一方面，我的研究揭示了教师和家长在具体管教观念和实践上更为精微的差异。例如，家长对学校纪律过于严格和不健康的担忧，以及教师认为部分家长的管教方法不恰当，要么过于严厉，要么过于宽松。

第二，在深刻的社会和道德变迁背景下，多数家庭抚养独生子女，家庭或学校中不同社会化主体之间的张力和交流是十分复杂的。一方面，在这个"4∶2∶1"家庭结构的新时代，家庭内部的紧张关系随着三代人的共同居住而加剧。学者们创造了"代际养育联盟"（intergenerational parenting coalition）这一术语作为一种文化上合适的分析单位，用以理解当代中国城市家庭养育子女的方式（Goh and Kuczynski，2009；Goh，2013）。在这种情况下，独生子女不仅是父母和祖父母关注的中心，也是母亲和父亲之间、年轻一代和年长一代之间、姻亲之间甚至是祖父母和外祖父母之间产生差异、裂痕和冲突的中心。此外，尽管吴燕和的团队在十年前进行的调查和访谈显示，对"被宠坏的独生子女"的担忧加强了传统育儿价值观的传播和实施，强调顺服的重要性，但调查也发现，在所谓传统价值观保存得更好的农村地区，父母对孩子的溺爱甚至超过了城市。事实上，就像鹏鹏的故事所表现的那样，他的祖父母比他的父母更宽容，这在当今时代是对祖父母的一种普遍指责，尽管在公众想象中，祖父母是传统观念的代表。这就提出了一个问题：什么是"传统"价值观？什么是"新"价值观？它们是想象的还是真实的？想象和现实是如何相互关联和转化？正如我在下面几节中分析的那样，与20世纪90年代初相比，今天的H市父母在"管教"方面正面临着新的挑战，现在的育儿目标更加复杂多元，而不仅仅是强化培养听话孩子的传统。

第三，个体内部存在着矛盾和冲突。正如前几章所指出的，家长和老师都陷入了道德教育的深刻困境，在冲突的价值观之间做出选择，在理念与现实之间做出调和，在培养一个有道德的孩子和一个成功的孩子之间——所有这些都发生在一个被认为不道德的世界里。现有研究"管教"的文献都强调其在实现学业成就和品德素质上的重要性，但是，二者之间的潜在张力和矛盾却很少被研究，这可能是因为所谓"道德危机"的话语此前还未成为社会生活或教育话语中的突出主题。此外，虽然在中国社会化研究文献中，"管教"似乎是个含义统一连贯的概念，我的田野调查却呈现出一种不同的画面，即使是同一个人的管教理念也并非没有矛盾，管教实践更是充满了模糊性。

最后一点，幼儿自己的声音在与管教相关的文献中也没有得到充分重视。民族志研究的独特定位是提供一个空间，可以将儿童视为在塑造自己的交往世界中发挥积极作用的社会角色（James，2007）。中国独生子女一代的崛起，正是对传统框架中听话的中国孩子形象的挑战，民族志研究刚刚开始探索儿童自身在建构中国家庭和亲属关系动态中的能动性和权力，但是小学儿童目前已经是此类研究中涉及的最年幼的群体（Goh and

Kuczynski，2009）了。根据以上线索，我的研究表明，即使是年幼的学龄前儿童也不是管教的被动接受对象。孩子们在管教的世界里发挥着自己的能动性，不仅是通过像鹏鹏这样讲述自己的生活经历，还有基于对成人管教行为的理解和评价而展开的"反管教"（anti-discipline）的各类策略。孩子本身是管教不可或缺的一部分，他们在游刃有余把握各个育儿者，塑造自己的发展轨迹。

本章将探讨碧玉幼儿园儿童在家庭与学校生活中管教理念与实践的多维性。我首先介绍育儿者对管教必要性的认同，这种紧迫感出于他们对"小皇帝"不良品德和人格特质的担忧。随后，是对教师、家长和祖父母各种管教理念的分析，分析重点在于育儿者如何平衡各种不同的、甚至互相冲突的理念，以及这种平衡所发生的社会情境，即不同育儿者共同参与社会化过程的动态角力。然后，我会记录家庭和学校的实际管教行为，集中介绍几个重要的管教技巧，以及孩子们自己的反管教策略。

管教"小皇帝"的必要性与迫切性

由于碧玉幼儿园 90% 以上的学生都是独生子女，在我和照料者的交谈中，对"小皇帝"心理问题的焦虑与担忧成为屡屡出现的主题。正如学者们在这二十年来指出的那样（详见 Settles 等，2013），这种焦虑和担忧与针对独生子女心理发展的公共话语互相呼应。在此背景下，管教被看作是一种迫切的需要、一种塑造理想儿童的重要手段。我采用问卷调查、深度访谈和参与式观察等方法，探讨了育儿者感受到的管教孩子的必要性和迫切性。

最可取的优点和最不可取的缺点："育儿问卷"中的证据

在田野调查初始阶段发放的育儿问卷当中，我采用了两个问题探寻家长们认为对孩子来说最值得拥有的优点和最不该有的缺点是什么。一个问题是："你最希望你的孩子具有怎样的道德品质？"选项是：

A. 善良／爱心
B. 听话
C. 善于与人交往
D. 独立；有主见
E. 其他

另一个问题是："你最希望你的孩子能够改正什么缺陷？"选项是：

A. 自私
B. 不听话
C. 不善于与人交往

D. 不独立；没主见
E. 其他

家长可以选择多个选项，这样当不同的价值观在他们的观念体系中地位相同时，他们就不必艰难地做出取舍。这些选项的灵感来自于冯文（Fong，2007a）对大连市独生青少年的长期研究。在该文章中，冯文从家长们谈及孩子应该学习的价值观时最常使用的本地话中提取出五个价值观概念：服从、爱心/善于社交、独立和优秀。根据冯文的观点，我在自己的问卷调查中使用相似术语（Fong，2007a：89）充当简略思维模板（heuristic shorthand）。中文指代抚养幼儿语境下的"顺从"时通常使用"听话"一词，字面意思是"倾听（权威的）话语"，暗指服从权威的价值。我把听话/不听话看作一套二元对立的价值观，因为我认为这是一种合适的备选项，正如冯文的文章和中国社会化与管教的其他文献所述。

然而，我选择和使用术语的方式有几点不同。首先，我没有使用"优秀"，因为我的问卷中包含这两个问题的部分是专门用来引出家长对孩子的社会与道德发展的看法的，而不是关于认知发展/学业成绩。其次，我将爱心与社交能力分离开来，将爱心与善良结合起来，形成了一个独特的概念。在我的田野调查中，关爱是指一个人的内在品质/倾向去关心他人和善待他人，用口语来说就是"有爱心"。例如，如果一个孩子自发地去安慰另一个哭泣的孩子，或者一个孩子自发地帮助另一个需要帮助的人或与他人分享东西，大人就会说这个孩子是一个"有爱心的人"。相比之下，社交能力是一个非常普遍的人际交往术语，指的是孩子与他人相处的能力和技巧，交朋友，轻松且理智地应对社交世界。正如冯文所研究的，大连的家长们"担心由于错过了对兄弟姐妹关系的体验，他们的孩子就无法做好准备应对成年后应该建立的社会关系网络"（Fong，2007a：92）。碧玉幼儿园的家长也有类似的担忧，担心孩子是否有充分的准备去培养有价值的社会关系。第三，虽然我用了"独立"这个词，但它在国内语境的含义与冯文在文章中给出的解释并不完全相同。除了强调孩子自主性、强调孩子们应该学会独立**行动**而不是过于依赖照料者以外，独立的另一个维度还指自我**思考**，换句话说，表现出独立思考的能力。这种独立思考的内涵与"听话"价值观形成潜在冲突，这是我应该关注的，因为我正在探索中国育儿价值观的连续性和变迁情况。

这两个问题总共有92个家庭（每家一位家长）作答。对于问题1（你最希望你的孩子具有怎样的道德品质），我回收了129个答案（见图5.1）。选项如下：

A. 善良/爱心
B. 听话
C. 善于与人交往
D. 独立；有主见
E. 其他

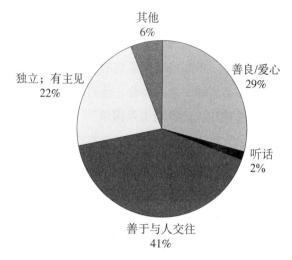

图 5.1 育儿问卷：儿童最值得拥有的优点

54个［41%］答复选择了C（善于与人交往），38个［29%］答复选了A（善良/爱心），29个［22%］答复选了D（独立），8个［6%］选了E（例如勇敢、外向等），而只有2个［2%］选了B（听话）。对于问题2（"你最希望你的孩子能够改正什么缺陷？"），我回收了88份问卷（见图5.2）。选项如下：

A. 自私
B. 不听话
C. 不善于与人交往
D. 不独立；没主见
E. 其他

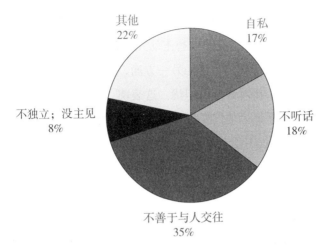

图 5.2　育儿问卷：儿童最不应该有的缺点

31个［35%］答复选择了C（不善于与人交往），19个［22%］选择了E（其他例如自我中心、任性），16个［18%］选择了B（不听话），15个［17%］选择了A（自私），7个［8%］选择D（不独立；没主见）。从这些结果中可以注意到以下几点。

第一，父母强调培养人际交往能力、建立社会关系和顺利应对社交世界的重要性；这是因为善于与人交往和不善于与人交往被选为最该拥有和最不该有的特征。这与对"小皇帝"的担忧极其相关，因为大多数孩子都没有兄弟姐妹。

第二，善良/爱心被认为是第二重要的正面特征，而独生子女的自私也是父母共同关心的问题，仅次于不善于与人交往和不听话。

第三，与十多年前 H 市市区及周边乡村家长的调查结果（Wu，1996）相反，在当今碧玉幼儿园儿童的各项正面特质中，选择最少的选项就是听话。另一方面，就负面特质而言，不听话仍然是一个相对普遍的担忧。这表明，尽管父母不希望他们的孩子不听话，但他们并没有像二十年前吴燕和的研究报导人那样强调听话是社会化和纪律的重要目标。

第四，独立被看作是一个重要优点，远比听话重要得多。这在一定程度上显示出对与严格等级社会相适应的传统社会化价值观的背离。同时，由于当下正经历着快速社会转型，孩子和父母都面临着高度不确定性，凭借个人能力做出决策并顺利应对社交世界的独立性由此日渐重要、价值不断提升。另一方面，缺乏独立性并不会被看作是严重的缺陷。最后，关于最不可取的缺点近四分之一的回答选择了 E（其他），于是我仔细考察家长们给出的其他答案。在写下其他选项中的具体特质时，有的作答者解释，他们的孩子过于以自我为中心，有的强调孩子缺乏自控能力，有的指出孩子过于脆弱、不能承受挫折，还有的认为孩子脾气不好、容易生气。以上特点，连同不善于与人交往、自私、不听话和不独立，都常常在我和老师、家长的对话中被反复提及，被看作是独生子女相关的问题，需要有效管教才能纠正。在接下来的内容中，我将详细叙述儿童日常生活中这些特质（育儿者想象的或真实存在的）的表现或症状。

"不可取特质"的表现：访谈与观察中的证据

自我中心的"小皇帝"

J先生（金奇的外祖父）：我觉得在学业和事业上，我女儿挺成功的。她非常聪明。但是她的性格怎么样呢？我觉得她性格不好。她不关心其他人。独生子女很多都有这个缺点，他们自我中心、唯我独尊。

许晶：特别是那些成绩一直很好、在班里一直是榜样的好学生？

J先生：是的。那些成绩突出的"好学生"不一定是有道德的。好的道德品质要从小抓起，会影响人的一生。

我和J先生的谈话，透露了老一辈人对独生子女自我中心的普遍担忧。金奇的妈妈是第一代独生子女。金奇的外祖父母在她长大后意识到，优秀的学业成绩最终造就了事业成功，但这与良好的性格和道德品质之间存在着紧张关系。金奇妈妈毕业于H市一所名牌大学，嫁给了另一位有海外留学和工作经历的本地人。两人都忙于工作，金奇几乎从出生起就和外祖父母住在一起。金奇只在周末和自己的父母待在一起，尽管他父母住得离他的外祖父母很近。从他母亲的故事中，外祖父母更担心的是他自己，他是独生子女，在家里受到太多的关注。

这些年幼的孩子背负大人们的指责，那就是，认为自己是整个宇宙的中心。例如，在吃饭的时候，孩子把他不喜欢的东西都扔进父母或祖父母的碗里。孩子们已经习惯了这样做，他们自然会将这种习惯扩展到班级环境中。在他们受到管教并内化学校生活的新集体规范之前，他们就是把自己不想要的食物扔到其他孩子的碗里。老师们通常认为这是被溺爱且没有爱心的表现。

"作"的"小皇帝"

独生子女往往被认为要求过多。在 H 市方言中，有一个形容这一特点的术语，"作"，意思是被宠坏了，要求很多。碧玉幼儿园的家长和老师在谈论孩子时经常使用这个词。方琳老师曾就现代孩子的教育困境说："现代孩子有一个共同的特点，那就是作（第一声）。这就是为什么每天照顾他们是一件非常困难的工作。但另一方面，你不能责怪孩子们。这只是因为大人们在家里太溺爱他们了。"

萨伊，1A 班一个 3 岁的女孩，是"作"的极端例子。比如说，当她第一次来幼儿园时，她几乎不会自己做任何事情。如果她玩的玩具掉在地板上，她不会自己捡起来；相反，她会大叫着发出命令："玩具掉了！"她只是希望老师们能帮她把玩具捡起来。或者，如果有什么事惹恼了她，她会大叫："我生气了！"她交叉双臂，像个傲慢的老板。当老师无视她的命令和警告时，她会歇斯底里地尖叫。在经历了几次这样的事情后，她很困惑伤心，她向老师解释说："在家里，每次我说'我生气了'，我的外祖母就会马上过来，让我平静下来。"萨伊，这个在家里总是娇生惯养的女孩，必须学会独自处理问题，学会听从老师的教诲。

不听话的"小皇帝"

虽然听话不再是理想孩子的最终标准，但正如问卷调查所显示的那样，极端不听话仍然被视为独生子女的典型问题。不听话，包括不尊重权威和不遵守规则，也是育儿者对"小皇帝"担忧的一个常见主题。

以下对话发生在三位母亲之间：西西的妈妈，明的妈妈，我（豌豆的妈妈）。西西和明住在同一幢楼里；他们从一岁开始就成了玩伴，他们的母亲也成了亲密的朋友。在谈话中，西西妈妈向我抱怨明妈妈的育儿方式。明的妈妈对儿子缺乏权威，而儿子又不听话，两者相辅相成。西西妈妈甚至认为一个人在早期生活中的经历会影响到他的青春期和成年生活。

西西妈妈（对许晶［豌豆妈妈］说）：明的妈妈对儿子溺爱过头了！

明妈妈：我不这么觉得！我很好。有时候我还挺严格的。

许晶：西西妈妈怎么想？

西西妈妈：她真的把孩子宠坏了！

许晶：比如呢？

西西妈妈：比如说，她儿子（3岁）还需要每天喝四次奶，这个年龄没有必要这么做，也不利于健康。但是她就是不改，因为他儿子很固执，她管不住。

明妈妈：另外，他喝奶的时候，我一手扶着他的胳膊，一手扶着奶瓶。

西西妈妈：你能不能好好想想？在家里你应该是权威，他应该听你的。没有别的方法。

明妈妈：但是他很倔！如果我不按照他的意愿做事，他就会说："那我不吃了。"

西西妈妈（对许晶说）：我告诉她很多遍了！没用！要是他哭了，就让他哭！

许晶：我同意西西妈妈说的。是这样，你不能总是惯着孩子。

西西妈妈：为什么现在会有这么多叛逆不服管教的青少年？就是因为他们从小就不听家长的话。不听话的小孩长大之后就会变成惹是生非的人。

除了不尊重家长权威之外，有些孩子被认为是不讲理的。小北是2A班的一个4岁男孩，他的老师就觉得他是个不讲理的小孩。

小北的爸爸经常出国出差，平时都是妈妈照顾他。他母亲怀他的年龄比平均年龄要大（将近40岁），她对他过于溺爱了。更不用说，他妈妈本来就不是一个强势的人。她从不生别人的气，她的儿子就成了她的老板。无论儿子做错什么事，她都会让着他。然而，在学校，你向他解释规则，他根本听不进去。他总是认为他做的每件事都是对的。他就是这么任性这么不讲理！

除了指责成年人没有行使权威之外，家长和教师还将独生子女与那些有兄弟姐妹的孩子进行比较，总是把不听话与独生子女身份联系起来。独生子女没有兄弟姐妹之间的竞争或对兄弟姐妹的仿效，这使得他们更加任性，不愿意遵守规则或听从家长的命令。

脆弱的"小皇帝"

育儿者也普遍关注独生子女的心理健康，用"心理承受能力"和"心理素质"等短语来表达。这指的是接纳批评、承受失败和忍受困境的能力。人们认为这些孩子由于在家里受到过度保护而太过脆弱，照料者的过高期望、关注和表扬使他们变得自负。

子玉的母亲是一家大公司的高管，她向我解释了为什么她认为培养良好的"心理素质"比取得学业和事业上的成功更重要。她担心自己的女儿过于好强，因此遇到困难容易受到伤害，这种情况并不少见。

许晶：你认为教育最重要的目标是什么？
子玉妈妈：对我来说，最重要的不是学业成绩，而是心理素质。她（我女儿）应该学习怎么适当地调整心态，因为她有点过于好强了，总想当第一名，当最好的。她这样的小孩必须学习怎么更好地调整自己的期望。

许晶：很多孩子都这样。他们都觉得自己是最好的。

子玉妈妈：不幸的是这才是整个社会的现实。每个人都要和别人竞争。我们教育的关键理念就是你要赢。但是咱们大人在经历了现实生活的起起伏伏之后，就会发现虽然学业和事业上的成绩很重要，但是最后你幸不幸福不是由这个决定的。反之，幸福更多取决于心理承受能力。

天天的家长将这一代年轻人的经历与前几代人的经历进行了对比，分析了如今的孩子为何如此脆弱。

调整自己心态的能力的确是至关重要的。回顾我们的经历，我想说，我这代人很擅长调整心态，可能是因为老一辈的家长给不了孩子这么多关注，所以我们学着在现实生活中自己处理问题，经历了调整自我、提升自我的过程。但是现在的孩子受到了过多的关注，他们就很难为生活中的困难做好准备。

如果我的孩子经历了极端事情也没有自杀，那就证明我对他的心理素质教育是成功的。

天天妈妈比较了不同时代心理素质的差异，流露出育儿者对年轻一代被宠坏的孩子有多脆弱的深层次焦虑和不确定。天天妈妈出生在70年代末，正是在独生子女政策实施前。她接受了良好的教育，读过很多中外育儿指导手册。她对儿童发展的心理和教育方面很有热情，善于主动思考不同育儿方法的短期成效和长期影响。

我不喜欢（体罚），不是因为我担心他的身体健康，而是因为我担心体罚是否会伤害他的心灵——对他的心理健康产生有害的影响。你看，现在中国的其他孩子都被过度宠爱，但是我们的孩子从小就受到严格的管教。我担心他将来会过于胆小、畏首畏尾，而其他人都是开朗自信的。我不知道这两者之间是否有联系。小时候，我们都被父母打过屁股。但是现在的社会环境不同了。我们当年被打的时候，我们根本不在乎，也不觉得羞耻或受伤。我们会马上出去和其他孩子一起玩，就像什么都没发生过一样。我们可以自己治愈（心理上的创伤）。但是现在的小孩子呢？他们被溺爱，总是需要你的关注。他们怎么能自愈呢？

很多父母都有类似的担忧：独生子女往往自尊心很高。一个典型的症状是他们心理脆弱，不知道如何处理不利的情况和管理负面情绪。此外，天天妈妈对心理脆弱的考虑主要是基于，在一个充满挑战的环境中，她担忧心理脆弱会对孩子未来幸福造成长期影响。

在独生子女性格问题的背景下，与以往中国社会化文献中听话孝顺的儿童相比，心理健康的儿童似乎成为越来越重要的育儿目标。举例来说，瑞的妈妈被视为成功母亲的典范，因为她的女儿不仅成绩优秀,而且性格好、全面发展。瑞妈妈告诉我:"我不认为考试成绩和排名是评价一个孩子最重要的标准。对我来说,理想的孩子不一定是听话的孩子,因为我们成年人并不总是正确的,有时听话会扼杀孩子的创造力。因此,理想的孩子是一个有创造力的孩子,一个关心他人、尊重他人的孩子——一句话说,一个性格健康的孩子。"综上所述,浇灌该拥有的优点,剪除不该有的缺点,是育儿者把"小皇帝"培养成理想孩子的中心任务。[1] 管教是实现这一终极目标的手段,也在社会化中变得至关重要。

寻求"中庸之道":管教中对不同观点的平衡

在复杂的现实环境中,碧玉幼儿园的育儿者正在追寻中庸之道,因为他们想要平衡管教中的各种观点,这些观点有时相互冲突,有时不适合中国当代城市持续变迁下的育儿状况。

"圈养"和"散养/放养"

"圈养"与"散养/放养"等动物饲养中的术语,已经成为中文口语中流行的育儿概念,育儿者正在儿童心理发展中寻求独立/创造性与从众性之间的现实平衡。这种类比的特点是进行两种育儿方式的对比,"圈养"和"散养/放养"。尽管前者强调的是建立儿童日常生活的具体框架和边界,保护他们免受外界的危害，而后者包含的价值是给予孩子足够的自由去自我探索，让他们接触外界，鼓励他们做独立的孩子。

家长很难在这两种方法中做出选择。和前几章叙述的故事一样，当儿童在一个缺乏安全感的语境中受到高度关注、承受集中压力时，强调建立约束和保护的圈养方法似乎对大部分当今城市家长来说是不可避免的选择。另一方面，圈养存在着压迫性过强、损害儿童创造力和自主性的风险。相比之下，散养则有培养孩子独立性和自主性的可能。真实的中国与"想象的别处"之间的比较，常常成为家长对这两种方法比较评估的一部分。

我们的环境有时真是糟得很——黑心商家，食物有毒，空气污染——但我们都希望我们的孩子得到最好的。因此，我们努力以各种可能的方式控制孩子的生活。这就是为什么我们的孩子这么叛逆——他们在学校压力太大。例如，每天早上，碧玉幼儿园要求所有的孩子都要洗手，使用教学楼外的冷水水龙头。毛毛会遵守这条规则，不管外面有多冷。但回家后，他会抗议说："爸爸，我不洗手！"即使天气很暖和，他能用温水洗手。为什么会这样？因为他们自己的欲望和偏好在学校被压抑了，所以他们需要一个发泄情绪的出口。

毛毛的父亲并不是唯一一个担心孩子的天性在学校环境中受到压抑的人，因为学校有太多的规章制度。比如，碧玉幼儿园为庆祝2012年的儿童节举办了盛大的晚会，每个班级都有歌舞表演。1A 班的方琳老师非常重视这次活动，为全班同学设计了一支"集体舞"，几乎每天让她的学生都排练这支舞蹈，排练了整整一个月。这些 3 岁的孩子逐渐以一种非常刻板的方式记住了这支舞蹈的所有动作和结构，他们在晚会上表现得非常出色。但是看了他们的表演后，天天妈妈和我分享了她的担忧：

> 我真的不认为孩子们有必要每天经历如此刻板的反复排练过程。他们是孩子，不是职业运动员。我希望看到他们自然地、自发地做事情，我认为这可能比完美无缺的集体舞蹈更美好。在集体舞蹈中，每个孩子都必须按照老师教他的方式跳舞，就像机器人表演一样。这种训练可能不利于他们的发展，比如说，会扼杀他们的创造力。

一些家长试图通过让孩子在放学后放松精神、释放精力，例如户外活动和自由玩耍，来弥补圈养的刻板性。圆圆的妈妈就是这样做的：

> 我在乡下长大的时候，有很多东西可以玩，而且是免费的。现在的城市不一样了，孩子们玩的东西都是要花钱的。甚至孩子们不知道应该怎么玩，因为他们已经被"格式化"了，他们的创造力受到学校和家庭规则的限制。比如说，现在的一些孩子甚至不知道在沙子地玩什么。这就是为什么有时候圆圆带着玩具来找我，我会鼓励她自己去探索。当我来指导她的时候，我自己的观点和想法就会影响她。在学校，她不可避免地受到

各种规则的限制,所以每当不在学校时,我都会尽我最大的努力让她感到放松自在。我支持"放养"。我总是鼓励她到户外玩耍,享受大自然,也和其他孩子一起出去玩。这就是她外向而不羞怯的原因。

圆圆妈妈现在30多岁,出生于H市,但随后和父母一起在内陆省份的农村生活,直到大学毕业才回到H市。她将自己的童年经历与女儿目前的经历进行比较,担心目前的育儿和教育环境不利于孩子创造力的培养。此外,基于她对"放养"这种外来方法的认识和想象,她对中国城市中占主导地位的育儿方式感到沮丧,因为它有可能扼杀幼儿的自信和独立。

看看别人是怎么养孩子的!别人家的父母采取不干涉的方法,他们就鼓励孩子自己玩、自立。我认为这才是正确的方法。但我们这里,去公园的时候需要四到五个成年人来陪伴一个孩子。我喜欢带我女儿去世纪公园附近的儿童中心玩。那边有很多来自台湾地区和新加坡的家庭。有一次我带她去那里,看到一个非常高的滑梯,几乎是垂直的角度。本地孩子都不敢爬上去滑下来。但是台湾地区和新加坡的孩子一点也不害怕!

为什么会有这样的区别呢?我相信这是因为"无知者无畏"。那些"放养"的孩子受到的约束更少,因此他们什么也不怕。但我们的孩子从出生起就受到太多关注,受到过多的期望和规则的束缚。所以他们很自然地知道应该害怕什么,他们可以从父母的表情和没有明确表达的态度中感受到父母的判断和偏好。他们从很早的时候就有了这种意识，我相信这是全社会强加的结果。所以我们的孩子很容易感到不自信和害怕。他们的心理健康就会受到损害和影响。

有趣的是，在圆圆母亲的故事中，她所谓的"别人家"属于中华文化谱系。她没有具体说明育儿的不同态度源于什么，但从这件事以及她对自己童年经历的叙述中，我们可以推断，中国社会文化转型是这两种叙述的背景，而独特的独生子女政策是这一谜题的重要部分。此外，在我们两人的访谈过程中，她向我询问美国的育儿方式，想知道关于西方育儿方式的公共话语和想象是否与我在美国所见的相符。在她看来，和想象中的西方环境、以台湾为例的中国不同地区文化语境、以社会主义时期为例的中国不同时代文化语境相比，自己目前所处的育儿环境并不十分理想。对当今 H 市城市育儿方式的评价常常以其他文化背景作为参照和比较对象，有时甚至是想象中的异国情境。这些其他文化社群的他者性和真实性并不是从他们个人生活经历中接触到的，而是从想象或怀旧中浮现出来的。

专制管教和民主管教

  沈沈：我不喜欢林林老师，我喜欢樱桃老师。
  许晶：你为什么不喜欢林林老师呀？
  沈沈：因为她太爱生气了。
  许晶：樱桃老师有时候也会生气啊。

第五章 规训"小皇帝":在多变立场中寻找出路

沈沈:但是樱桃老师脾气很轻。
许晶:林林老师呢?
沈沈:她会冲我们吼。

当 2B 班的小男孩沈沈告诉我"樱桃老师脾气很轻"而林林老师冲他们吼时,我并不感到惊讶。林林老师以她的严格和班级秩序闻名,而沈沈班级的助理老师,樱桃老师,对这些孩子来说更像是一个大姐姐,而不是权威人物。然而,沈沈和我之间的秘密——他更喜欢樱桃老师而不是林林老师——表明,幼儿实际上对照料者的管教方式非常敏感。当代育儿者努力在专制和民主管教之间找到一条中间道路。这样的协商表明,对儿童行使权威与尊重儿童之间存在着矛盾。

林林老师是专制管教的拥护者,她的学生一般都不敢违抗她的命令。当我问她成功管理班上 26 个孩子的秘诀时,她向我解释道:

这其实没有什么秘诀。我觉得你只需要对他们严格一点,让他们都听你的,服从你,马上改正错误,没有例外。现在很多人说我们需要尊重孩子,但是我的经验告诉我,你需要给尊重一个底线。底线就是你必须是权威。

但是有的老师偏向更民主的社会化形式。举例来说,3B 班的小玲老师说:

我比较喜欢班级或者家里有民主氛围。比如说，天河的家长就很尊重天河的意见，他们会和他分享家庭事务，让他参与到决策过程中。我觉得这是一种很好的抚育方式。

需要注意的是，虽然小玲老师对学生们来说是一个温柔可亲的"姐姐"，但她不会无条件接受孩子的所有要求。她会耐心地和孩子讲道理来建立规矩，而不是没有沟通就强制执行规则。

除了教师之外，在选择更专制的方式还是更民主的方式管教孩子上，家长们也有不同意见。思雅的妈妈给我讲了这个故事：

有一次，唐老师和班上同学说："你们长大以后想做什么？"思雅回答："我想要当个好妈妈！"放学后，老师告诉了我这件事，我问思雅："你为什么说自己想当个好妈妈呀？"我以为她可能会说"好妈妈就能照顾小宝宝了"之类的。但是她说："因为好妈妈能管孩子！"听了她的回答，我有点羞愧。之后，我就很注意不要以母亲的身份强制让她做什么事了。

瑞的妈妈是碧玉幼儿园的模范妈妈，她也不喜欢专制管教的方式。她和我分享了她对育儿要点的看法，那就是把孩子看作独立的人来尊重，孩子有自己的心理个体性，所以家长不能把自己的意愿和喜好强加给孩子，而是要试着在孩子和大人之间建立双向信任。据我观察，越来越多的高学历年轻父母开始接纳管教的民主方式，强调双向信任与沟通。城市中产家庭的这一趋势，表现出对过去文献中以权威和听话为特征的管教实践的一种背离。

"虎妈"和"好妈妈":通向优秀之路

2011年,当我回到田野时,两本育儿书籍在国内大受欢迎。其中一本名为《我在美国做妈妈》(Chua,2011),是销量颇高但存在争议的《虎妈战歌》的中文译本,作者是耶鲁大学法学教授蔡美儿,她成功培养了两个成绩优异的女儿。另一本叫作《好妈妈胜过好老师》(Yin,2009),作者是中国的一名高中语文老师,同时也是一位母亲。她有教育学硕士学位,她的女儿16岁就考上了清华大学。虽然蔡美儿英文版把自己的严格育儿方式宣传成中国式教育的代表,但她作品的中文标题却强调了西方特点:"在美国做妈妈。"尽管美国读者指责蔡美儿的中国式教育存在种种缺陷,但中国读者并不认为蔡美儿的教育方式代表了中国式教育。的确,在当今中国社会,更温和的"好妈妈"形象愈发被大众接受。

在我的田野调查中,"虎妈"和"好妈妈"之间的对比经常出现在与幼儿园妈妈的对话中,比如天天妈妈:

> 我一天就读完了"虎妈"那本书,另外也读了"好妈妈"那本书。这两本书提出了完全不同的概念。我真的很讨厌这个"虎妈"。她有两个孩子,她用体罚方式强迫其中一个学钢琴,另一个学小提琴。她会说:"你要是不练琴,我就烧掉你所有的玩具!"她模仿了自己父亲的做法。她小的时候,即使她在班上

得了第二名，只比第一名差一点，她的父亲也会去她学校骂她："你真丢人！"我真的不同意这个"虎妈"的做法。

但是看看另一本书中的中国妈妈。她对女儿更加宽容，给了女儿做自己的事的自由。这并不是说她没有为女儿设立规矩。她的女儿特别听话。这个"好妈妈"的独特之处在于，她尊重孩子们的天性，并以符合自然规律的方式引导这些天性。比如说，她允许女儿玩电子游戏，因为她相信探索这些东西是出于孩子天生的好奇心，你不能让你的孩子一辈子都不接触电子游戏。头两天，她的女儿沉迷电子游戏，没有时间完成家庭作业和二胡练习。然后她问女儿："也许从今天开始，你可以先做完作业、拉完二胡，然后再看电视、玩游戏。"她女儿意识到了沉迷游戏的问题，然后学会了平衡作业和游戏的先后顺序。

她女儿高考考得很好——没有死命学习就考到了清华！另外，她的女儿不仅学习成绩优异，还和别人相处得很好，是一个善良的受欢迎的女孩，愿意帮助别人。她不仅专注于学业，还探索生活中其他有趣的事情，比如电子游戏、电视和武侠小说。她还当过班长，但当她不再喜欢这份工作时就辞职了。你会感觉到她真的很享受生活，而不是痛苦地做事。她是一个全面发展的成功案例。

最重要的是，在那本"虎妈"的书里，我找不到任何关于她女儿内心世界的描述——她们自己的感受和视角。但这位"好妈妈"从一开始就很关心女儿的心理健康。

正如天天妈妈总结的那样，"虎妈"案例和"好妈妈"案例为培养优秀的孩子提供了两种不同的方法。哪种方法更好？不同的人对此可能有不同的看法，因为"虎妈"一书在美国（Maslin，2011）和中国（Sohu News，2011）都引发了争议。碧玉幼儿园的钢琴老师琪琪很欣赏"虎妈"的教学方式，因为她认为，这种方式能让孩子在很小的时候就养成坚持不懈的性格，这对未来成功至关重要。她的父亲就是一个"虎爸"，十多年来强迫她每天练习钢琴两个小时，也采用体罚的方式。起初她不喜欢这样，但后来练习钢琴成了她的习惯，她的钢琴弹得越来越好，她逐渐开始感激父亲的付出。现在，当她教小孩子弹钢琴时，她很担心，因为很多家长不愿意强迫孩子每天练习一个小时，她认为这不利于培养毅力。

然而，与我交谈过的大多数家长更喜欢"好妈妈"的方式，觉得"虎妈"很奇怪。他们理解毅力对孩子取得优异成绩的重要性，但他们不喜欢"虎妈"训练孩子的方式，指责她损害孩子的心理健康。另一方面，正如天天的妈妈所说，"好妈妈"不是没有规矩的妈妈。相反，她帮助孩子建立自己的规矩，利用孩子的天性和人类发展的自然规律，而不是违背孩子心理发展的基本条件。在她实施方法时，一个特别重要的目标是训练孩子坚持原则的毅力。例如，孩子们在饿的时候自然想吃东西。但是现在，中国家长非常担心孩子吃得不够；他们四处追逐孩子、给孩子喂饭，每顿饭就成了一个艰难的战场。然而，这位"好妈妈"在女儿小时候没有这么做：如果她女儿不吃饭，她就顺其自然。她不会四处追着女儿喂饭，而是耐心地等孩子来找她要吃的。这样吃饭就成了简单的任务。这个简单的例子说明了"好妈妈"方法中的管教策略。

正如"好妈妈"解释的那样，家长应该发掘孩子的兴趣和潜力，创造培养和实现这些兴趣和潜力的环境，而不是把自己的兴趣强加给孩子。她发现她的女儿喜欢阅读，所以她创造条件来满足她女儿对阅读的兴趣，通过阅读，女儿看到了世界上美好的东西，没有在其他事情上浪费太多时间。另一个例子是互联网上流传的著名故事，一个孩子想成为为别人鼓掌的人，而不是作为最好的学生得到掌声。

我们家长经常过分强调学习成绩，忽视了其他方面，比如与他人相处或关心他人的能力。有一位作家讲了他的育儿故事，并在社交媒体上走红。他儿子不擅长学习，他们想尽一切办法来激励他，但他就是不喜欢学习。每次他被逼得太紧了就会生病。然后他们决定不折磨他们的儿子了。虽然他的考试成绩并不高，但他却出乎老师的意料，成了班里最受欢迎的学生。一次他的老师问全班同学他们最喜欢的同学是谁，所有的孩子都选择了这个男孩，因为他是一个非常善良的孩子，乐于帮助别人。他的儿子告诉他："所有人都想成为最好的，赢得别人的掌声，但总得有人鼓掌，对吧？我想成为那个鼓掌的人，让别人高兴起来。"

从这些故事中可以看出，受过良好教育的父母会批判性地接受流行的育儿建议，有意识地将这些不同的知识线索与他们自己的育儿实践进行比较。这样的知识循环、评估和应用过程正处于中国教育向关注儿童内在主体性转向的宏观转型之中，这是中国新兴中产阶层中出现的一种新趋势（Kuan，2011，2012）。在竞争激烈的教育环境和充满不确定性的社会中，儿童心理压力激增是父母极为关注的问题。中国城市中越来越多的中产家长，在追求学业成绩的极端压力和竞争中，开始主张培养善于交际、有爱心、心理健康的孩子。

多方照料者之间的协商：寻求和谐

正如本章开头故事所揭示的，"小皇帝"每天通常由家里的多个成年人（父母、祖父母和保姆）和学校的多个成年人（老师和阿姨）照顾。不同的照料者在抚养孩子过程中有着不同的地位和角色，需要平衡上文所述的各种价值观矛盾。这些不同照料者之间的协商就成为了现实世界中管教实践不可或缺的一部分。这种协商通常发生在婆婆和儿媳之间、母亲和女儿之间、丈夫和妻子之间以及祖父母和外祖父母之间。在如此紧张的协商中，人们努力追求和谐家庭生活。

我在育儿问卷中问了这个问题："你的育儿观念和你父母的育儿观念有多么不同？"我给了填写者五个选项：

A. 天壤之别
B. 非常不同
C. 不同
D. 略有不同

E. 没有不同

在回答这个问题的 88 位家长中，58% 的人选择了 C（不同），24% 的人选择了 B（非常不同），11% 的人选择了 D（略有不同），还有 3% 的人选择了另外两种极端的选择。所以大多数家长确实认为代际差异存在，而且不是微不足道的。

祖父母和外祖父母常常被指责为溺爱孩子，每次谈到育儿观念的代际差异，父母都要抱怨祖辈。我田野调查的经验是，如果我需要鼓动一位家长发表意见，特别是母亲，那就问她对婆婆育儿方法的看法。在这个问题上，所有母亲都有很多话要说，主要是对婆婆的抱怨。

大部分情况下，这种冲突是由两代人在育儿价值观上的差异造成的，母亲经常指责婆婆的观念过时、不科学。但在这些明显的价值冲突背后，隐藏着另一种矛盾，那就是争取成为孩子守护者和主要照料者的权力的矛盾。中国婆婆们常常理所当然地认为孙辈是父亲血统的继承/所有，这一观念从古代延续至今（Yan，2003）。这就是为什么有时看起来微不足道的育儿问题也会导致婆媳冲突。

例如，凯凯的父母都是本地人，他们和凯凯祖父母住在同一个城市。凯凯的母亲是一位受过良好教育的家庭主妇，她的这番话精辟表现了儿媳们的想法。

这是一种根深蒂固的中国心态，认为孙子属于他们（公婆）的家族/血统。但是当然，他首先是我的儿子！不同的人肯定有不同的育儿观念。我真的认为我的方法是科学的，但我婆婆的方法不是。比如说，在之前的假期里，我们全家一起去了海南。一天晚上我们去自助餐厅，我婆婆给凯凯拿了满满一盘香蕉和芒果"想不想吃？想不想吃？"我们还没有开始吃任何主食或者菜，我告诉她："这些'热水果'会让他'上火'。他现在不能吃。"[2] 我说的对吧？他甚至还没开始吃米饭，那天早些时候他已经吃了一根香蕉；他怎么能再空腹吃一根香蕉呢？芒果是一种特别"热"的水果，更别提我们当时还在热带地区，他很容易上火。但是我婆婆没有理我说的话。她直接走到凯凯面前，把盘子递给他。小孩子都喜欢吃甜的水果，他怎么可能不要呢？我婆婆就和我争辩："你看。不是我非要给他，是他自己想吃水果了。"我就很生气：所以孩子要什么你就给什么？这对他不好！然后我直接跟她叫板："我说了别给他，那就别给他！"当时我说的话让她很不高兴，但是我老公没看到。他当时离我们很远。

这种冲突有时会导致夫妻之间的婚姻问题，所以儿媳必须采取各种策略来维持家庭的基本和谐。

凯凯妈妈透露了一个信条：不要在丈夫面前抱怨婆婆。正如上文所述，当双方发生争执时，她的丈夫并不在场。对她来说，这是"一个血泪教训"：

她（婆婆）不是你自己的妈！你可以对你妈妈说任何你想说的话，但不能对她说。还有，永远不要在你丈夫面前抱怨她！

如果你真的忍不下去，你可以向你的闺蜜抱怨。但决不向丈夫抱怨！那是他的妈妈，男人对他们的母亲都有一种特殊的亲近感。即使你的丈夫认为你是对的而她是错的，他仍然会不高兴。所以我不得不忍受，克制自己，不向他抱怨。我年轻的时候，每当我向他抱怨婆婆，他就会生气。然后我学会了容忍。这是一个血泪教训！

另一个解决办法在H市家庭中非常流行，就是不和公婆住在一起；年轻夫妇单独生活或与岳父母住在一起更为常见。在中国当今关于性别和婚姻的话语中，"H市男人"是一个带有刻板印象的范畴：和中国其他地区男性（比如北京男人和北方其他地区的男人）相比，H市男人在家里不那么占主导地位，或者没那么有男子气概；和妻子相比，他们更常做家务、做饭，即使他们比妻子挣的工资更多，而且他们对待妻子更加温柔。与之相反，人们认为H市女人在家里更有主导地位，更有权力。人们经常开玩笑说，H市男人在家里"没地位"（Lan，2010）。这种刻板印象与等级社会传统父权家庭中中国男性作为一家之主的形象形成了鲜明的对比（Baker，1979；Freedman，1966；Hsu，1971）。有篇文章就描绘了20世纪90年代的H市男人，他们勤于家务，努力取悦自己的老婆。这篇文章的作者曾与一位德国人结婚，在不同大洲生活过，她比较了H市丈夫和传统时代中国丈夫以及德国、瑞典、美国等西方国家的丈夫。她认为，考虑到上述不同背景，作为丈夫的H市男人在两性关系上确实是非同寻常的：

我是一个台湾女人，在美国和欧洲生活了二十年。从俄罗斯到南非，从以色列到菲律宾，全走遍了；以为这世界上能让我真正惊讶的事情大概已经没有了，直到我认识了H市男人……社会主义教出来的男人还真解放，我记得自己暗暗惊叹……所以我对大陆男女关系的平等是有心理准备的，只是没有想到H市男人在大陆男人中还自成一格，是一个世界稀有的品种。

在中国性别形象、婚姻关系、家庭权力动态的复杂转型中（Yan, 2003），21世纪初的H市家庭是一个有趣的例子。由于H市家庭的特点是妻子强势，丈夫顺从，妻子的母亲/丈夫的岳母（丈母娘）在大家庭中享有很高的地位，往往成为孙辈的主要照料者。有趣的是，H市儿媳妇，比如凯凯妈妈，经常看不起中国传统的大家庭生活方式，更喜欢不与老一辈生活在一起的西方生活方式。与此同时，他们中的大多数人选择请自己的父母过来住，照顾孩子，像凯凯妈妈那样拒绝公公婆婆：

我儿子是由我母亲抚养长大的，因此对他的祖父母没有特别亲密的感情。每当我的公公婆婆抱怨这件事时，我就在心里笑："他当然不喜欢你。他是我儿子，他不需要和你亲近。"在我儿子出生前，我公公婆婆其实想和我们住在一起。幸运的是，我丈夫没有听他们的话。我事先警告过他："你自己想想吧！如果你妈妈和我合不来，特别是我们在抚养孩子的问题上有不同意见的时候，我该和谁争论呢，你妈妈还是你？肯定是你。然后咱们就只能离婚了。"他理解了形势，做出了明智的决定。

虽然不和公婆住在一起可以缓解婆媳之间的冲突，但当母亲和外祖母一起照顾孩子时，事情也不那么顺利——这是H市家庭中常见的合住模式。母亲经常指责自己的母亲用不科学的育儿方法宠坏了孩子，吃饭就是一个典型的战场。比如说，天天的父母都是本地人，天天的外祖父母从他出生起就和他们住在一起，而天天的祖父母也住在H市，他们每周只能见天天一次。因为他有点矮，父母就特别关心他的饮食习惯，尝试了一切手段来训练他吃得更快更多。天天妈妈的评论说明了这一点：

我很欣赏那本很受欢迎的育儿指导书中的"好妈妈"，想用同样的方法解决问题：如果孩子在30分钟内没有吃完饭，就把他的食物拿走，但不要责骂他，他感觉饿了再去拿食物。但是外婆每次都把我们的计划搞砸，因为当她看到天天的盘子要被拿走时，她会跳起来喂天天吃饭。我无法对他实施我的管教方法，因为我妈妈在这儿。但我不能说："妈妈，别管我们了！"我们需要她。自己算算吧：我妈妈在和不在，哪种情况花钱更多？说实在的，如果我妈妈因为我儿子的饮食习惯而生气离开我们，我们就没有饭吃了（外婆做饭，因为这对年轻夫妇没有时间做饭）！

这些问题上不仅存在于母亲和外婆之间，还存在于夫妻之间。例如，尽管天天妈妈更喜欢"好妈妈"的方法——一种更温和的管教,但天天的爸爸却喜欢更严厉的方法。当我一起访谈他们两人时,天天爸爸谈到了在中国社交媒体上走红并引发争议的"鹰爸"教育。"鹰爸"是一个南京市的成功商人,认为小孩子应该被严格管教,就像是雏鹰要受训练一样:鹰妈妈要把雏鹰扔下悬崖,让它自己学会飞翔。他一开始就用极端严酷的方式训练儿子,例如为了培养儿子非凡的毅力,强迫他在雪天裸身锻炼,现在他五岁的儿子确实展现出了极高的智商测试分数和体育能力,例如驾驶超轻型飞机(Fears,2013)。尽管天天爸爸想要用这种方法把天天培养为成功人士,但天天妈妈很担忧:

> 我觉得大多数中国父亲都希望他们的儿子成为"大人物",他们比母亲有更高的期望。但当儿子们长大了,他们对严厉的父亲都不太亲近。他们之间没有紧密的联系。我不喜欢这种方式。你看,大多数中国男人更亲近他们的母亲而不是父亲,这是我不喜欢的。

像天天父母这样的人实际上是非常负责的照料者,否则他们就不会这么关心以上问题。然而,与他们自己的父母相比,有些年轻父母——自己就是"被宠坏的独生子女"——他们在抚养孩子方面的参与和主导要少得多。在这种情况下,冲突往往不是发生在年轻一代和年长一代之间,而是发生在祖父母和外祖父母之间,特别是当两家住得很近的时候。高萨伊是1A班要求最多的女生,她就是在这样的环境中长大的。我记得当她在教室里玩积木时,我和她的简短对话:

> 许晶：你好呀萨伊，能不能告诉我你在家里和谁一起玩？
> 萨伊：我姥姥。
> 许晶：你爸爸一般在家里做什么？
> 萨伊：我爸爸上网。
> 许晶：你妈妈呢？
> 萨伊：妈妈看电视。

萨伊的父母都很年轻，二十出头，他们家很富有。虽然她的父母不是本地人，但他们来到这里工作后，她的祖父母在这附近买了几套房子，搬到了 H 市。所以现在萨伊的外祖父母和她的父母住在同一间公寓里，她的祖父母就住在楼上。这对年轻夫妇不需要在家里做任何事情，他们也不太重视对萨伊的教育。萨伊的外祖母是家中抚养孩子的主导者，也是主要的照料者。萨伊曾经告诉方琳老师，她的外婆更像一个真正的母亲，她想叫她"妈妈"。但是她的外祖母太溺爱她了，就连平时对她并不严格的祖父也开始为她担心。两人在几个问题上有分歧。例如，萨伊的外祖母不想让她上幼儿园，而祖父则坚持送她上学，希望她能和同龄人相处、一起学习。有一天早上，六位家长（父母、祖父母和外祖父母）一起送她上学，那真是太壮观了！我注意到她祖父对她外祖母不太满意，可能是因为两人在是否送她上学一事上有分歧。

在外国人看来，六个成人陪一个小孩上学的场景大概有点奇怪，祖父母与外祖父母之间的紧张关系也略为牵强。但是在当下,这已经成为日益普遍的现象,越来越多的独生子女进入育龄,和自己的父母住在一起或者住得很近。我还听说过我朋友家的故事,他们不得不平衡两家关系,小孩每周花三天半的时间轮流去两家,也有为了争夺与心爱的孩子相处的权力和亲密关系而闹离婚的案例。所谓中国式管教,远非一个统一概念,而是多个对手之间充满价值冲突与权力纷争的家庭紧张关系的战场。

斗智斗勇:学校和家庭的管教动态

在谈到管教孩子的时候,我经常听到父母和老师说"斗智斗勇",在和自己的朋友谈论如何对待孩子的时候,我也会用到这个短语。"斗智斗勇"生动地表现出了管教实践的特点——管教是动态的、富有挑战性、充满张力。在育儿的众多管教技术中,本节重点介绍几个具有中国特色的关键技术。

羞耻

因为羞耻是中国社会化的一个重要概念(Fung,1999),所以在学校和家庭环境中使用羞耻感方式并不奇怪。教师如何利用羞耻感来激励幼儿表现道德行为如分享等,已在前几章中叙述过。我此处强调的是,在碧玉幼儿园,羞耻感不仅被用来直接灌输利他主义等道德价值观,它还被广泛用于各种场合,纠正孩子们不符合教师期望的行为。

举例来说，1A班在学唱一首新歌，有的孩子很配合老师、专心学歌，有的孩子却没有用心唱，不断发出奇怪的声音。就在这时，方琳老师进行了如下对话：

方琳：薇薇的声音很动听，但洋洋的声音不太好听，我不喜欢。你们觉得呢？

孩子们摇摇头，异口同声道：不喜欢，我们不喜欢。

鹏鹏补充道：鹏鹏也不喜欢！

值得注意的是，在这段故事中，羞耻感的意义微妙而含蓄：方琳老师的潜在意图是告诉孩子们应该用正常的方式唱歌，而不是发出奇怪的声音，他们应该听从她的指示。但是她并没有明确地说"洋洋，你不应该制造这样的噪音"。相反，她邀请所有其他孩子和她站在同一立场，加入到对洋洋声音的负面评价中。毫无疑问，年幼的孩子们对老师的偏好产生了共鸣——而这个行动不仅仅是表达自己的偏好，更多的是在集体注视下让洋洋产生羞耻感。这次对话之后，洋洋感到很羞愧，再也没有发出这样的声音。

当我看到这样的情景时，我的脑海中回忆起的是"批斗会"（Thurston，1980）。"批斗会"字面意思是"批判与斗争的大会"，在很多情况下，参与批斗的人都是村民、同事、朋友，甚至是被批斗对象的家人。虽然班级里的羞耻感并不涉及身体暴力或虐待，但老师们动员其他孩子的技巧以及激起评判、蔑视和谴责的集体注视，确实取得了成效。

社会排斥

这种评判性的集体注视的力量不仅表现在羞耻感场景中，还表现在社会排斥中。除了让所有的孩子知道并判断某人的行为是坏的，排斥这一技术还更进一步地将这个坏孩子排除（或者威胁排除）在社群/集体单位之外。排斥情景让人联想到"自绝于人民"的政治措辞，两者都利用了人类对社会归属感的内在渴望和对社会排斥的恐惧。

老师们有时会威胁坏孩子，说要把他送到另一个班级，这对幼儿特别有效。1A 班和 1B 班是一楼仅有的两间教室，孩子们属于同一个年龄层。这两个班的老师经常警告孩子，如果他们表现不好，就必须离开自己班去另一个班。有时老师会让坏孩子暂停上课，在教室外面的走廊上罚站。此外，坏孩子有时会被罚留在教室，而其他孩子去了另一个教室或进行操场上的活动。在那种时刻，被惩罚的孩子和旁观管教场景的孩子都能敏锐地感受到，教室大门是区分群体内部与被排斥者之间界限的物理记号。大部分情况下，小孩子会突然大哭，大声尖叫，心中又羞愧又恐惧，正如以下案例。

一天早上，军军在班上犯了一个错误，因为当方琳老师要求全班同学排队去上英语课时，他没有注意，还在玩他的小椅子，而其他人已经在教室门口排队了。方琳老师很生他的气，因为她总是担心她最喜欢的男孩军军过于天真，太过粗心大意，意识不到身边的实时情况。军军妈妈是方琳老师的好朋友，曾经要求她尽可能严格地管教军军，因此，方琳觉得，只要能够改正军军的不良行为与倾向，她就有义务使用任何她能使用的严厉方法。

方琳老师叫了军军的名字："军军，你这次不能和同学们一起去了！留在你的座位上！"刚才还挂着无忧无虑的笑容的军军听到这个命令，马上哭了起来："不！我不想留在这里！我想去上英语课！我想加入'小火车'！"方琳老师没有让步："不行！你必须留在这儿！"配班老师小雅和助理张阿姨领着其他孩子离开教室上楼去上英语课，方琳老师和军军留在教室里。看着"小火车"开动了——他亲爱的同学们排成一行走了——军军哭得更厉害了。

这个案例中让我印象深刻之处是，之前不喜欢英语课、有时不想去上英语课的军军，在得知自己不能和同学们一起上英语课的瞬间，突然感觉非常害怕、非常失落。这个例子说明了社会排斥在管教幼儿方面的力量。

自我批评

自我批评指的是在公共场合进行针对自己的主体批评，是为了改造人们的思想和思维而广泛使用的一种管教技术（Kleinman and Kleinman，1994）。无论教师是否有意识，这一

第五章 规训"小皇帝"：在多变立场中寻找出路

技术都在碧玉幼儿园得到了成功的运用，尤其是对年龄较大的儿童（5—6岁）。这显然没有羞耻感或排斥那么严厉，但它仍然是纠正孩子错误的有效手段。

今天上早操时，4B班的几个孩子不太专心，没有听从老师的动作指令，而是和其他孩子聊天。悠悠老师不太高兴，其他班都回到教室时，她让全班留在了操场上。她让班级同学头顶着炽热的阳光围坐成一圈。

悠悠："有人想说说自己今天做错了什么吗？"

一开始没人回答。沉默了一分钟后，悠悠老师继续引导："能自我批评的都是好孩子，都很有勇气。意识到自己有哪些问题，才能进步。"然后几个孩子举起了手，承认他们没有注意听老师的指令，没能完成早操动作。悠悠老师表扬了这些孩子，然后让他们几个回教室了。

悠悠老师提高声音，继续问："有人觉得自己表现很好、没有任何问题吗？这么想也可以。"她环顾四周，但是没人说话。

然后彤彤抗议道："咱们回教室吧！太晒了！"

悠悠老师生气了："我比你们更晒。我就正对太阳，你们可没有！你为什么不站出来批评自己承认错误呢？你就一点也不同情我、就看着我晒成这样吗？"

彤彤和其他小孩继续沉默。

悠悠老师总结道："不论做什么，都应该专心致志，好好完成。你吃饭的时候，就专心吃。你做早操的时候，就专心做操。"然后她让孩子们回教室了。

在这个案例中，自我批评被用于鼓励孩子们承认错误，提醒他们专注与投入的价值，这是教师和家长不断强调的、是学业成就必不可少的部分。

"小班长"：权力的代行者

除了自我批评之外，教师获得服从的另一个有效方法是授予某些孩子权力，给他们指定"小班长"的头衔，让这些小班长监督他们的同学。这样，在培养孩子的领导能力和自信心的同时也能有效行使权力，是各年龄组普遍采用的方法。

当亚希和坐在她旁边的孩子们愉快地聊天时，梅芳老师叫了她的名字："亚希是我们今天的'小班长'。小班长，现在就开始工作吧！"亚希高兴地抬起头，立刻结束了聊天，站起身来，非常严肃地看着全班同学，像一个真正的权威人士。

虽然"小班长"的工作单调乏味，但亚希非常喜欢这份工作，她全身心地投入到对同学的管教中。她仔细观察每个孩子的行为，不时发出命令："子瑞，看看你的脚！把脚放在椅子下面！""昕文，把手放下来！"孩子们上厕所、站起来、四处走动等行动都要得到她的同意。午饭时，亚希走到我面前，骄傲地笑着说："许老师，我今天是'小班长'了！"

孩子们喜欢当"小班长"，因为这能给他们带来权威和同龄人中的威望。然而，当孩子们尝到权力的滋味后，可能会产生意想不到的后果，比如打小报告，这是幼儿园班级中的一个棘手问题。有时，有些今天不当小班长的孩子仍然会唠叨老师，汇报其他孩子的每一次违规和不良行为的细节，甚至直接批评并粗鲁地纠正这些孩子。例如，三岁的男孩成成，被老师称为"坏孩子"，就是一个爱打小报告的学生。虽然方琳老师从来没有选他当过小班长，但他喜欢通过打小报告来讨好方琳。他会向方琳报告一些小事，比如 A 没有喝他杯子里的水，B 没有坐好，或者 C 说了一些关于 D 的坏话。方琳老师并没有因为成成的忠诚和警觉而高兴，相反，她很生气，因为她认为通过揭露其他孩子的缺点来树立自己的好形象对成成来说很不好。

体罚：打还是不打？

体罚曾经是中国传统管教体系的重要组成部分，但后来这种育儿方式却受到了挑战。虽然鹏鹏在本章开头的小对话中说在家里经常被爸爸打，但体罚并不是一种普遍应用于碧玉幼儿园儿童的管教技术，或者至少使用体罚本身在家长和老师之中有争议。举例来说，瑞妈妈做出了如下评论：

咱们成年人倾向于认为，当孩子表现不好时，你需要打他们或骂他们。但是让我们扪心自问：你是在试图管教孩子，还是只是为了发泄自己的愤怒？不幸的是，往往是后者，这是非常糟糕的。当孩子还小的时候，他们没有我们强壮，也就不能反抗或抗议。这会导致两种可能的后果：在某些情况下，孩子会过于依赖别人，变得胆小，因为他听从大人的话。在其他情况下，孩子可能会牢牢记住羞耻的经历，长大之后会反抗成年人。也许那些喜欢打孩子的父母在他们小的时候总是被自己父母打，所以他们不知道如何教育自己的孩子。

对于瑞妈妈来说，体罚并不是她管教理念的一部分，她一直尊重女儿，注重交流。

家长对体罚感到矛盾，有的时候是因为他们责备自己没有控制好自己的愤怒和不耐烦，这和关宜馨发现的中国家长对"情感工作"（emotion work）的强调一致（Kuan，2011）。有的时候不是出于后悔，而是因为不确定体罚是不是教育孩子的必要方法。举例来说，伟建的妈妈说：

> 我对我女儿很严格，有时候会打她。但是每次我打她之后，都非常后悔：我的女儿已经是一个很好的孩子了，挺守规矩的。为什么我还要给她加上更多规矩？所以有时候我对女儿说："妈妈真的不想打你。如果因为什么原因我控制不住要打你，你需要做点什么阻止我动手。比如说，你可以哭着求我原谅，我可能就会住手了。"

伟建妈妈也是小区里一位成功的母亲，虽然据她自己说，她对伟建"很严格"。她认为有时候孩子确实需要体罚，但她经常在打了孩子以后觉得后悔。

家长对体罚持谨慎态度的另一个原因是担心孩子会模仿这种暴力行为。家长相信孩子不是天生就会打别人的，但是他们看到别人打人，就跟着学会了打人，特别是父母的影响。老师往往通过孩子在学校会不会打人来判断家长是否打孩子，总是打孩子的家长会被看作"素质差"。

在碧玉幼儿园，老师从来不打孩子，即使有的老师认为体罚有时对孩子有好处，他们也绝不会动手，这主要是因为担心造成身体虐待。另一方面，人们常说，在其他幼儿园体罚并不罕见，有些孩子确实遭受了严重的口头或身体虐待。近年来，虐待儿童案件受到越来越多的关注，被媒体集中曝光，在公共话语中引发严肃批评和争议，并在家长中引发了对儿童在校安全的恐慌。

例如，2012年末，一名年轻的幼儿园教师因为在自己的博客上发布了几张虐待学生的照片而引发众怒。揪着孩子的耳朵把他拎起来，把孩子扔进垃圾桶，这类行动都成了她的娱乐方式。浏览她博客的人被震惊了，将照片展示给家长们，最终导致她被起诉。一波又一波的谴责在网络上展开，不仅指责这位幼师令人发指的残忍，还指责世风日下的不道德状态。一个知名电视制作人深入挖掘了该教师的个人生活，揭示出案例的复杂性："虐待儿童"行为是生活中各种意外事件的结果，这个贫穷的底层女孩想要过上更好的生活，在某种程度上（通过社交媒体）伪造出了另一种生活（Chai, 2013）。正如碧玉幼儿园的教师后来告诉我的那样，毫无疑问，虐童是丧失人性的，但是这一事件实际上反映出这些收入微薄、工作沉重的幼师们承受的巨大压力。因为他们被困在高速变化的大城市中,生活变好的希望日益渺茫,又缺乏发泄负面情绪的渠道。

儿童反抗管教的策略

正如"斗智斗勇"这个短语所传达的,管教动态总是包含儿童自己在行动、话语和思想中的能动性。除了如直截了当不服从和顽固的抗议等直接策略(常常被当做是和"小皇帝"相关的负面特征)以外,孩子们实际上采用了一系列巧妙的策略,把管教推到新方向上。我称之为"反管教策略"(anti-guanjiao tactics),通过以下案例进行说明。

孩子们非常善于取悦权威,在家中和学校里以各种形式讨好权威,以消除被管教的尴尬,预防可能的惩罚。

浩然总是穿着质地上乘、款式独特的毛衣,每天早上妈妈都会给他换一件不同的毛衣。周阿姨(3A班教师助手)喜欢研究这些儿童毛衣的款式和质地,这样她就可以模仿它们,为自己的孙子织出漂亮的毛衣。浩然的毛衣一直是周阿姨的最爱。昨天,浩然在午餐时表现不好,周阿姨对他很生气,责备他不懂餐桌礼仪,不听她的话。你知道浩然怎么说吗?他马上笑着对周阿姨说:"阿姨,别生我的气!明天我会穿你最喜欢的那款毛衣!"周阿姨觉得又好笑又尴尬,就不再说他了。今天,浩然果然穿上了周阿姨最喜欢的毛衣!多机灵的孩子啊!我从来没想过一个4岁孩子能如此熟练地讨好大人。

除了取悦他人之外，另一个常见策略是把自己的评价传达给家长，因为家长都不愿意被看作坏妈妈或者坏爸爸，特别是对自己家小孩。有时候，孩子会坚持父母应该爱他们的标准——当然，在这种情况下，"爱"是用孩子们自己的标准定义的。例如，思雅妈妈常常担心女儿没有被好好管教，因为她不仅很固执，还能机智地挫败家长的管教策略，让他们无能为力。

有一天，思雅回家时抱怨："我们的作业太多了！"写完一半的作业后，她不想做另一半了。我尽力鼓励她完成剩下的作业，但她一个字也听不进去。最后，她严厉地责备我："你真的不是一个好妈妈！"我很困惑，问她："你为什么这么说？"她解释说："一个好妈妈绝不会让她的孩子吃这么大的苦！"我哑口无言。

就像"小班长"会用自己从小接触和内化的成人语言来管理班级一样，孩子们也会用这样的标准来评判成年人，尤其是他们的父母。随着他们在学校和家里一天天地沉浸在成年人的管教语言中，这套语言变得愈发自然，孩子们自发且自信地用这套语言，游刃有余。例如，社会排斥的威胁——通常被年龄最小的两个班级的老师使用——很快就被孩子们学会了。他们确实很害怕被送到别的班级。所以他们相信，这对自己的父母来说应该同样可怕，于是他们有时向父母大喊"我要把你送去某某老师他们班"，表达他们的愤怒或者是威胁父母，不要管教自己。我儿子豌豆也用这种方法威胁过我数次。

培养好孩子：在多变立场中寻找出路

学龄前阶段是研究学校规训对儿童发展影响的标准起点，因为这个年龄的孩子进入了学校这一崭新的社会空间，需要适应他们可能从未遇到过的集体生活方式。此外，这也是考察育儿价值观的理想时期，因为在此期间，家长不断地以一种自觉的方式审视育儿的理念和实践。"管教"是中国社会化的一个重要主题，它将"管理/控制/束缚"与"爱护/关怀/陶冶"这两组意义融合在一起。本章并未将管教看作中国文化不证自明的本质，或是以往文献中预设的意义统一的概念，而是将之放进具体语境当中。因为，在多方行动者参与的育儿动态中，照料者、教育工作者和儿童自身都在中国复杂社会与道德转型的多变立场中寻找出路。

阿德里·库斯罗在她的作品《美国个人主义：三个街区的孩子抚养和社会阶层》（Kusserow，2004）中发现，美国精神的关键，"个人主义"，并不是一个涵义统一的概念。她用复数形式的"个人主义"来表示所谓的"个人主义"在育儿过程中因社会阶层的不同而存在着很大的差异。她所研究的三所幼儿园管教方法是不同的，反映了工人阶级社区中"更严格"的个人主义和中上层阶级家庭中"更温和"的个人主义。我的研究没有比较不同社会阶层的学龄前儿童，而是聚焦于一个中产幼儿园社区，揭示了在社会快速变迁的背景下，H市中产照料者之间的管教观念和实践的矛盾、竞争和转变。这种矛盾、竞争和转变发生在代际之间，发生在学校和家庭之间，也发生在成人和儿童之间。

管教是在中国培养好孩子的不可缺少的一部分，在这一历史性转型的关键时刻，育儿者必须要对不同的育儿理想和模式进行协商。这些理想和模式是转型时代的产物，在这一时代中，社会风貌瞬息万变，"想象中的中国"与"想象中的西方"的规范相互对立、相互交织、相互转化。管教观念与实践的矛盾可以追溯到第一章所述的教育困境，也与其他章节所考察的儿童发展体验中的矛盾张力产生共鸣。综上所述，这些彼此融合的故事显示出中国儿童在未来世界将会面临的风险、不确定性和挑战。

结论：做个好人

智识追求与个人反思之旅

这项研究把我的智识追求和个人反思交织在一起。本书采用了研究道德、儿童发展和中国文化与社会的跨学科方法，探讨在经济社会转型的"道德危机"语境中，出生于独生子女政策下、常被视为自私"小皇帝"的中国儿童如何成为有道德的人，或者说，如何学做人。

做人，成为一个有道德的人，是中国文化的核心。其字面意思是"作为人"或"成为人"，表明人格培养是一个主动性的实践和发展过程，通过这一过程，道德禀赋与潜能发展成完善的人性。几千年来，哲学家和教育家都在思考这个问题，它至今仍是中国育儿和教育的核心议题。在我的成长过程中，我对父母所说的格言印象最深的就是"先做人，后做事"，也就是说，"做人是做事的基础"。这种文化认同也潜移默化，不知不觉就影响到我在美国养育自己的孩子。自从儿子能和我交流开始，甚至他还不会说话的时候，我就一直唠叨："你要做一个好宝宝/乖宝宝。"

"做人"思想把道德发展理解为儿童与环境不断互动的过程，同时也强调儿童生发道德人格的内在潜能。从古代文本到当代话语，许多与植物或农作物相关的隐喻出现在中国人养育子女的整体过程中，尤其是在道德发展方面。例如，孟子用萌芽的隐喻以及它对优质土壤、阳光、水源的需求，来表现人类内在的善与环境因素之间的互动关系（Wong，2015）。另一个例子是关于道德教育重要性的一句古老谚语："十年树木，百年树人。"[1]我生长在20世纪80年代和90年代，当时我们（儿童）是"祖国的花朵"的说法颇为流行。这个比喻源于1955年一部以中国小学生道德生活为主题的电影的片名，至今仍在广泛使用，习近平主席在2015年的国际儿童节讲话中使用了这个比喻，强调中国儿童的道德教育（Xinhua News，2015）。植物隐喻表现出对儿童发展本质的一种基本观念：儿童是珍贵的、脆弱的，但也是能够生发、表达其内在潜力的积极主体；同时，在为儿童发展与成长提供必要营养与条件方面，环境也是至关重要。我的个人经历和智识兴趣深受做人思想影响，于是我开始探索，在社会转型的关键时期，儿童与其环境的交集作为主体的发展中的儿童与不断变化的社会环境。

一个关于中国道德发展的故事

本书讲述了当代中国道德发展的故事。道德修养是中国学习与教育传统的终极目标："学习如何完善自己，在道德意义和社会意义上成为一个更好的人，从来不会被看作是自己或任何人的负担或累赘。因此，它不仅被视为积极正面，而且被视为一种终极的善（Jin Li, 2012: 15）。"我的民族志揭示了道德教育的新困境，当代社会转型给道德教化的传统带来新挑战，同时记录了孩子们在这个复杂的道德世界中摸索前行的体验历程。

首先，本书表明，中国育儿者陷入了两难境地，他们对孩子未来的成就怀有非凡的教育期望，同时他们又对塑造道德新人——他们"唯一的希望"——感到十分焦虑。一方面，独生子女政策和当下的激烈竞争，强化了中国自古以来根深蒂固、重视教育成就的文化价值。另一方面，父母在道德教化这一工程上承受着巨大压力。他们认为幼儿时期对孩子的道德教育至关重要，希望通过培养有道德的儿童来改善未来社会。然而，他们认为，社会整体上并不健全，特别是在当代教育背景下，他们直面残酷竞争和物质主义的价值取向。由此产生的困境表现在多个维度上：面对价值冲突的迷茫、理念与现实的不协调、对道德教化的莫衷一是、对未来道德前景的疑虑。

此外，本书还记录了在道德教育陷入困境的背景下，儿童在多个道德领域的敏感性是如何产生的，包括同理心和利他主义、公平和所有权、慷慨和互惠分享等。第一，这本书探讨了在当代语境下，社会化过程如何调整和扭曲幼儿对他人产生共情与关爱的天性。正如小悦悦案带来的讨论所显示的那样，在当下，同理心教育本身颇具讽刺性，因为人们会遭遇冷漠无情。这些认知造成了同理心教育中出现的紧张关系，一面主张培养情感敏锐度，将同理心和共情导向需要帮助的人，一面为了避免欺骗必须提高警戒，进而抑制同理心。特别值得一提的是，在缺乏信任的社会情境中，同理心/共情的培养与另一种道德伦理，即"他我"群体的区隔（in-group/out-group distinction）交织在一起：育儿者鼓励小孩子们在自己熟悉的小环境互相关爱，例如帮助有需要的同学；而在育儿者眼中，校园之外的陌生社会则充满危险与陷阱，需要小孩子们审慎面对。

第二，本书详细研究了儿童生活中所有权和公平概念的出现。一方面，育儿者重视孩子在所有权和公平方面纯真的天性，担心这种纯真在不公平的社会环境中会被质疑，甚至被扭曲，比如人们担忧谦让可能会导致伪善。另一方面，他们可能担心，如果没有适当引导，"小皇帝"会变得过于自我中心，因此在财务分配方面不会与他人交流协商。我展示了在这种相互矛盾的关注与约束下，在物品分配、交换、纠纷的日常实践中，幼儿如何逐渐习得更为复杂的所有权概念（例如先占者偏见），以及如何形成个体所有权观念和公平观念（例如平等原则与绩效原则）。

第三，本书结合了民族志方法与实验方法，探讨家长教师所倡导的平等主义分享理念与儿童策略性分享实践之间的张力：这些策略性考虑包括寻找合适的社交伙伴，建立互惠关系网，取悦权威者等等，虽称其为"策略"，儿童分享实践也蕴含着千丝万缕的真情实感。这些"策略性"分享仿佛是成年人世界关系实践的雏形与缩影，于是我进一步分析了当代中国"关系"文化与儿童原初的互利合作心理倾向之间潜在的双向反馈。

第四，最后一章梳理儿童与成人在家庭和学校中的日常互动，透过分析"管教"这个象征中国式育儿的文化概念，揭示"管教"的含义并非连贯统一；相反，无论是理论层面还是实践层面,"管教"其实富含多义性和不确定性,充满着变教甚至矛盾。我发现,当今 H 市中产家长对管教理念与实践愈发具有批判性和自我反思精神,这种审视主要针对的是成人(权威)与儿童的等级关系。他们根据自己的以往经验、当前观念和对中西方的想象,常常需要权衡各种不同的、甚至互相冲突的价值观。这种权衡同时发生在个体内部、人际和代际的层面上,是面对充满竞争、压力与不确定性的社会所作出的反应。他们的孩子就是要在这样的社会中探索、生存并脱颖而出。

本书表明,当代育儿者身处社会转型时期,而他们的孩子又处于儿童发展的关键阶段,这些都意味着不确定性。道德修养与追求未来成功之间的冲突加剧,各色育儿价值观日益增多、甚至互相矛盾,这无疑会对孩子们形成什么样的道德人格产生深远影响,也将塑造社会未来的发展轨迹。

除了记录社会转型、文化环境和社会化对国内最年轻一代人道德发展的影响之外,本书还揭示了幼儿们的创造力和能动性。金莹不顾母亲对乞丐骗钱的警告,还是坚持和母亲商量、给老乞丐一点钱。成成告诉老师,她应该主动给园长分一块蛋糕,搞好和上司的关系,但是还想帮他喜欢的张阿姨从园长手里要一颗糖。瑶瑶在朋友家玩耍过后,改掉了她原来认同的所有权规则,即"什么都是我的",立刻更新为"先占者规则",然后把这个新规则运用到各个场合,在玩具纠纷战中获胜。我儿子豌豆以成年人之道还治成年人,模仿他老师的社会排斥策略——"我要把你送去方琳老师他们班!"——来抵抗我的管教。所有这些案例表明,中国儿童正在构建自己的道德世界,这个道德世界与成年人的理想（不论是回归中国传统价值观，还是倾向想象中的西方价值观）和成年人的幻想（自私自利的"小皇帝"）都截然不同。

中国儿童道德发展的故事涉及所有人类社会都面临的根本问题：对培育道德人格的关注，促进道德/合作与生存竞争之间的矛盾，以及儿童作为文化学习者和创新主体的双重角色。这本民族志聚焦于中国特定时空中的一个社区，因此可以为将来对于道德、儿童发展和文化的比较研究以及理论化提供一个独特的参照点。

探索未来

本书结尾到了超越文本、展望未来的时刻。毕竟，研究儿童就像展望未来，因为儿童就是未来。本书灵感源于我对人类学和心理学未来跨学科研究的愿景和热情。作为一名中国学者，本书也缘于我对中国未来的深切关注。

本书响应了著名心理学家奎因和施特劳斯（Quinn and Strauss, 2006）提出的呼吁，那就是，解决"文化人类学中缺失的心理学"这一问题。近来关于道德和伦理的理论著作已经强调了同时考察人类伦理道德生活的自然主义基础（如心理学）和社会历史（人类学）的紧迫性，儿童发展是研究这两种路径如何彼此补充、相互促进的重要领域（Keane, 2015）。韦布·基恩认为，"连接道德生活的心理维度和历史维度在于日常社会互动的动态"（Keane，2015：33）。我的研究为探索心理机制和文化过程如何共同形塑早期道德发展提供了实证依据，并将儿童日常社会互动作为分析中心。

通过揭示中国家庭、教育和文化动态如何塑造儿童早期道德倾向，本研究解决了人类学和心理学之间的一个重要脱节。那就是，人类学家和心理学家在儿童道德发展研究上的相互忽略：一方忽视道德发展的心理机制，而另一方则没有意识到形成道德人格的文化动态中的日常实践。拿语言习得作比：我们常常惊叹于儿童习得语言所展现出来的强大认知能力，我们也清楚知道语言环境对于语言习得的重要影响。同理，道德发展的核心问题应该如此：是什么样的认知能力和文化传播（transmission）逻辑让幼童在日常生活中发展出所谓"道德"意识与情感？在这个问题上，我们需要的不是人类学与心理学的互相孤立和忽视，而恰恰是跨学科交融。这本书吸收道德发展各种主题的理论创新，如同理心、公平和所有权等，阐明人类学和心理学之间的对话如何有助于理解儿童在具体文化背景下的日常道德体验。

除了理论交叉之外，本研究还推动了人类学与心理学方法论的对话，结合了民族志和实验方法来检验道德发展经验。自然主义观察和对照实验的结合在其他学科中并不鲜见，但在文化人类学中，只有少数学者进行过这种结合，在儿童发展领域更是少之又少（一个精彩的例外，详见 Astuti, Solom on and Carey, 2004）。冯文在研究中国独生子女的经历时，将大规模问卷调查与民族志访谈材料结合起来，她的以下说法恰当地阐述了统计方法和民族志表述相结合的价值："然而，由于它们在不同方面存在缺陷，统计和民族志的表述可以相互补充，提供对现实更准确的暂时性理解，而现实总是过于复杂、多样和主观，无法完全诉诸笔端。"（Fong，2004：25）我的研究表现出将民族志和实验结合起来、对儿童心理文化体验进一步理论化的巨大潜力，例如，儿童公平观念中的平等与绩效之间的张力，平等分享与策略分享之间的张力。这两种研究方法在探索儿童行为的规律/模式（实验）和阐释儿童行为的意义/语境（民族志）上相得益彰。

同时，本研究将新兴的道德人类学理论与道德心理学中的道德领域理论联系起来。深入的民族志田野调查产生了对日常道德体验的洞见，这可能有助于我们理解和批判心理学概念建构。我的分析表明，即使是现实生活中的单一社会互动，也往往带有多重道德动机的印记：例如，正如孩子们真心喜爱老师的同时也采用策略性方法应对他们一样，儿童对他人的共情与爱心往往和对权威的尊敬与服从相互交织。具体的民族志分析模糊了道德领域的界限。举例来说，在中国这样一个等级传统影响深远的社会中，尊重权威、忠于群体是不同道德领域的教育与发展体验的共同基础。

此外，本研究强调了研究儿童发展的巨大潜力，以回答有关文化传播和变迁的关键问题。幼儿是将现在转化为未来的重要主体，而且能够通过传播已有文化知识来创造新的可能性。例如，我的研究表明，年幼的孩子已经在学习"关系"这一套集互惠与等级伦理、理性算计、情感要素为一体的文化规范，与此同时,他们也在权衡协商物品所属与交换的新规则,这些新规则却不同于"孔融让梨"式的传统教条。

最后,本书通过探讨当代中国儿童道德发展,也阐明当下道德价值话语如何与计划生育政策一起,共同形塑育儿焦虑与教育困境。因此,本书也对道德转型、独生子女政策与儿童发展等研究作出贡献。正如书中所述,当代儿童的生活经历在方方面面都与他们的祖父母、父母辈存在差异。在近期论文集《中国日常伦理》(*Ordinary Ethics in China*)中,数位人类学家分析了中国伦理生活和道德转型的不同维度,儿童与青少年的经历构成了该论文集的重要部分。该书编者石瑞(Charles Stafford)认为,儿童生活经历的微观层面实证研究"不仅阐明了日常伦理的传播与实践,也阐明了日常伦理是如何在新社会环境中被发明的"(Stafford,2013a:21)。但他也注意到,"谈到儿童发展的总体研究和儿童道德伦理发展的具体研究时,心理学家和人类学家需要积极互相学习"(Stafford,2013a:21),然而现有的中国儿童研究没能直接与心理学研究结合,本书填补了这一重要空白。

中国崛起为世界大国的同时,个人、家庭和社会层面也进行了巨大的付出,社会的快速转型正对中国儿童——国家的未来产生深远影响。儿童很可能承受社会变迁的一部分负面影响,但与此同时,他们在人生的关键阶段,即了解社会世界和习得文化价值观的阶段中,又为新的历史文化发展蕴涵着希望和创造潜力。

例如,从2016年1月开始,中国实行"全面二孩"政策

（Buckley，2015）。这是中国乃至世界人口发展史上的一件大事：它标志着独生子女政策——可能是全世界最严格的计划生育政策——的终结。对于深切关注中国儿童和国家未来的学者、家长、教育工作者和广大公众而言，这个历史转折点也为进一步研究伦理道德与儿童发展提供了窗口：对他们来说，这正是研究独生子女政策结束后生育选择和育儿模式如何演进、传统道德教育理想如何与新文化和制度现实互动、这些要素如何转而形塑儿童自身的成长经历以及中国儿童的发展最终如何重构中国与世界未来的绝佳时机。在这个历史转折点上，本书将会成为"全面二孩"政策实行之前中国独生子女生活的珍贵历史记录。本书记载的内容也会成为研究未来中国儿童生活经历的重要参考。

如今的中国人对改善教育有着由来已久的渴望，通过更好的教育，孩子们能够学会做人，从而构建一个更好的社会。这种存在论意义上对美好未来的向往，形塑着家长和老师们的人生选择，也激励我写下"培养好孩子"这个故事。

注 释

导言

1 实验研究揭示出童年早期出现各种道德倾向与合作动机,例如同理心/关爱、平等、偏私、互惠、按比例分配、等级关系和所有权。发展心理学和发展神经科学的最新研究强调同理心的早期个体发生(Saby, Meltzoff and Marshall, 2013; Meltzoff, 2002),确证其情感和认知的成分(Davidov 等,2013; Decety and Howard, 2013)并阐明同理心对亲社会行为的激励作用(Hepach, Vaish and Tomasello, 2013a, 2013b; Vaish, Carpenter and Tomasello 哈帕赫、瓦依希、托马塞罗,2013a, 2013b; 瓦依希、卡朋特、托马塞罗,2009)。所有权认知是人类道德指导社会协作的又一重要组成部分(Rochat, 2011),因为心理表征与区分个人财产、他人财产是道德心理学的基本要素。近年来的实验研究体现出如下认知发展轨迹:从婴儿时期识别熟悉物品的所有者,到学龄前结束时对所有权转移的理解更加成熟(Blake and Harris, 2009; Blake, Ganea and Harris, 2012; Friedman and Neary, 2008; Friedman 2008; Neary, Friedman and Burnstein, 2009; Kanngiesser, Gjersoe and Hood, 2010; Shaw, Li and Olson, 2012)。最近对婴幼儿的实验研究表明,公平观念于婴儿期就已经出现,起初是最基础的理解,即平等原则(综述见 Sommerville 等,2013),到幼儿园时期儿童对平等和价值等不同类型的公平原则形成更复杂的思考(Baumard, Mascaro and Chevallier, 2012)。与此同时,研究还表明,儿童在选择分享等活动的合作伙伴时,会做出敏感的判断(Olson and Spelke, 2008; Moore, 2009; Shaw, Descioli and Olson, 2012)。

2 诸多现代作家的作品,例如鲁迅的小说和散文,据 Jon L.Saari, 1990。

3 虽然此类研究中的著名系列《三种文化中的幼儿园》(*Preschools in three cultures*)(Tobin, Wu and Davidson, 1991)和《重访三种文化中的幼儿园》(*Preschools in three cultures revisited*)(Tobin, Hsueh and Karasawa, 2011)

描述的是中国的两所知名公立幼儿园,一所在昆明,一所在上海的原中心地带,但是碧玉幼儿园和这两所不同,它是一个新成立的私立幼儿园,位于金融新区。

4 在中国,幼儿园教师通常管自己的学生叫"宝宝",一个含有爱意的名称。

5 在幼儿园,节俭是一种会在各种场合、以各种方式教导的美德。例如,在1A班的午餐时间,在开饭前,孩子们被要求背诵一首著名的关于"节俭"的诗歌:《悯农》。诗歌内容如下:锄禾日当午,汗滴禾下土。谁知盘中餐,粒粒皆辛苦。

第一章

1 美国主流医院孕妇可以享受单独的分娩空间,但是这种一对一的产房在中国是非常稀缺的资源,只能提供给那些有经济实力或特殊关系的人,对这种资源的竞争是激烈的。

2 我之所以加入选项"培养艺术素质",是因为家长把孩子送到各种课外班进行艺术训练已经成为一种潮流,比如钢琴、小提琴、中国民乐、书法、绘画等等。

3 "小主持人"是一项颇为流行的课外培训活动,旨在培养孩子们在学校校庆活动等节目中担任主持人所需的技能和礼仪。家长和教育工作者认为这种训练很有价值,可以帮助孩子培养自信、形成良好的沟通技巧。

4 可玉是思雅在3B班的同学。

5 "奥数"也是幼儿家长很重视的兴趣班。

6 具体讨论详见第五章。

7 与家长们认为小孩子不懂送礼的想法相反,第四章的故事表明,在现实生活中即使是三岁的孩子也对送礼有一些微妙的理解。

8 尽管故事中梅芳的儿子对成年人的送礼文化一无所知,但也有其他小孩逐渐意识到这种行为。详见第四章。

第二章

1 尽管"孺子将入于井"故事的字面重点是同理心,但孟子将之扩展到了对基本人类道德取向的分析上,作为"性善论"的一部分。

2 这些中国传统中对同理心的基本说法(例如对他人的苦难感同身受是人的本性,适用于所有人)和亚当斯密在《道德情操论》开头所说的内容很相似(Smith, 2011):"无论人们会认为某人怎样自私,这个人的天赋中总是明显地存在着这样一些本性,这些本性使他关心别人的命运,把别人的幸福看成是自己的事情,虽然他除了看到别人幸福而感到高兴以外,一无所得。这种本性就是怜悯或同情,就是当我们看到或逼真地想象到他人的不幸遭遇时所产生的感情。我们常为他人的悲哀而感伤,这是显而易见的事实,不需要用什么实例来证明。这种情感同人性中所有其他的原始感情一样,绝不只是品行高尚的人才具备,虽然他们在这方面的感受可能最敏锐。最大的恶棍,极其严重地违犯社会法律的人,也不会全然丧失同情心。"第四页。

【译文来自 https://www.sbkk88.com/mingzhu/waiguowenxuemingzhu/daode-qingcaolun/202343.html】

3 孟子认为,每个人都有四种基本道德感:恻隐之心,羞恶之心,礼让之心,是非之心。

4 http://bbs.tianya.cn/post-free-2301432-1.shtml

5 http://v.ifeng.com/quanminxiangduilun/xiaoyueyue/

6 出处同上。

7 人类学家将"基本同理心"(basic empathy)和"复杂同理心"(complex empathy)区分开来,前者是"人体围绕自身对世界和其他个体做出反应的最基本的无意识方式",后者是"对他人更有自觉的认识和参与"(Hollan, 2012: 71)。

8 详情请见第四章。

9《家园联系册》作为教师与家长沟通的平台,是教师记录孩子每周表现、家长反馈意见的手册。

第三章

1 事件详情、涉及照片、他人评论等详见新闻报道 http://news.163.com/12/0418/19/7VD81S5100011229.html。

2 见 http://vote.weibo.com/poll/1647961

3 有关该事件的道德教育思想直接融入到对中国治理的讨论中。例如，在2016年公务员考试的面试中，对该事件的分析成为其中考题；见 http://weibo.com/p/230418a702e3120102wlz6

4 一项经典研究（Hook, 1993）对儿童（4–15岁）如何逐渐掌握对这些规则的更复杂理解提供了一个总体性叙述，但目前在婴儿期和幼儿期的所有权认知的新兴领域已经产生了更精确和微妙的发现。

5 例如，3岁的孩子根据谁控制使用许可来判断所有权（Neary, Friedman and Burnstein, 2009）。4岁时，孩子在判断所有权时，口头表达比身体占有更重要（Blake, Ganea and Harris, 2012）；5岁时，孩子们形成对所有权转移的成熟理解，例如赠予和偷窃之间的差异（Blake and Harris, 2009）、创造性劳动（比如用粘土做个新的模型）与次要性修改之间的差异（比如从粘土上切一小块下来）（Kanngiesser, Gjersoe and Hood, 2010）。6岁时，孩子们能够应用所有权规则，例如先占者规则、许可权控制等，不仅是物质性财产，还包括不同类型的抽象事物（如故事、笑话和歌曲），但不是所有抽象事物（例如一个普通单词）（Shaw, Liand Olson, 2012）。此外，到6岁时，孩子们在艺术创造上更重视抽象创意（图画的设计）而非劳动（绘制他人设计的图画）（Li. Shaw and Olson, 2013）。

6 对背景、方法和研究发现的详细叙述，请见文章《两个亚洲社会中学龄前儿童对绩效的理解》（*Preschoolers' Understanding of Merit in Two Asian Societies*）（Chevallier 等，2015）。

7 这项研究揭示了中日儿童有趣的异同点：大部分日本儿童（39人中有28个）在最终分配中也偏向贡献更多的人，更多日本儿童（39人中有29个）选择在初次分配中给每个角色一个饼干。但是因为本书是为中国社会中的道德发展提供民族志记录，而非跨文化案例比较研究，所以我决定不在本章中概述中日研究的比较结果。

8 在进行饼干分配实验（公平认知中对平等和绩效的看法）之前，我先和孩子们进行了其他实验。其中部分实验涉及到给孩子糖果作为奖励、要求他们把糖果分给虚拟人物;这些实验将在下一章进行总结。
9 根据3A班班规,每个游戏区域的门票数目是有明确限额的。这次唐老师为鑫宝破例了。

第四章

1 根据老师的评价和我自己的观察,成成显然在精心培养和管理与上级的关系等方面十分老练。例如,他喜欢打小报告来博取老师的欢心,监视他的同学,并把他们的不良行为报告给老师。他也会抓住一切机会和园长交谈,他后来成了园长最喜欢的孩子之一。
2 人类学家苏珊·布鲁姆的著作《谎言约束:中国式真相,其他真相》(*Lies that Bind: Chinese Truth, Other Truths*)(Blum,2007)从真相和假象的角度,系统地考察了理想规范与战略现实之间的不协调。
3 明明和乐乐在中国是常见名。

第五章

1 这种关于种植的比喻在中国对儿童发展和培养的理解中十分常见。结论部分有更详细的叙述。
2 根据源自中国传统中医体系的民间观念,某些食物是"热的",包括香蕉和芒果等热带水果,摄入这些水果会导致人体"上火",失去体内平衡。人们认为幼儿更容易受到这种"热"食物的影响,他们的身体比成年人更"热",因为他们更年轻,他们内在的"阳"保存得更好。

结论

1 在这个短语中,"百年"代指人的一生。

参考文献

Ainsworth, M. S. 1979. Infant–Mother Attachment. *American Psychologist* 34(10): 932–937.

Allinson, R. E. 1992. A Hermeneutic Reconstruction of the Child in the Well Example. *Journal of Chinese Philosophy* 19(3): 297–308.

Anagnost, Ann. 1997. "Children and National Transcendence in China." In *Constructing China: The Interaction of Culture and Economics*, edited by Kenneth G. Lieberthal, Shuen-fu Lin, and Ernest P. Young, pp. 195–222. Ann Arbor, MI: Center for Chinese Studies, University of Michigan.

Anagnost, Ann. 2004. The Corporeal Politics of Quality (Suzhi). *Public Culture* 16(2): 189–208.

Astuti, Rita, and Maurice Bloch. 2010. Why a Theory of Human Nature Cannot Be Based on the Distinction between Universality and Variability: Lessons from Anthropology. *Behavior and Brain Sciences* 33(2–3): 83–84.

Astuti, Rita, and Maurice Bloch. 2012. Anthropologists as Cognitive Scientists. *Topics in Cognitive Science* 4(3): 453–461.

Astuti, Rita, Gregg E. A. Solomon, and Susan Carey. 2004. Constraints on Conceptual Development: A Case Study of the Acquisition of Folkbiological and Folksociological Knowledge in Madagascar. *Monographs of the Society for Research in Child Development* 69(3). Oxford: Wiley-Blackwell.

Baker, Hugh D. R. 1979. *Chinese Family and Kinship*. New York: Columbia University Press.

Bakken, Børge. 2000.*The Exemplary Society: Human Improvement, Social Control, and the Dangers of Modernity*. New York: Oxford University

Press.

Batson, C. Daniel. 2009." These Things Called Empathy: Eight Related but Distinct Phenomena." In *The Social Neuroscience of Empathy*, edited by Jean Decety and William Ickes, pp. 4–15. Cambridge, MA: The MIT Press.

Baumard, Nicolas, Jean-Baptiste André, and Dan Sperbe. 2013 A Mutualistic Approach to Moral-ity: The Evolution of Fairness by Partner Choice. *Behavioral and Brain Sciences* 36(1): 59–78.

Baumard, Nicolas, Olivier Mascaro, and Coralie Chevallier. 2012. Preschoolers Are Able to Take Merit into Account when Distributing Goods. *Developmental Psychology* 48(2): 492–498.

Bender, Andrea, Edwin Hutchins, and Douglas Medin. 2010. Anthropology in Cognitive Science. *Topics in Cognitive Science* 2(3): 374–385.

Beng, Kor Kian. 2013. "In China, a New Compact to Foster a Fairer Society." *The Straits Times*. http://www.stasiareport.com/the-big-story/asia-report/china/story/china-new-compact-foster-fairer-society-20131121, accessed December 1, 2016.

Benson, P. 2011. "Altruism and Cooperation among Humans: The Ethnographic Evidence: Intro-duction Part III." In *Origins of Altruism and Cooperation*, edited by Robert W. Sussman and C. Robert Cloninger, pp. 195–202. New York: Springer Science & Business Media. http://link.springer.com/chapter/10.1007/978-1-4419-9520-9_11 (accessed December 1, 2016).

Blake, Peter R., and Paul L. Harris. 2009. Children's Understanding of Ownership Transfers. *Cognitive Development* 24(2): 133–145.

Blake, Peter R., Patricia A. Ganea, and Paul L. Harris. 2012. Possession Is Not Always the Law: With Age, Preschoolers Increasingly Use Verbal Information to Identify Who Owns What. *Journal of Experimental Child Psychology* 113(2): 259–272.

Bloch, Maurice. 2005. "Where Did Anthropology Go?: Or the Need for "Human Nature." In *Essays on Cultural Transmission*, edited by Maurice

Bloch, pp. 1–20. Oxford: Berg. http:// www.bergpublishers.com/Default.aspx?base (accessed December 1, 2016).

Bloch, Maurice. 2012. *Anthropology and the Cognitive Challenge.* Cambridge, UK: Cambridge University Press.

Bloom, Paul. 2013. *Just Babies: The Origins of Good and Evil.* New York: Random House/Crown.

Blum, Susan D. 2007. *Lies That Bind: Chinese Truth, Other Truths.* Lanham, MD: Rowman & Littlefield.

Boehm, Christopher. 2008. Purposive Social Selection and the Evolution of Human Altruism. *Cross-Cultural Research* 42(4) 319–352. http://ccr.sagepub.com/content/early/2008/07/11/1069397108320422 (accessed December 1, 2016).

Bourdieu, Pierre. 2008. "The Forms of Capital." In *Readings in Economic Sociology*, edited by Nicole Woolsey Biggart, pp. 280–291.Oxford: Blackwell. http://onlinelibrary.wiley.com/doi/10.1002/9780470755679.ch15/summary (accessed December 1, 2016).

Bowlby, John. 1969. *Attachment and Loss.* New York: Basic Books.

Bowlby, John. 1982. *Attachment.* New York: Basic Books.

Bowles, Samuel, and Herbert Gintis. 2011. *A Cooperative Species: Human Reciprocity and Its Evolution*, reprint. Princeton, NJ: Princeton University Press.

Boyd, Robert, Herbert Gintis, Samuel Bowles, and Peter J. Richerson. 2003. The Evolution of Altruistic Punishment. *Proceedings of the National Academy of Sciences* 100(6): 3531–3535.

Briggs, Jean L. 1999. *Inuit Morality Play: The Emotional Education of a Three-Year-old.* New Haven, CT: Yale University Press.

Buckley, Chris. 2015. "China Ends One-Child Policy, Allowing Families Two Children." October 29. *New York Times.* http://www.nytimes.com/2015/10/30/world/asia/china-end-one-child-policy.html_r=0 (accessed December 1, 2016).

Burns, Monica Patricia, and Jessica Sommerville. 2014. "I Pick You": The

Impact of Fairness and Race on Infants' Selection of Social Partners. *Developmental Psychology* 5: 93.

Cameron, L., N. Erkal, L. Gangadharan, and X. Meng. 2013. Little Emperors: Behavioral Impacts of China's One-Child Policy. *Science* 339(6122): 953–957.

Chai, Jing. 2013. Yan Yanhong: Wo Bu Renshi Wo Ziji (Yanhong Yan: I Don't Know Myself). http://blog.sina.com.cn/s/blog_48b0d37b0102eptx.html (accessed December 1, 2016).

Champagne, Susan. 1992. *Producing the Intelligent Child: Intelligence and the Child Rearing Discourse in the People's Republic of China*. PhD diss. Stanford University.

Chan, Carol K. K., and Nirmala Rao. 2009. *Revisiting the Chinese Learner: Changing Contexts, Changing Education*. Hong Kong: Springer, Comparative Education Research Centre, the University of Hong Kong.

Chan, Kara. 2006. Consumer Socialization of Chinese Children in Schools: Analysis of Consump-tion Values in Textbooks. *Journal of Consumer Marketing* 23(3): 125–132.

Chang, Xiangqun. 2010. *Guanxi or Li Shang Wanglai: Reciprocity, Social Support Networks, Social Creativity in a Chinese Village*. Taipei, Taiwan: Airiti.

Chao, R. K. 1994. Beyond Parental Control and Authoritarian Parenting Style: Understand-ing Chinese Parenting through the Cultural Notion of Training. *Child Development* 65(4): 1111–1119.

Cheng, Kaiming. 2000. "Understanding Basic Education Policies in China: An Ethnographic Approach." In *The Ethnography Eye: Interpretative Studies of Education in China*, edited by Judith Liu, Heidi A. Ross, and Donald P. Kelly, pp. 19–50. New York: Falmer.

Cheung, Kwok Wah, and Suyan Pan. 2006. Transition of Moral Education in China: Towards Regulated Individualism. *Citizenship Teaching and Learning* 2(2): 37–50.

Chevallier, Coralie, Jing Xu, Kuniko Adachi, Jean-Baptiste van der Henst, and Nicolas Bau-mard. 2015. Preschoolers' Understanding of Merit in Two Asian Societies. *PLoS ONE* 10(5): e0114717.

Chinese Communist Party. 2001. *Program for Improving Civic Morality (Gongmin Daode Jian-she Shishi Gangyao).* http://www.people.com.cn/GB/shizheng/16/20011024/589496.html (accessed December 1, 2016).

Chua, Amy. 2011. *Wo Zai Meiguo Zuo Mama: Yelu Faxueyuan Jiaoshou de Yuerjing* (*My Mothering Experience in the United States: Parenting Advice from a Yale Law Professor*), translated by Xinhua Zhang. Beijing: Zhongxin Chubanshe (China CITIC Press).

Cline, Erin M. 2015. *Families of Virtue: Confucian and Western Views on Childhood Development.* New York: Columbia University Press.

Curry, Oliver Scott, Daniel Austin Mullins, and Harvey Whitehouse. 2019. "Is It Good to Cooperate?: Testing the Theory of Morality-as-Cooperation in 60 Societies." *Current Anthropology* 60 (1): 47–69.

Davidov, Maayan, Carolyn Zahn-Waxler, Ronit Roth-Hanania, and Ariel Knafo. 2013. Concern for Others in the First Year of Life: Theory, Evidence, and Avenues for Research. *Child Devel-opment Perspectives* 7(2): 126–131.

de Waal, Frans B. M. 2008. Putting the Altruism Back into Altruism: The Evolution of Empathy. *Annual Review of Psychology* 59: 279–300.

Decety, Jean, and H. Howard, 2013. The Role of Affect in the Neurodevelopment of Morality. *Child Development Perspectives* 7(1): 49–54.

DesChamps, Trent. D., Arianne E. Eason, and Jessica A. Sommerville. 2015. Infants Associate Praise and Admonishment with Fair and Unfair Individuals. *Infancy* 21(4) 478–504.

Deutsch, Morton. 1975. Equity, Equality, and Need: What Determines Which Value Will Be Used as the Basis of Distributive Justice? *Journal of Social Issues* 31(3): 137–149.

Dillon, S. 2010. "In PISA Test, Top Scores from Shanghai Stun Experts." December 7. *New York Times.* http://www.nytimes.com/2010/12/07/

education/07education.html (accessed Decem-ber 1, 2016).

Duan, Siping. 2012. Shui Ling "Rang Li" Xianru Liannan Jingdi? (Who Makes "Modestly Declin-ing the Pear" a Moral Dilemma)? http://guancha.gmw.cn/2012-04/20/content_4133996.htm (accessed December 1, 2016).

Engelen, Eva-Maria, and Birgitt Röttger-Rössler. 2012. Current Disciplinary and Interdisciplinary Debates on Empathy. *Emotion Review* 4(1): 3–8.

Farrer, James. 2002. *Opening up: Youth Sex Culture and Market Reform in Shanghai*, 1e. Chicago, University of Chicago Press.

Fasig, Lauren. G. 2000. Toddlers' Understanding of Ownership: Implications for Self-Concept Development. *Social Development* 9(3): 370–382.

Fassin, Didier. 2012. "Introduction: Toward a Critical Moral Anthropology." In *A Companion to Moral Anthropology*, edited by Didier Fassin, pp. 1–17. New York: John Wiley & Sons.

Faubion, James D. 2011. *An Anthropology of Ethics*. Cambridge and New York: Cambridge Univer-sity Press.

Fears, Danika. 2013. Extreme Parenting: "Eagle Dad" Trains Son, 5, to Be World's Youngest Pilot. TODAY.com. http://www.today.com/moms/extreme-parenting-father-encourages-5-year-old-son-be-worlds-8C11089735 (accessed December 1, 2016).

Fehr, Ernst, Helen Bernhard, and Bettina Rockenbach. 2008. Egalitarianism in Young Children. *Nature* 454(7208): 1079.

Fiske, Alan Page, and Nick Haslam. 2005." The Four Basic Social Bonds: Structures for Coordinat-ing Interaction." In *Interpersonal Cognition*, p. 267–298. New York: Guilford.

Fiske, Alan Page. 1991. *Structures of Social Life?: The Four Elementary Forms of Human Relations?: Communal Sharing, Authority Ranking, Equality Matching, Market Pricing*. New York: Free Press; Toronto: Collier Macmillan Canada; New York: Maxwell Macmillan International.

Fiske, Alan Page. 1992. The Four Elementary Forms of Sociality: Framework for a Unified Theory of Social Relations. *Psychological Review* 99(4):

689–723.

Fong, Vanessa L. 2004. *Only Hope: Coming of Age under China's One-Child Policy*, 1e. Stanford, CA: Stanford University Press.

Fong, Vanessa L. 2007a. Morality, Cosmopolitanism, or Academic Attainment? Discourses on "Quality" and Urban Chinese-Only-Children's Claims to Ideal Personhood. *City & Society* 19(1): 86–113.

Fong, Vanessa L. 2007b. Parent-Child Communication Problems and the Perceived Inadequacies of Chinese Only Children. *Ethos* 35(1): 85.

Fong, Vanessa L., and Sung won Kim. 2011. "Anthropological Perspectives on Chinese Children, Youth, and Education." In *A Companion to the Anthropology of Education*, edited by Bradley A. U. Levinson and Mica Pollock, pp. 333–348. New York: Wiley-Blackwell.

Fong, Vanessa L., Cong Zhang, Sun won Kim, et al. 2012. "Gender Role Expectations and Chinese Mothers' Aspirations for Their Toddler Daughters' Future Independence and Excellence." In *Chinese Modernity and Individual Psyche*, edited by Andrew B. Kipnis, pp. 90–117. New York: Palgrave Macmillan.

Freedman, Maurice. 1966. *Chinese Lineage and Society: Fukien and Kwangtung*, 1e. London: Athlone Press.

Friedman, Ori, and Karen R. Neary. 2008. Determining Who Owns What: Do Children Infer Ownership from First Possession? *Cognition* 107(3): 829–849.

Friedman, Ori. 2008. First Possession: An Assumption Guiding Inferences about Who Owns What. *Psychonomic Bulletin & Review* 15(2): 290–295.

Friedman, Thomas L. 2013. "The Shanghai Secret." October 22. *New York Times*. http://www.nytimes.com/2013/10/23/opinion/friedman-the-shanghai-secret.html (accessed December 1, 2016).

Fung, Heidi, and Benjamin Smith. 2010. "Learning Morality." In *The Anthropology of Learning in* Childhood, edited by David F. Lancy, John Bock, and Suzanne Gaskins, pp. 261–286. Walnut Creek, CA: AltaMira.

Fung, Heidi. 1999. Becoming a Moral Child: The Socialization of Shame among Young Chinese Children. *Ethos* 27(2): 180–209.

Gansberg, Martin. 1964. "37 Who Saw Murder Didn't Call the Police." March 27. *New York Times*. http://www.nytimes.com/1964/03/27/37-who-saw-murder-didnt-call-the-police.html (accessed December 1, 2016).

Geraci, Alessandra, and Luca Surian. 2011. The Developmental Roots of Fairness: Infants' Reac-tions to Equal and Unequal Distributions of Resources. *Developmental Science* 14(5): 1012–1020.

Gintis, Herbert, Samuel Bowles, Robert Boyd, and Ernst Fehr. 2003. Explaining Altruistic Behav-ior in Humans. *Evolution and Human Behavior* 24(3): 153–172.

Goh, Esther C. L. 2013. *China's One-Child Policy and Multiple Caregiving: Raising Little Suns in Xiamen*, 1e. London; New York: Routledge.

Goh, Esther C.L., and Leon Kuczynski, L. 2009. Agency and Power of Single Children in Multi-Generational Families in Urban Xiamen, China. *Culture & Psychology* 15(4): 506–532.

Greenhalgh, Susan. 2008. *Just One Child?: Science and Policy in Deng's China*. Berkeley, CA: University of California Press.

Gurven, Michael 2004. Reciprocal Altruism and Food Sharing Decisions among Hiwi and Ache Hunter-Gatherers. *Behavioral Ecology and Sociobiology* 56(4): 366–380.

Haidt, Jonathan, and Jesse Graham. 2007. When Morality Opposes Justice: Conservatives Have Moral Intuitions that Liberals May Not Recognize. *Social Justice Research* 20(1): 98–116.

Haidt, Jonathoan 2012. *The Righteous Mind: Why Good People Are Divided by Politics and Religion*. New York: Pantheon.

Haken, H. 2004. *Synergetics: Introduction and Advanced Topics*. Berlin and New York: Springer.

Hamann, Katharina, Felix Warneken, Julia R. Greenberg, and Michael Tomasello. 2011. Collab-oration Encourages Equal Sharing in Children but

Not in Chimpanzees. *Nature* 476(7360): 328–331.

Han, Yi. 1986. Zhongguo "Xiaohuangdi" (The Chinese "Little Emperor"). *Chinese Writers* (3): 4–24.

Hannon, Paul. 2013. "Europe Lags East Asia in School Performance: Province of Shanghai in China Once Again Produced the Best Results." December 3. *The Wall Street Journal*. https://www.wsj.com/articles/SB10001424052702304355104579235502817791742 (accessed December 1, 2016).

Hansen, Mette Halskov. H. 2013. Learning Individualism: Hesse, Confucius, and Pep-Rallies in a Chinese Rural High School. *The China Quarterly 213*: 60–77.

Hansen, Mette Haslov. 2014. *Educating the Chinese Individual: Life in a Rural Boarding School*. Seattle, WA: University of Washington Press.

Hayashi, Akiko, Mayumi Karasawa, and Joseph Tobin 2009. The Japanese Preschool's Pedagogy of Feeling: Cultural Strategies for Supporting Young Children's Emotional Development. *Ethos* 37(1): 32–49.

Henrich, Joseph Patrick 2004. Foundations of Human Sociality: *Economic Experiments and Eth-nographic Evidence from Fifteen Small-Scale Societies*. Oxford and New York: Oxford Univer-sity Press.

Henrich, Joseph, Jean Ensminger, Richard McElreath, et al. 2010. Markets, Religion, Community Size, and the Evolution of Fairness and Punishment. *Science* 327(5972): 1480–1484.

Hepach, Robert, Amrisha Vaish, and Michael Tomasello. 2013a. A New Look at Children's Proso-cial Motivation. *Infancy* 18(1): 67–90.

Hepach, Robert, Amrisha Vaish, and Michael Tomasello. 2013b. Young Children Sympathize Less in Response to Unjustified Emotional Distress. *Developmental Psychology* 49(6): 1132–1138.

Ho, D.Y.F. 1986. "Chinese Patterns of Socialization: A Critical Review." In *The Psychology of the Chinese People*, edited by Michael Harris Bond, pp. 1–37. New York: Oxford University Press.

Hollan, Douglas W., and C. Jason Throop, eds. 2011. *The Anthropology of*

Empathy: *Experiencing the Lives of Others in Pacific Societies*. New York: Berghahn.

Hollan, Douglas W., and C. Jason Throop. 2008. Whatever Happened to Empathy? Introduction. *Ethos* 36(4): 385–401.

Hook, Jay. 1993. Judgments about the Right to Property from Preschool to Adulthood. *Law and Human Behavior* 17(1): 135–146.

Hrdy, Sarah Blaffer 2011. *Mothers and Others: The Evolutionary Origins of Mutual Understanding*. Cambridge, MA: Harvard University Press.

Hsiung, Ping-chen. 2005. *A Tender Voyage: Children and Childhood in Late Imperial China*. Stanford, CA: Stanford University Press.

Hsu, Francis L. K. 1971. *Under the Ancestors' Shadow; Kinship, Personality, and Social Mobility in China*. Stanford, CA: Stanford University Press.

Huang, Bochun, Chuanfang Zhong, Song Zhou, Chen Xu, and Yuan Lin. 2011. Meiti Tanfang 18 Lengmo Luren: Youren Cheng "Bieren Bugan Peng Wo Zenme gan" (Interviewing 18 Indiffer-ent Passers-By: Someone Says "How Did I Dare to Help If Others Didn't." October 18. Yangcheng Wanbao. http://news.ifeng.com/society/special/nianyanvtong /content-4/ detail_2011_10/18/9942624_0.shtml (accessed December 1, 2016).

Ivanhoe, Philip J. 2000. *Confucian Moral Self-Cultivation*, 2e. Indianapolis, IN: Hackett.

Ivanhoe, Philip J. 2009. *Readings from the Lu-Wang School of Neo-Confucianism*. Indianapolis, IN: Hackett.

James, A. 2007. Giving Voice to Children's Voices: Practices and Problems, Pitfalls and Potentials. *American Anthropologist* 109(2): 261.

Kanngiesser, Patricia, and Felix Warneken. 2012. Young Children Consider Merit When Sharing Resources with Others. *PLoS ONE* 7(8): e43979.

Kanngiesser, Patricia, Nathalia Gjersoe, and Bruce M. Hood. 2010. The Effect of Creative Labor on Property-Ownership Transfer by Preschool Children and Adults. *Psychological Science* 21(9): 1236–1241.

Kärtner, Joscha, and Heidi Keller. 2012. Comment: Culture-Specific

Developmental Pathways to Prosocial Behavior: A Comment on Bischof-Köhler's Universalist Perspective. *Emotion Review* 4(1): 49–50.

Kärtner, Joscha, Heidi Keller, and Nandita Chaudhary. 2010. Cognitive and Social Influences on Early Prosocial Behavior in Two Sociocultural Contexts. *Developmental Psychology* 46(4): 905–914.

Keane, Webb. 2015. *Ethical Life: Its Natural and Social Histories*. Princeton, NJ: Princeton Univer-sity Press.

Kinney, Anne Behnke. 1995. *Dyed Silk: Han Notions of the Moral Development of Children*. In *Chi-nese Views of Childhood*, edited by Anne Behnke Kinney, pp. 1–55. Honolulu, HI: University of Hawaii Press.

Kipnis, Andrew B. 1997. *Producing Guanxi: Sentiment, Self, and Subculture in a North China Village*. Durham, NC: Duke University Press.

Kipnis, Andrew B. 2006. Suzhi: A Keyword Approach. *The China Quarterly* 186: 295–313.

Kipnis, Andrew B. 2007. Neoliberalism Reified: Suzhi Discourse and Tropes of Neoliberalism in the People's Republic of China. *Journal of the Royal Anthropological Institute* 13(2): 383–400.

Kipnis, Andrew B. 2009. "Education and the Governing of Child-Centered Relatedness." In *Chi-nese Kinship: Contemporary Anthropological Perspective*, edited by Susanne Brandtstädter and Gonçalo D. Santos, pp. 204–222. New York: Routledge.

Kipnis, Andrew B. 2011. *Governing Educational Desire: Culture, Politics, and Schooling in China*. Chicago: University of Chicago Press.

Kipnis, Andrew B. 2012a. "Introduction: Chinese Modernity and the Individual Psyche." In *Chinese Modernity and Individual Psyche*, edited by Andrew B. Kipnis, pp. 1–16. New York: Palgrave Macmillan.

Kipnis, Andrew B. 2012b. Constructing Commonality: Standardization and Modernization in Chinese Nation-Building. *The Journal of Asian Studies* 71(3): 731–755.

Kipnis, Andrew B. 2012c. "Private Lessons and National Formations:

National Hierarchy and the Individual Psyche in the Marketing of Chinese Educational Programs." In *Chinese Moder-nity and Individiaul Psyche*, edited by Andrew B. Kipnis, pp. 187–202. New York: Palgrave Macmillan.

Kipnis, Andrew B. 2012d. *Chinese Modernity and the Individual Psyche*. New York: Palgrave Macmillan.

Kleinman, Arthur, and Joan Kleinman. 1994. How Bodies Remember: Social Memory and Bodily Experience of Criticism, Resistance, and Delegitimation Following China's Cultural Revolu-tion. *New Literary History* 25(3): 707–723.

Kleinman, Arthur, Yunxiang Yan, Jing Jun, Sing Lee, and Everett Zhang. 2011. *Deep China: The Moral Life of the Person*. Berkeley, CA: University of California Press.

Kleinman, Arthur. 1999 Moral Experience and Ethical Reflection: Can Ethnography Reconcile Them? A Quandary for "The New Bioethics." *Daedalus* 128(4): 69–97.

Kleinman, Arthur. 2006. *What Really Matters: Living a Moral Life amidst Uncertainty and Danger*. New York: Oxford University Press.

Kohlberg, Lawrence. 1984. *The Psychology of Moral Development: The Nature and Validity of Moral Stages: Essays on Moral Development*, Volume 2, 1e. San Francisco: Harper & Row.

Kuan, Teresa. 2008. *Adjusting the Bonds of Love: Parenting, Expertise and Social Change in a Chi-nese City*. PhD diss. University of Southern California.

Kuan, Teresa. 2011. The Heart Says One Thing But The Hand Does Another: A Story about Emo-tion-Work, Ambivalence and Popular Advice for Parents. *The China Journal* 65: 77–100.

Kuan, Teresa. 2012. The Horrific and the Exemplary: Public Stories and Education Reform in Late Socialist China. *Positions: East Asia Cultures Critique* 20(4): 1095–1125.

Kuan, Teresa. 2015. *Love's Uncertainty: The Politics and Ethics of Child

Rearing in Contemporary China. Oakland, CA: University of California Press.

Kusserow, Adrie. 2004. *American Individualisms: Child Rearing and Social Class in Three Neighbor-hoods.* New York: Palgrave Macmillan.

Laidlaw, James. 2002. For an Anthropology of Ethics and Freedom. *Journal of the Royal Anthropo-logical Institute* 8(2): 311–332.

Lambek, Michael. 2010. *Ordinary Ethics: Anthropology, Language, and Action.* New York: Fordham University Press.

Lan, Huaien. 2010. Ye Shuo Shanghai Nanren (On Shanghainese Men). http://eladies.sina.com.cn/qg/2010/0203/1733967598.shtml (accessed December 1, 2016).

Levin, Dan. 2012. "In China Schools, a Culture of Bribery Spreads." November 21. *New York Times.* http://www.nytimes.com/2012/11/22/world/asia/in-china-schools-a-culture-of-bribery-spreads.html (accessed December 1, 2016).

Li, Bin. 1993. Moral Education in Transition: The Values Conflict in China. *Studies in Philosophy and Education* 12(1): 85–94.

Li, Fang. 2012. "Haizi Luyu Qigai Gei 5 Yuan, Bei Mama Ma 'Shaoya' " ("A Five-Year-Old Who Gave RMB 5 to a Beggar Was Called Idiot by Mother"). October 31. *Wuhan Chenbao (Wuhan Morning Post).* http://hb.qq.com/a/20121031/000795.htm (accessed December 1, 2016).

Li, Jin, Lianqin Wang, and Kurt Fischer. 2004. The Organisation of Chinese Shame Concepts. *Cognition & Emotion* 18(6): 767–797.

Li, Jin. 2010. "Learning to Self-Perfect: Chinese Beliefs about Learning." In *Revisiting the Chinese Learner*, edited by Carol K. K. Chan and Nirmala Rao, pp. 35–69. Hong Kong: Springer, Com-parative Education Research Centre, the University of Hong Kong. http://link.springer.com/chapter/10.1007/978-90-481-3840-1_2 (accessed December 1, 2016).

Li, Jin. 2012. *Cultural Foundations of Learning: East and West*, 1e. New York: Cambridge Univer-sity Press.

Li, Jinlei. 2013. "Shengfen Gongbu Qunian Jumin Shouru, Shanghai Renjun Chao 4 Wan Yuan Jushou" ("Average Income in 17 Provinces: Shanghai the Highest, Exceeding 40,000 Yuan." January 25. *Zhongguo Xinwen Wang (China News)*. http://news.163.com/13/0125/07/8M23352U00014JB6.html (accessed December 1, 2016).

Li, Jun. 2012. Cong "Kong Rong Rang Li" dao "Yuehan Zheng Li" (From "Kong Rong Declines the Pear" to "John Fights for the Apple." http://blog.ifeng.com/article/17396906.html (accessed December 1, 2016).

Li, Vivian, Alex Shaw, and Kristina R. Olson. 2013. Ideas versus Labor: What Do Children Value in Artistic Creation? *Cognition* 127(1): 38–45.

Liang, Shuming. 1984. *Renxin Yu Rensheng (Mind and Life)*. Beijing: Xuelin.

Liu, Wen, Lin Zhu, Xue Zhang, Yu Zhang, and Ying Liu. 2015. Equity Sensitivity of 2–3 Years Old Children in Distribution Condition (2~3Sui Ertong Zai Fenpei Qingjing Xia de Gongping Minganxing. *Acta Psychologica Sinica (Xinli XueBao)* 47(11): 1341–1348.

LoBue, Vanessa, Tracy Nishida, Cynthia Chiong, Judy S. DeLoache, and Jonathan Haidt. 2009. *When Getting Something Good Is Bad: Even Three-Year-Olds React to Inequality*. Oxford: Blackwell. http://dx.doi.org/10.1111/j.1467-9507.2009.00560.x (accessed December 1, 2016).

Long, Yingtai. 1997 "A, Shanghai Nanren" ("Wow, Shanghainese Men"). January 7. *Wenhui Newspaper*.

Luhrmann, T. M. 2006. Subjectivity. *Anthropological Theory* 6(3): 345–361.

Mageo, Jeannette. 2011. "Empathy and "As-If" Attachment in Samoa." In *The Anthropology of Empathy: Experiencing the Lives of Others*, edited by Douglas W. Hollan and C. Jason Throop, pp. 69–93. New York: Berghahn.

Maslin, Janet. 2011. Amy Chua's "Battle Hymn of the Tiger Mother"—Review. January 19. *New York Times*, http://www.nytimes.com/2011/01/20/books/20book.html (accessed December 1, 2016).

Meltzoff, Andrew N. 2002. Imitation as a Mechanism of Social Cognition: Origins of Empathy, Theory of Mind, and the Representation of Action. In

Blackwell Handbook of Childhood Cognitive Development, edited by U. Goswami, pp. 6–25. Oxford: Blackwell.

Mencius. 1998. *Mencius*, translated by David Hinton. Washington, DC: Counterpoint.

Miller, Peggy J., Angela R. Wiley, Heidi Fung, and Chung-Hui Liang. 1997. Personal Storytelling as a Medium of Socialization in Chinese and American Families. *Child Development* 68(3): 557–568.

Ministry of Education of the People's Republic of China. 2002. Announcement of Implementing Chinese " 'Little Citizens' Moral Cultivation Plan" (Guanyu Shishi Zhongguo "Xiaogongmin" Daode Jianshe Jihua de Tongzhi). http://www.moe.gov.cn/jyb_xxgk/gk_gbgg/moe_0/moe_8/moe_25/tnull_287.html (accessed December 1, 2016).

Moore, Chris. 2009. Fairness in Children's Resource Allocation Depends on the Recipient. *Psycho-logical Science* 20(8): 944–948.

Munro, Donald J. 2000. *The Concept of Man in Contemporary China*. Ann Arbor, MI: Center for Chinese Studies, The University of Michigan.

Naftali, Orna. 2010. Caged Colden Canaries: Childhood, Privacy and Subjectivity in Contempo-rary Urban China. *Childhood* 17(3): 297–311.

Neary, Karen R, Ori Friedman, and Corinna L Burnstein. 2009. Preschoolers Infer Ownership From "Control of Permission." *Developmental Psychology* 45(3): 873–876.

Nie, Yilin, and Robert J. Wyman. 2005. The One-Child Policy in Shanghai: Acceptance and Inter-nalization. *Population and Development Review* 31(2): 313–336.

Noles, Nicholaus S., and Frank C. Keil. 2011. Exploring Ownership in a Developmental Context. *New Directions for Child and Adolescent Development* 2011(132): 91–103.

Ochs, Elinor, and Merav Shohet. 2006. The Cultural Structuring of Mealtime Socialization. *New Directions for Child and Adolescent Development* (111): 35–49.

Ochs, Elinor, and Olga Solomon. 2010. Autistic Sociality. *Ethos* 38(1): 69–92.

Ochs, Elinor, and Tamar Kremer-Sadlik. 2007. Introduction: Morality as Family Practice. *Discourse & Society* 18(1): 5–10.

Olson, Kristina R., and Elizabeth S. Spelke. 2008. Foundations of Cooperation in Young Children. *Cognition* 108(1): 222–231.

Osburg, John. 2013. *Anxious Wealth: Money and Morality among China's New Rich*. Stanford, CA: Stanford University Press.

Over, Harriet, and Malinda Carpenter. 2009. Priming Third-Party Ostracism Increases Affiliative Imitation in Children. *Developmental Science* 12(3): F1–F8.

Oxfeld, Ellen. 2010. *Drink Water, but Remember the Source*. Berkeley, CA: University of Califor-nia Press.

Pan, Tianshu. 2011. "Place Attachment, Communal Memory, and the Moral Underpinnings of Gentrification in Post-Reform Shanghai." In *Deep China: The Moral Life of the Person*, edited by Arthur Kleinman, Yunxiang Yan, Jun Jing, Sing Lee, and Everett Zhang, pp. 152–176. Berkeley, CA: University of California Press.

Piaget, Jean. [1932] 1997. *The Moral Judgment of the Child*. New York: Free Press.

Quinn, Naomi, and Claudia Strauss. 2006. Introduction to Special Issue on the Missing Psychol-ogy in Cultural Anthropology's Key Words. *Anthropological Theory* 6(3): 267–279.

Quinn, Naomi, and Jeannette Marie Mageo. 2013. *Attachment Reconsidered: Cultural Perspectives on a Western Theory*. New York: Palgrave Macmillan.

Quinn, Naomi. 2005. Universals of Child Rearing. *Anthropological Theory* 5(4): 477–516.

Quinn, Naomi. 2006. The Self. *Anthropological Theory* 6(3): 362–384.

Rai, Tage Shakti, and Alan Page Fiske. 2011. Moral Psychology Is Relationship Regulation: Moral Motives for Unity, Hierarchy, Equality, and Proportionality. *Psychological Review* 118(1): 57–75.

Rawls, John. 1971. *A Theory of Justice*. Cambridge, MA: Harvard University Press.

Robbins, Joel. 2012. "Cultural Values." In *A Companion to Moral Anthropology*, edited by Didier Fassin, pp. 115–132. New York: John Wiley.

Rochat, Philippe, Maria D. G. Dias, Guo Liping, et al. 2009. Fairness in Distributive Justice by 3-and 5-Year-Olds across Seven Cultures. *Journal of Cross-Cultural Psychology* 40(3): 416–442.

Rochat, Philippe. 2011. Possession and Morality in Early Development. *New Directions for Child and Adolescent Development* 2011(132): 23–38.

Saari, Jon L. 1990 *Legacies of Childhood: Growing up Chinese in a Time of Crisis, 1890–1920*. Cambridge, MA: Council on East Asian Studies, Harvard University Press.

Saby, Joni N., Andrew N. Meltzoff, and Peter J. Marshall. 2013. Infants' Somatotopic Neural Responses to Seeing Human Actions: I've Got You under My Skin. *PLoS ONE* 8(10): e77905.

Sahlins, Marshall. 2011. What Kinship Is: Part Two. *Journal of the Royal Anthropological Institute* 17(2): 227–242.

Sandel, Michael J. 2010. *Justice: What's the Right Thing to Do?* New York: Farrar, Straus and Giroux.

Schmidt, Marco F. H., and Jessica A. Sommerville. 2011. Fairness Expectations and Altruistic Sharing in 15-Month-Old Human Infants. *PLoS ONE* 6(10): e23223.

Settles, Barbara H., Xuewen Sheng, Yuan Zang, and Jia Zhao. 2013. "The One-Child Policy and Its Impact on Chinese Families." In *International Handbook of Chinese Families*, edited by Chan Kwok-bun, pp. 627–646. New York: Springer. http://link.springer.com/chapter/10.1007/978-1-4614-0266-4_38 (accessed December 1, 2016).

Shaw, Alex, Peter DeScioli, and Kristina R. Olson. 2012. Fairness versus Favoritism in Children. *Evolution and Human Behavior* 33(6): 736–745.

Shaw, Alex, Vivian Li, and Kristina R. Olson. 2012. Children Apply Principles of Physical Owner-ship to Ideas. *Cognitive Science* 36(8): 1383–1403.

Shweder, Richard A, N. Much, L. Park, and M. M. Mahapatra. 1997. "The 'Big Three' of Morality (Autonomy, Community, Divinity) and the 'Big Three' Explanations of Suffering." In *Moral-ity and Health*, edited by Allan M. Brandt and Paul Rozin, pp. 119–169. New York: Routledge.

Singer, Tania, and Claus Lamm. 2009. The Social Neuroscience of Empathy. *Annals of the New York Academy of Sciences* 1156: 81–96.

Siu, Helen F. 2006. China's Century: Fast Forward with Historical Baggage. *American Anthropolo-gist* 108(2): 389–392.

Slote, Michael. 2010. The Mandate of Empathy. *Dao* 9(3): 303–307.

Smith, Adam. 2011. *The Theory of Moral Sentiments*. Mineola, NY: Dover.

Smith, Craig E., Peter R. Blake, and Paul L. Harris. 2013. I Should but I Won't: Why Young Chil-dren Endorse Norms of Fair Sharing but Do Not Follow Them. *PLoS ONE* 8(3): e59510.

Snare, Frank. 1972. The Concept of Property. *American Philosophical Quarterly* 9(2): 200–206.

Sommerville, Jessica A., Marco F. H. Schmidt, Jung-eun Yun, and Monica Burns. 2013. The Devel-opment of Fairness Expectations and Prosocial Behavior in the Second Year of Life. *Infancy* 18(1): 40–66.

Sperber, Dan. 1996. *Explaining Culture: A Naturalistic Approach*. Oxford, England, and Cam-bridge, MA: Blackwell.

Stafford, Charles. 2013a. "Ordinary Ethics in China Today." In *Ordinary Ethics in China*, edited by Charles Stafford, pp. 3–25. London and New York: Bloomsbury.

Stafford, Charles. 2013b. *Ordinary Ethics in China*. London and New York: Bloomsbury.

Steinmüller, Hans. 2011. The State of Irony in China. *Critique of Anthropology* 31(1): 21–42.

Steinmüller, Hans. 2013. "The Ethics of Irony: Work, Family and Fatherland in Rural China." In *Ordinary Ethics in China*, edited by Charles Stafford, pp. 133–153. London: Bloomsbury.

Strauss, Claudia, and Naomi Quinn. 1997. *A Cognitive Theory of Cultural Meaning*. Cambridge, MA: Cambridge University Press.

Sykes, Karen M. 2012. "Moral Reasoning." In *A Companion to Moral Anthropology*, edited by Didier Fassin, pp. 169–185. New York: Wiley.

Tang, Yuezhi. ed. 2011. "Hong Huang Paohong Yelu Huayi 'Huma' Cai Meier" ("Huang Hong Harshly Attacks Yale Asian 'Tiger Mother' Amy Chua"). July 2. *Sohu News*. http://learning.sohu.com/20110702/n312265036.shtml (accessed December 1, 2016).

Throop, C. Jason. 2012. "Moral Sentiments." In *A Companion to Moral Anthropology*, edited by Didier Fassin, pp. 150–168. New York: Wiley.

Thurston, Anne F. 1980. "Urban Violence during the Cultural Revolution: Who Is to Blame?" In *Violence in China: Essays in Culture and Counterculture*, edited by Jonathan Neaman Lipman and Stevan Harrell, pp. 149–173. New York: State University of New York Press.

Tobin, Joseph J., David Y. H. Wu, and Dana H. Davidson. 1991. *Preschool in Three Cultures: Japan, China and the United States*. New Haven, CT: Yale University Press.

Tobin, Joseph, Yeh Hsueh, and Mayumi Karasawa. 2011. *Preschool in Three Cultures Revisited: China, Japan, and the United States*. Chicago: University of Chicago Press.

Tomasello, Michael, Alicia P. Melis, Claudio Tennie, Emily Wyman, and Esther Herrmann. 2012. Two Key Steps in the Evolution of Human Cooperation: The Interdependence Hypothesis. *Current Anthropology* 53(6): 673–692.

Tomasello, Michael. 2009. *Why We Cooperate*. Cambridge, MA: The MIT Press.

Tu, Wei-Ming. 1985. *Confucian Thought*. New York: State University of New York Press.

Turner, Victor W. 1995. *The Ritual Process: Structure and Anti-Structure*.

New York: Aldine de Gruyter.

Vaish, Amrisha, Malinda Carpenter, and Michael Tomasello. 2009. Sympathy through Affective Perspective Taking and Its Relation to Prosocial Behavior in Toddlers. *Developmental Psychol-ogy* 45(2): 534–543.

Wang, Juefen, and Fang Jiang. 2012.Meiguo Xiaohuo Zai Nanjing Yu Qigai Fenxiang Shutiao (An American Man Sharing Potato Chips with a Beggar in Nanjing). http://news.xinhuanet.com/society/2012-05/09/c_111916738.htm (accessed December 1, 2016).

Wang, Junxiu, and Yiyin Yang. 2013. *Zhongguo Shehui Xintai Yanjiu Baogao 2012–2013 (Annual Report on Social Mentality of China 2012–2013)*. Beijing: Shehui Kexue Wenxian Chubanshe (Social Science Academy Press).

Wang, Ying, and Vanessa L. Fong. 2009. Little Emperors and the 4:2:1 Generation: China's Single-tons. *Journal of the American Academy of Child & Adolescent Psychiatry* 48(12): 1137–1139.

Watkins, David A., and John Burville Biggs. 2001. *Teaching the Chinese Learner: Psychological and Pedagogical Perspectives*. Comparative Education Research Centre, the University of Hong Kong.

Weisner, Thomas S. 1997. The Ecocultural Project of Human Development: Why Ethnography and Its Findings Matter. *Ethos* 25(2):177–190.

Weisner, Thomas S. 2012. "Mixed Methods Should Be a Valued Practice in Anthropology." *Anthropology News* 53(5):3-4.

Whitehead, Charles. 2012. Why the Behavioural Sciences Need the Concept of the Culture-Ready Brain. *Anthropological Theory* 12(1): 43–71.

Wines, Michael. 2011a. "Toddler's Accident Sets Off Soul-Searching in China." October 18. *New York Times*. http://www.nytimes.com/2011/10/19/world/asia/toddlers-accident-sets-off-soul-searching-in-china.html (accessed December 1, 2016).

Wines, Michael. 2011b. "Chinese Toddler Who Was Run Over Twice Dies." October 21. *New York Times*. http://www.nytimes.com/2011/10/22/

world/asia/chinese-toddler-who-was-run-over-twice-dies.html (accessed December 1, 2016).

Wong, David B. 2015. Early Confucian Philosophy and the Development of Compassion. *Dao* 14(2): 157–194.

Woronov, T. E. 2003. *Transforming the Future: "Quality" Children and the Chinese Nation.* PhD diss. University of Chicago.

Woronov, T. E. 2009. Governing China's Children: Governmentality and "Education for Quality." *Positions* 17(3): 567–589.

Wu, David Y. H. 1996. "Parental Control: Psychocultural Interpretations of Chinese Patterns of Socialization." In *Growing Up the Chinese Way*, edited by Sing Lau, pp. 1–26. Hong Kong: Chinese University Press.

Xinhua News. 2015. Let the Flowers of the Motherland Blossom under Sunshine (Rang Zuguo de Huaduo Zai Yangguang Xia Zhanfang). http://news.xinhuanet.com/2015-05/31/c_1115464048.htm (accessed December 1, 2016).

Xu, Binzhong. 2012. "Shanghai Jinnian Jiang Zaixian Rutuo Nan: Youeryuan Jinliang Kai Tuo-ban" ("Shanghai Nursery Class Enrollment Tightened: More Nursery Class Preschools Demanded"). *Xinwen Chenbao* (*Shanghai Morning Post*), March 22. http://www.eol.cn/shanghainews_5281/20120323/t20120323_756980.shtml (accessed December 1, 2016).

Xu, Jing. 2014. Becoming a Moral Child amidst China's Moral Crisis: Preschool Discourse and Practices of Sharing in Shanghai. *Ethos* 42(2): 222–242.

Xu, Jing. 2019. "Learning 'Merit' in a Chinese Preschool: Bringing the Anthropological Perspective to Understanding Moral Development." *American Anthropologist* 121 (3): 655–666.

Yan, Yunxiang. 1996. *The Flow of Gifts: Reciprocity and Social Networks in a Chinese Village*, 1e. Stanford, CA: Stanford University Press.

Yan, Yunxiang. 2002. "Unbalanced Reciprocity: Asymmetrical Gift Giving and Social Hierarchy in Rural China." In *The Question of the Gift: Essays across Disciplines*, edited by Mark Osteen, pp. 67–84. London: Routledge.

Yan, Yunxiang. 2003. Private Life under Socialism?: Love, Intimacy, and Family Change in a Chi-nese Village, 1949–1999. Stanford, CA: Stanford University Press.

Yan, Yunxiang. 2009. The Good Samaritan's New Trouble: A Study of the Changing Moral Land-scape in Contemporary China. *Social Anthropology* 17(1): 9–24.

Yan, Yunxiang. 2011. "The Changing Moral Landscape." In *Deep China: The Moral Life of the Person* 1e, edited by Arthur Kleinman, Yunxiang Yan, Jun Jing, Sing Lee, and Everett Zhang, pp. 36–77. Berkeley, CA: University of California Press.

Yan, Yunxiang. 2012. Food Safety and Social Risk in Contemporary China. *The Journal of Asian Studies* 71(3): 705–729.

Yan, Yunxiang. 2013. "The Drive for Success and the Ethics of the Striving Individual." In *Ordinary Ethics in China*, edited by Charles Stafford, pp. 263–291. London: Bloomsbury, London School of Economics Monographs on Social Anthropology.

Yang, Mayfair Mei-hui. 1994. *Gifts, Favors, and Banquets: The Art of Social Relationships in China*. Ithaca, NY: Cornell University Press.

Yang, Mayfair. 2002. The Resilience of Guanxi and Its New Deployments: A Critique of Some New Guanxi Scholarship. *The China Quarterly* (170): 459–476.

Ye, Weimin, and Ying Shen. 2011. "Chen Xianmei: Shan Zai Fushi Zhijian" ("Chen Xianmei: Benevolence in a Small Step." December 30. *Nanfang Zhoumo (Southern Weekly)*. http://www.infzm.com/content/67063 (accessed December 1, 2016).

Yin, Jianli. 2009. *Hao Mama Shengguo Hao Laoshi (A Good Mother Is Better than a Good Teacher)*. Beijing: Zuojia Chubanshe (Writers' Press).

Yu, Jing. 2013. "Qie Man Xuanran "Gaibang Nanjing Fenduo" Chengyuan de Xingfu" ("Caution at Publicizing the Happiness of Nanjing Beggars." June 4. *Nanfang Dushi Bao (Southern Metropolis Daily)*. http://star.news.sohu.

com/20130604/n377910295.shtml (accessed Decem-ber 1, 2016).

Yu, Yongping. 2010. "Fada Diqu Ying Gao Zhiliang Puji Xueqian Jiaoyu" ("Economically Advanced Regions Should Popularize High-Quality Early Education." October 13. *Zhong-guo Jiaoyubao (China Education Daily)*. http://www.cnsaes.org/homepage/html/resource/ res03/2466.html (accessed December 1, 2016).

Zhang, Jingya. 2013. "Jia Qigai Rang Zhengnengliang Hanxin: Liulanggou Cheng Daoju" ("Fake Beggar Chills Positive Energy." February 28. *Beijing Chenbao (Beijing Morning Post)*. http://society.people.com.cn/n/2013/0228/c1008-20626383.html (accessed December 1, 2016).

Zhang, Li, and Aihwa Ong, eds. 2008 *Privatizing China: Socialism from Afar*. Ithaca, NY: Cornell University Press.

Zhang, Li. 2008. China's Ascent as a Theoretical Question. *Anthropology News* 49(8): 13–13.

Zhang, Qianfan. 2011. "Xiaoyueyue Shijian Rang Mengzi Mengxiu" ("The Death of Little Yueyue Leave Mencius Dumbstruck"), October 25. http://view.news.qq.com/a/20111025/000017.htm (accessed December 1, 2016).

Zhu, Jianfeng. 2008. *Winning the Competition at the Start Line: Chinese Modernity, Reproduction and the Desire for a "High Quality" Population*. PhD diss. University of Minnesota.

Zigon, Jarrett. 2008. *Morality: An Anthropological Perspective*. London: Bloomsbury Academic.